AI 비서와 함께하는
웹 호스팅

Web hosting with AI assistants

박경배 지음

머리말

우리는 빠르게 변화하는 디지털 시대에 살고 있으며 기술은 우리 삶의 거의 모든 측면에 영향을 미치고 있다. 그 중에서 인공지능(AI) chatgpt는 자연어 처리 기술을 활용한 혁신적인 AI 비서로, 다양한 분야에서 사람들의 업무를 혁신적이면서 효율적으로 돕고 있다. 가장 혁신적이고 강력한 도구 중 하나로 자리 잡고 있다.

HTML5는 인터넷의 발전과 함께 가까스로 2014는 국제 표준으로 자리매김하면서 웹 개발자들에게 보다 편리하고 효율적으로 웹 문서를 제작할 수 있도록 하였다. HTML5의 사용법은 매우 간단하다. 우리가 워드프로세서를 하듯이 간략한 HTML 문법 몇 가지만 배우게 된다면 누구나 쉽게 웹 문서를 작성할 수 있다. 웹 문서의 스타일을 풍부하게 해주는 CSS역시 사용법은 어렵지 않다. CSS의 중요한 몇 가지 기능들만 이해한다면 누구나 정적인 웹 화면 설계를 할 수 있을 것이다. 그러나 사용자와 상호작용하는 능동적인 웹 화면을 설계하기 위해서는 HTML5 문서에서 적용되는 자바스크립트 언어를 이해해야 한다. 사용자들이 흥미를 느끼고 역동적인 웹 문서를 제작하기 위해서는 자바스크립트가 필수이다.

웹 문서를 제작하여 서비스하기 위해서는 웹 문서 서버가 필요하며 이 책에서는 학문의 목적으로 깃허브(github) 사이트를 이용하여 웹 서비스하는 방법에 대해 말한다. HTML5와 CSS 그리고 자바스크립트를 이용하여 간단한 웹문서를 만들어 웹서비스를 한다고 하더라도 사용자에게 미적으로 아름다운 홈페이지를 만들어 서비스한다는 것은 여간 신경 쓰지 않으면 안 된다.

이제는 인공지능의 시대가 도래하였다. 모든 산업 분야에 인공지능은 개개인 혹은 단체들의 작업에 매우 효율적으로 시간적 경제적 도움을 제공하고 있다. 특히, 대중적으로 가장 알려진 chatgpt를 이용한 프로그램 작업은 얼마나 효율적인지 말로 설명하기가 어렵다. 그러나 아무리 유능한 비서라 하더라도 이를 이용하는 사용자가 지시를 잘못하던가 내용을 모른다면 그 기능을 십분 발휘하지 못하게 된다.

이 책에선 chatgpt의 특징과 사용법에 대해 알아보고 chatgpt를 개인비서로서 이용하여 개개인의 홈페이지를 만드는 방법에 대해 설명한다. 이를 위해 깃허브의 사용법에 대해 설명하고 웹 문서를 제작하여 서비스하기 위해 chatgpt를 어떻게 사용하는지에 대한 방법을 알아본다.

이 책이 나오기까지 많은 인내심과 편집에 도움을 준 정제화 여사님께 고마움을 표현하며 책의 출판에 도움을 주신 21세기사 출판사 관계자분들께 진심으로 감사드립니다. 끝으로 이 책을 통하여 많은 독자 여러분이 chatgpt를 통해 HTML5 중심의 CSS3와 자바스크립트를 이해하고 깃허브의 사용법을 습득한다면 다양한 응용 분야에 접목하여 4차 산업혁명에 걸 맞는 기술을 습득하게 될 것이다.

Web3D 사이트 : http://ai.yit.ac.kr

2025년 무더위 속에서
대표저자 박경배
E-mail: gbpark@yit.ac.kr

목 차

1장 chatgpt란? AI 비서의 탄생

1.1 chatgpt의 개념과 역사 11
    1.1.1 chatgpt란? 11
    1.1.2 chatgpt의 발전 역사 14

1.2 chatgpt 사용하기 15
    1.2.1 회원가입 하기 15
    1.2.2 chatgpt 화면 구성과 설정 16

1.3 chatgpt의 원리 22
    1.3.1 동작 방식 22
    1.3.2 자연어 이해와 생성 24

1.4 정보 검색하기 26
    1.4.1 포털 검색과 chatgpt 검색 차이 26
    1.4.2 검색 기능 설정 29

2장 웹서버 만들기

2.1 인터넷의 원리 33

2.2 인터넷과 HTML5 34

2.3 깃허브(GitHub)를 이용한 서버 구축과 호스팅 38
    2.3.1 깃허브란? 38
    2.3.2 계정 획득하기 39
    2.3.3 레포지토리(Repositories) 만들기 41

2.4 VS Code 44
    2.4.1 VS Code 설치 44
    2.4.2 VS Code 사용법 46

3장 HTML 문서 만들기

- 3.1 HTML 문서의 구조 … 51
  - 3.1.1 기본 구조 … 51
  - 3.1.2 〈meta〉 태그 … 54
  - 3.1.3 문단 태그 … 56
  - 3.1.4 문자 태그 … 58
  - 3.1.5 헤딩(Heading) 태그 … 61
  - 3.1.6 특수문자 … 63
  - 3.1.7 표 만들기 〈table〉 … 64
- 3.2 이미지와 하이퍼링크 … 69
  - 3.2.1 이미지 태그 〈img〉 … 69
  - 3.2.2 하이퍼링크 태그 〈a〉 … 75

4장 입력양식과 서버 구축하기

- 4.1 입력 요소 … 82
  - 4.1.1 〈form〉 요소 … 82
  - 4.1.2 〈input〉/〈label〉 … 83
  - 4.1.3 〈select〉, 〈textarea〉 … 87
  - 4.1.4 입력 형식 검증 폼 형식 … 88
- 4.2 멀티미디어 … 91
  - 4.2.1 〈audio〉 … 91
  - 4.2.2 〈video〉 … 93
  - 4.2.3 〈div〉와 〈iframe〉 … 95
  - 4.2.4 〈list〉 태그 … 99
- 4.3 웹호스팅 … 101
  - 4.3.1 github 호스팅 서버 … 101
  - 4.3.2 html 문서 만들기 … 104

목 차

5장 CSS

5.1	CSS3의 개념	110
5.2	CSS3 특징	112
5.3	CSS3 사용법	114
	5.3.1 CSS3 문법	114
	5.3.2 CSS3 적용 방법	117
	5.3.3 외부 스타일시트	119
	5.3.4 내부 스타일시트	120
	5.3.5 인라인 스타일시트	122
	5.3.6 선택자	123
	5.3.7 의사 선택자	130
	5.3.8 폰트와 텍스트 속성	132
	5.3.9 색상 표현	135
	5.3.10 경계선(border)	138
	5.3.11 박스(box)와 그림자(shadow)	142
5.4	chap5css.html 만들기	145

6장 웹 화면 디자인

6.1	콘텐츠 위치	150
	6.1.1 화면 표시(display)	150
	6.1.2 마진(margin)과 패딩(padding)	152
	6.1.3 위치(position) 설정	155
	6.1.4 계층화(z-index)	165
	6.1.5 투명성(Opacity)	167
	6.1.6 overflow	168
6.2	웹 화면 배치(Layout)	171
	6.2.1 float와 clear속성	171
	6.2.2 배치(layout)	173

	6.2.3 메뉴 바(menu-bar)	178
6.3	디자인이 적용된 chap6Dsgn.html 만들기	182

7장 물체의 변형과 애니메이션

7.1	2D 변형(Transform)	187
7.2	3D 변환(Transform)	195
7.3	애니메이션(Animation)	204
	7.3.1 키 프레임(Key frame)	204
	7.3.2 경계선 변화 애니메이션	205
	7.3.3 이동 애니메이션	207
	7.3.4 반복 애니메이션	208
7.4	디자인이 적용된 chap7Animation.html 만들기	209

8장 자바스크립트

8.1	자바스크립트 소개	214
8.2	자바스크립트 문법	218
	8.2.1 선언문(statement)	218
	8.2.2 문자 출력	220
	8.2.3 변수(Variable)와 키워드(Keyword)	221
	8.2.4 연산자(Operators)	224
	8.2.5 함수(function)	227
	8.2.6 브라우저 내장 함수	232
8.3	조건문(conditional statements)	234
	8.3.1 if else문	234
	8.3.2 else if 문	236
	8.3.3 switch case 문	237

목 차

8.4	반복문	238
	8.4.1 for 문	239
	8.4.2 while 문	241
	8.4.3 do while 문	242
8.5	디자인이 적용된 chap8javascript.html 만들기	243

9장 자바스크립트 객체(Object)

9.1	객체지향 프로그램	249
9.2	객체의 생성	250
9.3	프로토타입(Prototype)	255
9.4	내장객체	257
	9.4.1 String 객체	257
	9.4.2 Number 객체	262
	9.4.3 Math 객체	265
	9.4.4 Math() 함수 응용 – random()을 이용한 숫자 맞추기 게임	272
	9.4.5 Date 객체	274
	9.4.6 Array 객체	278
	9.4.7 배열을 이용한 Lotto 게임	281
9.5	디자인이 적용된 chap9jsObj.html 만들기	283

10장 HTML5 DOM과 이벤트

10.1	HTML5 DOM(Document Object Model)	289
10.2	DOM 요소 접근 프로그래밍	291
10.3	DOM 노드의 관계	295
10.4	javascript DOM 이벤트	299

	10.4.1 onClick()	300
	10.4.2 onLoad()	301
	10.4.3 onChange()	302
	10.4.4 onMouseOver()/onMouseOut()	303
	10.4.5 onMouseDown()/onMousetUp()	305
	10.4.6 onFocus()	306
10.5	BOM(Browser Object Model)	307
	10.5.1 Window 객체	308
	10.5.2 Screen 객체	311
	10.5.3 Location 객체	314
	10.5.4 navigator 객체	316
	10.5.5 addEventListener()	318
10.6	index.html 만들고 호스팅 하기	319
	10.6.1 디자인이 적용된 chap10event.html 만들기	319
	10.6.2 index.html 파일 만들기	322

1장 chatgpt란? AI 비서의 탄생

1.1 chatgpt의 개념과 역사

1.1.1 chatgpt란?

chatgpt는 현재 가장 대중에게 잘 알려진 인공지능 시스템이다. 인공지능의 역사는 사람마다 기준이 다소 모호하지만 처음 인공지능의 개념을 도입한 사람은 앨러튜닝으로서 1950년 '계산 기계와 지능(Computing Machinery and Intelligence)'이라는 논문에서 지능적 기계의 개발 가능성에 대해 기술하였으며 이를 인공지능의 역사의 시작으로 보고 있다. 인공지능이라는 용어는 1956년 미국 다트머스 회의에서 존 메카시(Jhon McCathy) 교수가 "지능적 기계를 만드는 과학과 공학"으로 정의 내리면서 처음 등장하였다.

현재 인공지능을 기능에 따라 분류하면 그림 1-1과 같다.

① 기계학습(Machine Learning) : 컴퓨터가 스스로 입력된 데이터로 패턴을 학습하여 예측 또는 결정을 내리는 기술로서 인공지능의 성능을 향상시키며 딥러닝(Deep Learning)은 기계학습의 한 분야이다. 딥러닝은 머신러닝을 구현하는 여러 방법 중 인공신경망(Artificial Neural Network)의 한 종류로서 인간의 뇌 신경이 정보를 처리하는 방식으로 시스템을 구현한 시스템을 말한다. ChatGTP는 머신러닝과 자연어처리를 이용한 인공지능 시스템이다.

② 자연어처리(Natural Language Processing, NLP) : 언어를 이해하고 생성하는 기술로서 텍스트 분석, 기계 번역, 음성 인식 등이 NLP의 일부이다.

③ 컴퓨터 비전(Computer Vision) : 이미지나 동영상과 같은 시각적 데이터를 처리하고 이해하는 기술이며 얼굴 인식, 물체 감지 등이 포함된다.

④ 강화학습(Reinforcement Learning) : 에이전트가 환경과 상호 작용하며 보상을 최대화하기 위해 학습하는 기술로서 게임이나 로봇 제어에 적용된다.

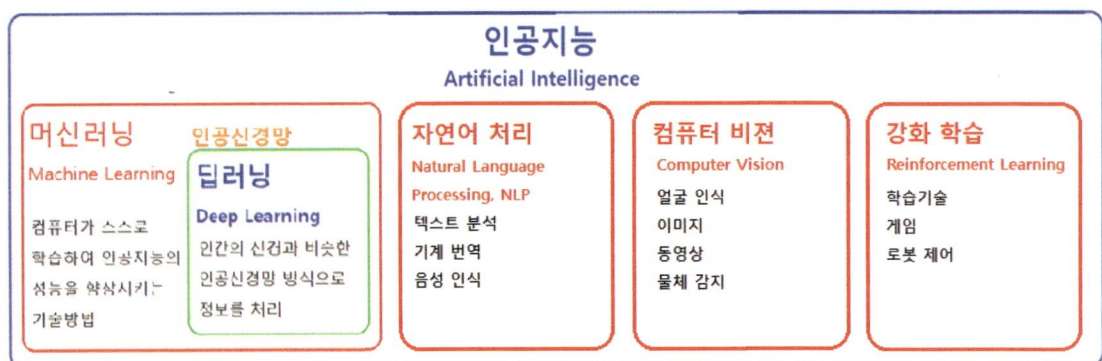

그림 1-1 인공지능의 작업형태에 따른 분류(출처:4차 산업혁명)

chatgpt는 2018년 OpenAI에서 개발한 인공지능 챗봇으로, 자연어처리(NLP) 기술을 활용해 인간과 유사한 대화를 생성하는 모델이다. chatgpt(Generative Pre-trained Transformer) 기술을 기반으로 하며, 주어진 입력에 대해 문맥을 이해하고 적절한 답변을 생성할 수 있다. 대량의 텍스트 데이터를 사전 훈련하고, 그 후에 특정 작업에 맞게 지속적으로 조정되어 사용된다. 이렇게 훈련된 모델은 다양한 자연어처리 작업에 활용할 수 있으며, 대화 기능을 가진 챗봇(ChatBot)이나 질문 응답 시스템 등 다양한 응용 분야에 사용될 수 있다.

자연어처리는 인간이 사용하는 언어를 기계가 이해하고 처리하는 분야로서 컴퓨터가 텍스트나 음성과 같은 자연어 데이터를 이해하고 해석하며, 그 정보를 활용하여 작업을 수행하는 기술을 포함한다. NLP는 기계학습, 언어학, 통계학 등 다양한 분야의 기술과 지식을 활용하여 구현된다. 그림 1-2는 자연어처리 분석단계를 나타낸 것으로 크게 '형태소 분석 → 구문 분석 → 의미 분석 → 담화 분석'의 4단계 프로세스로 정의할 수 있다.

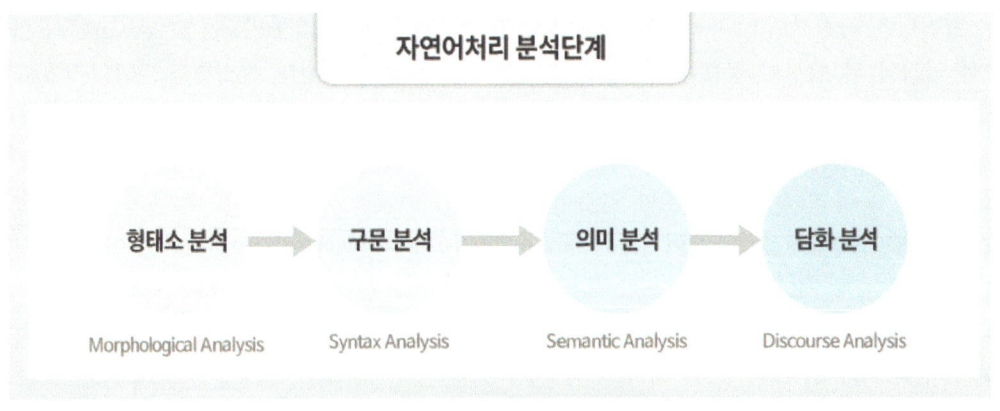

그림 1-2 자연어처리 분석단계(출처:KT)

자연어처리를 위한 작업이 끝나면 기계 번역, 자동 요약, 감정 분석, 질문 응답 그리고 음성 인식과 같은 분야에서 활용 가능하며 이와 같은 응용 분야는 기술의 발전으로 인해 계속해서 새로운 응용 분야로 확대되고 있다. 자연어처리의 주요 기능은 표 1.1에서 보는 바와 같다.

표 1.1 **자연어처리의 기능**

기능	특징
텍스트 이해	문장의 의미 분석
텍스트 생성	사람이 쓴 것처럼 글쓰기
번역	언어 간 자동 변환 (예: 한국어 ↔ 영어)
감정 분석	텍스트에서 감정(긍정, 부정 등) 파악
음성 인식	말소리를 텍스트로 변환 (예: Siri, Google Assistant)

이를 기반으로 한 chatgpt의 주요 특징은 사람처럼 대화가 가능하고 다양한 분야의 질문에 실시간으로 답변을 한다. 또한 다른 언어를 분석하거나, 글쓰기, 프로그램 등의 코딩이 가능하다. 이러한 기능들은 인터넷의 다양하고 방대한 정보를 검색하고 학습된 데이터를 기반으로 사용자에게 정보를 제공하게 된다. 그림 1-3은 chatgpt Plus 유료 버전 인터페이스 화면이다. chatgpt 작업은 다양한 AI 모델이 사용된다. 간단히 회원 가입하여 무료 버전으로 사용할 수 있고, Plus, Pro 등과 같은 유료 버전의 모델이 있다. 초기 사용자들은 무료 버전을 통하여 chatgpt를 사용한 후 보다 많은 정보와 고급 기술을 사용하는 것이 좋다.

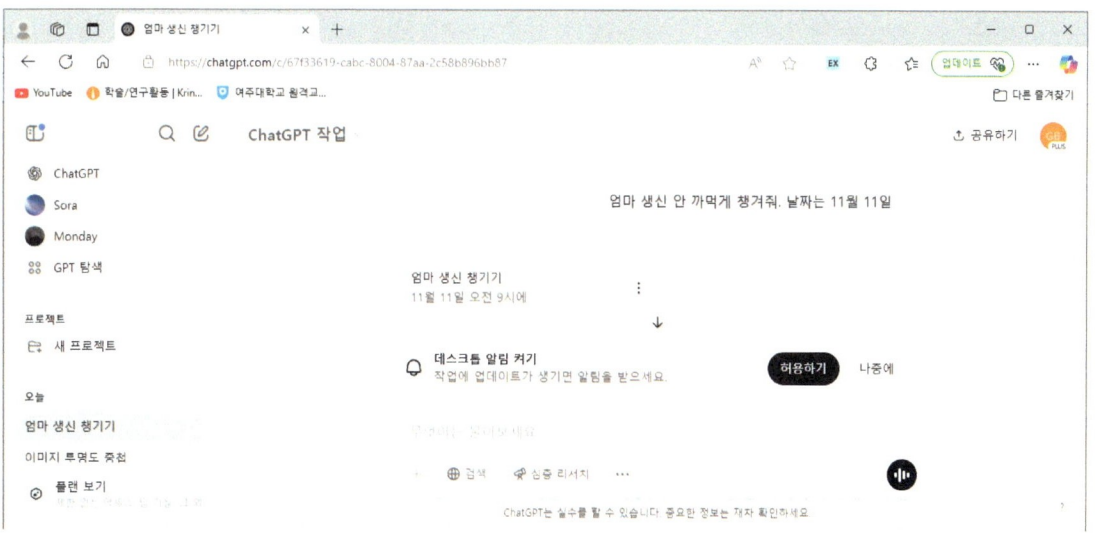

그림 1-3 **chatgpt 작업창**

1.1.2 chatgpt의 발전 역사

chatgpt는 OpenAI의 chatgpt 시리즈에서 발전해왔으며, 표 1.2에서 보는 바와 같이 각 버전이 출시될 때마다 성능이 크게 향상되었으며 각 버전에 따른 다양한 에피소드가 전해진다.

표 1.2 chatgpt 모델의 발전 과정

버전	출시 연도	주요 특징
chatgpt-1	2018년	초기 언어 모델, 1억 1천 7백만 개의 파라미터 사용
chatgpt-2	2019년	15억 개의 파라미터, 자연스러운 텍스트 생성 가능
chatgpt-3	2020년	1,750억 개의 파라미터, 뛰어난 문맥 이해력
chatgpt (chatgpt-3.5)	2022년	채팅 기반 AI, 실시간 대화 가능
chatgpt-4	2023년	멀티모달(이미지+텍스트) 기능 추가, 더욱 정밀한 답변 제공
chatgpt-4.5/ 5	2025년	2025년 이후 더욱 인간과 유사한 사고능력 기대

☞ **chatgpt 개발 에피소드**

2019년, OpenAI가 chatgpt-2를 개발했을 때, 예상보다 훨씬 뛰어난 성능을 보였는데 문제는 이 모델이 너무나 자연스럽게 가짜 뉴스를 만들어낼 수 있다는 것이었다. OpenAI는 "이 모델이 악용될 위험이 있어 완전한 공개를 보류하겠습니다."라고 공식 발표를 하였다. 이후 OpenAI는 몇 달 동안 조심스럽게 연구한 뒤, 단계적으로 모델을 공개했으며 실제로 chatgpt-2가 공개된 후, 이를 활용한 다양한 실험들이 이루어졌다. chatgpt-3는 1,750억 개의 파라미터를 가진 엄청난 규모의 모델로서 이 모델을 운영하기 위해서는 엄청난 컴퓨팅 리소스가 필요했으며 운영 비용만 하루에 수십만 달러 이상이 요구되었다. OpenAI 사는 이 문제를 해결하기 위해 OpenAI는 API 기반의 유료 서비스를 도입했고, 이후 chatgpt Plus 등 유료 플랜을 출시하면서 운영비를 감당할 수 있게 되었다.

2022년, RLHF (Reinforcement Learning from Human Feedback, 인간 피드백을 통한 강화학습) 기술을 적용한 chatgpt-3.5를 기반으로 한 chatgpt가 공개되었으며, 이 모델은 단순히 텍스트를 생성하는 것이 아니라, 사용자의 피드백을 반영하여 더 나은 대화를 할 수 있도록 설계되었다. 결과적으로 chatgpt-3보다 훨씬 자연스러운 대화형에 적합한 AI가 탄생하게 되었다.

chatgpt-4는 2023년에 출시되었는데, 이전 버전과 가장 큰 차이점은 멀티모달(Multimodal) 기능이 추가되었다. 이전 chatgpt 모델들이 텍스트만 이해 가능하였다면, chatgpt-4는 이미지도 이해 가능하였다. 예를 들어, 사용자가 손으로 쓴 메모 사진을 올리면 chatgpt-4가 그 내용을 이해하고 사용자에게 이미지에 대한 설명이 가능하였다.

2025년 이후 출시될 것으로 예상되는 chatgpt-5는 실시간으로 정보를 업데이트하여 학습을 하거나, 사용자의 입력에 따른 수동적인 반응이 아니라 자율적으로 반응하는 능력이 추가될 것으로 예상하고 있다. 이 이외에도 o3-mini 모델은 소형 추론 모델로, 과학(Science), 기술(Technology), 공학(Engineering), 수학(Mathematics) 분야에서 뛰어난 성능을 발휘하도록 설계되었으며, o3-mini high 모델은 프로그램 코딩과 로직에 탁월한 성능을 보이고 있다.

1.2 chatgpt 사용하기

1.2.1 회원가입 하기

chatgpt는 회원가입 하지 않고 검색이나 질문이 가능하지만 더욱 전문적이고, 자세한 대답을 얻기 위해서는 회원가입을 하고 로그인한 상태에서 이용하는 것이 더 효율적이다.
chatgpt의 회원가입 절차는 다음과 같이 6단계를 걸쳐 수행된다.

① chatgpt 사이트 https://chatgpt.com에 접속한다.
② 그림 1-4와 같이 화면 오른쪽 상단의 회원가입 버튼을 클릭한다.

그림 1-4 회원가입

③ 그림 1-5와 같이 계정 만들기 창에서 본인의 이메일 주소를 입력하고 계정이 있으면 로그인 버튼을 누르면 된다.

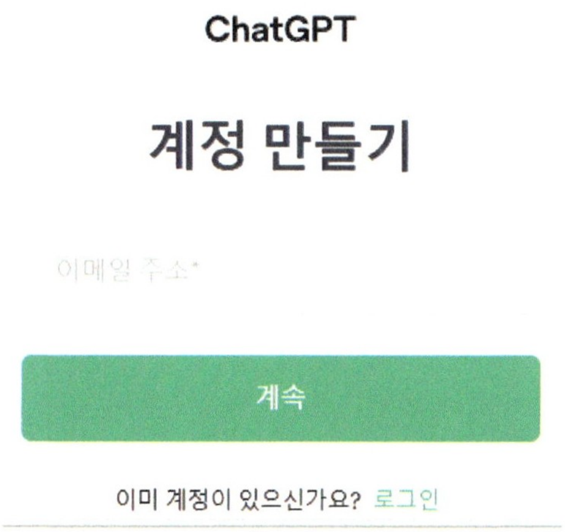

그림 1-5 계정 만들기

④ 그림 1-6과 같이 이메일 주소 입력 후 비밀번호 설정한다. 비밀번호는 대소문자+숫자+특수문자를 조합하여 12자리 이상 입력한다.

⑤ 입력된 이메일 주소에 인증코드가 전송된다. 본인의 이메일에서 인증코드를 확인 후 코드를 입력하고 이후 본인의 이름 및 생년월일, 핸드폰 번호를 입력하면 회원가입이 완료된다.

⑥ 회원가입 후 로그인 버튼을 클릭한 후 이메일 주소와 비밀번호를 입력하면 비로소 chatgpt를 개인비서처럼 사용할 수 있다.

그림 1-6 계정 설정

1.2.2 chatgpt 화면 구성과 설정

chatgpt 사이트나 앱(App)에 로그인을 하면 그림 1-7과 같은 화면 구성을 볼 수 있다.

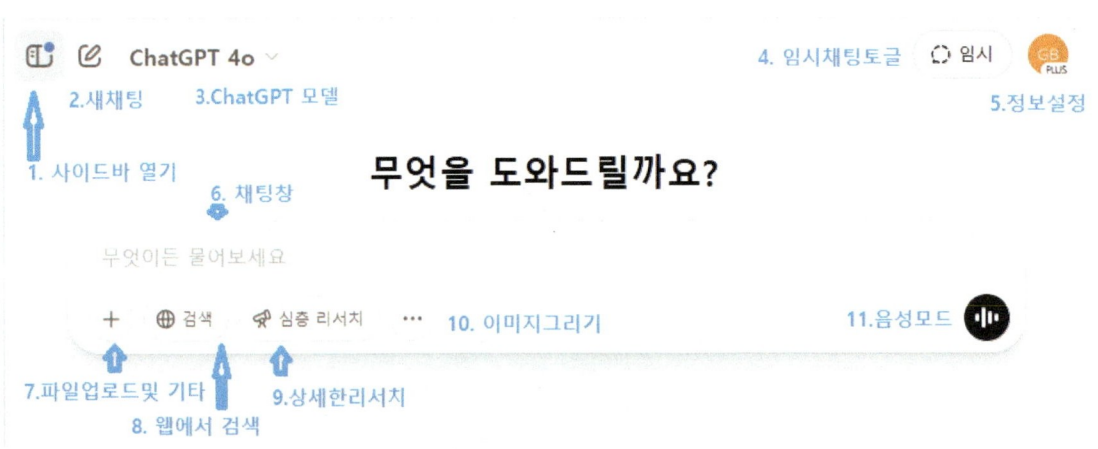

그림 1-7 chatgpt 화면 구성

① **사이드바 열기** : 버튼을 클릭하며 현재 플랫폼이나 앱에서 제공하는 탐색메뉴, 기능 메뉴들을 볼 수 있다. 일반적으로 홈(Home), 내프로젝트/문서/대시보드, 즐겨찾기/북마크, 최근 본 항목, 탐색/검색, 설정, 도움말/고객 지원 등의 메뉴를 볼 수 있다.
② **새채팅** : 새로운 채팅 시작
③ **chatgpt 모델** : chatgpt의 다양한 모델 목록을 볼 수 있다. 모델 버전에 따라 기능이 다소 다르고 무료와 유료에 따라 사용되는 버전이 다르다.
④ **임시채팅 토글** : 그림 1-8과 같이 임시채팅 토글 상태에서는 대화가 저장되지 않고, 대화를 종료하거나 닫으면 기록에서 바로 삭제된다. 일반적으로 채팅 창에서 질의한 내용들은 모두 본인의 계정에 저장되고 이후에 사이드바 열기 목록에 질의했던 내용들의 목록을 볼 수 있다.
임시채팅 토글은 일시적으로 질문하고 답만 받고 끝내거나 민감한 정보나 개인정보를 다룰 때 사용하면 유용하다.

그림 1-8 **임시 채팅 창**

⑤ **정보설정** : chatgpt를 사용함에 있어서 개인 비서처럼 사용하기 위한 맞춤 설정 가능하며 로그인/아웃을 할 수 있다. 무료와 유료에 따라 다르지만, 버튼을 클릭하면 그림 1-9와 같은 목록을 볼 수 있다.

그림 1-9 **GPT 목록**

- **작업** : 그림 1-10과 같이 내 업무의 일정계획이다. 업무를 추진하면서 일정을 등록시켜 놓을 수 있으며 해당 날짜나 시간이 되면 알림을 통해 알려준다.

  일정 예약됨

  ⓘ 엄마 생신 챙기기   11월 11일

  그림 1-10 일정 예약

- **내 GPT** : 그림 1-11은 chatgpt를 개인의 용도에 맞게 설정할 수 있는 버튼이다. chatgpt와의 채팅을 기반으로, 사용자의 정보를 기억하거나 관리할 수 있는 기능이다. 이 기능은 채팅을 통한 대화를 기억하고 요약할 수 있으며 기억된 정보를 관리한다. 그림과 같이 새롭게 chatgpt를 특별한 목적에 맞게 만들 수 있으며 기존에 특정한 목적으로 만든 chatgpt를 통해 업무를 효율적으로 수행할 수 있다. 이미 만들어진 chatgpt "AI 코드 정리 엔지니어" 편집 버튼을 누르면 구성된 정보를 그림과 같이 확인할 수 있으며 추가 작업할 수 있다.

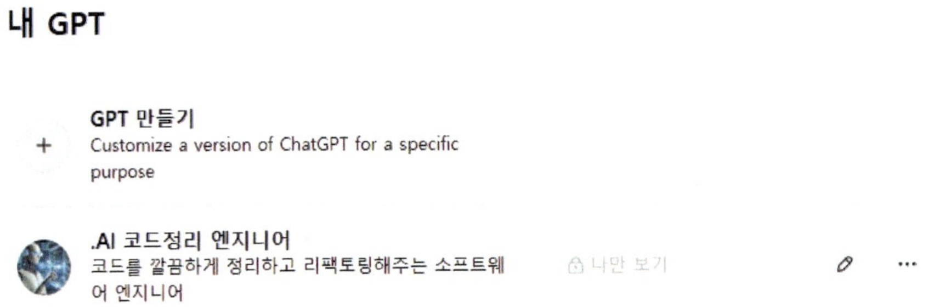

그림 1-11 개인용도 설정하기

그림 1-12 설정 정보 확인

- chatgpt 맞춤설정 : 그림 1-13은 chatgpt를 개인비서처럼 설정하기 위한 메뉴이다. chatgpt에게 사용자의 정보를 소개하고 chatgpt로 하여금 호칭을 부여할 수 있다. 예를 들어 chatgpt가 사용자를 선생님, 형, 오빠, 아저씨 등으로 부를 수 있다. 또한 직업 및 chatgpt에게 바라는 점을 입력하고 저장하면 저장된 정보를 기억하고 더욱 친근한 chatgpt가 된다.

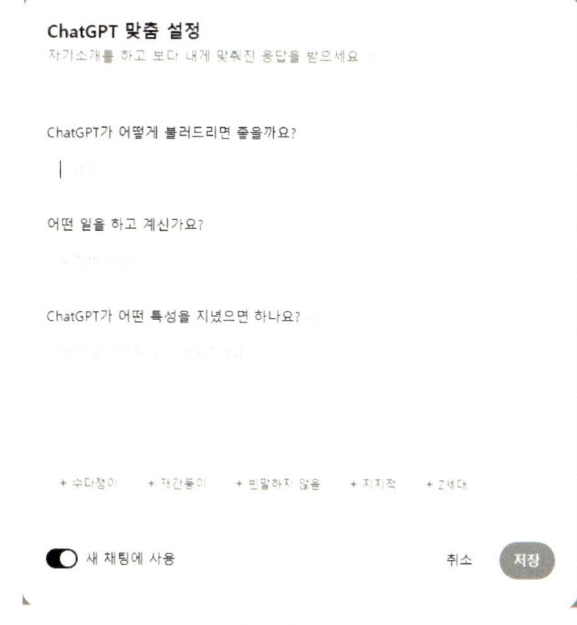

그림 1-13 맞춤 설정

- 설정 : 사용자 경험을 개인화하고, 서비스 이용 방식을 세부적으로 조정할 수 있는 옵션들을 제공한다. 설정 메뉴의 주요항목과 기능은 그림 1-14와 같다.

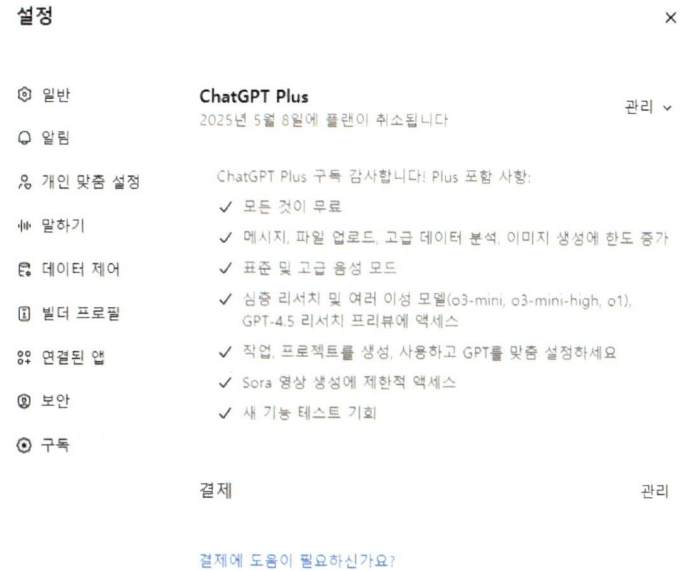

그림 1-14 설정하기

▶ 일반 탭 : 테마(Theme)는 인터페이스의 밝기 모드(라이트 모드, 다크 모드)를 선택할 수 있다. 언어는 서비스 이용 언어(한국어, 영어, 일본어 등)를 설정하며 채팅 내용을 저장 또는 삭제할 수 있다. 로그아웃 탭도 일반 탭에 속한다.
▶ 알림 탭 : 등록한 작업 스케줄의 내용을 푸시 또는 이메일로 고지한다.

▶ **개인 맞춤 설정 탭** : 메모리 관리를 위한 메뉴이다. 사용자와 채팅한 내용들이 기록되어 있으며 chatgpt는 저장된 채팅 내용을 바탕으로 사용자의 세부 내용이나 선호 사항을 파악한다. 메모리 관리를 위해 채팅한 목록들을 삭제할 수 있다.

▶ **말하기 탭** : 사용하는 주요 언어를 통하여 음성으로 채팅이 가능하다.

▶ **데이터제어** : 대화 내역 저장 여부를 관리하며, 저장된 데이터가 chatgpt 성능 개선에 활용될지, 여부를 선택 가능하다. 기록을 끄면 대화는 저장되지 않고 향후 응답 품질 향상에 사용되지 않는다. 또한 계정에 저장된 개인정보와 대화 기록의 다운로드 요청이 가능하다. 계정과 관련된 모든 개인정보를 삭제 요청할 수 있다.

▶ **빌더 프로필(Builder Profile) 탭** : chatgpt의 새로운 기능으로, chatgpt를 활용해 콘텐츠나 앱, 플러그인 등을 개발하거나 창작 활동을 하는 사람들(빌더)을 위한 프로필 관리 기능이다. 주요 기능 및 목적은 창작자를 식별, 공유 및 협업, 커뮤니티 참여 및 피드백 그리고 플러그인과 chatgpt 스토어에 참여할 수 있다. 요구되는 정보에는 이름, 닉네임, 프로필 사진, 자기소개 그리고 제작한 플러그인이나 앱, 콘텐츠의 목록 등을 기록한다.

▶ **연결된 앱 탭** : 주로 외부 서비스, 플러그인 등 chatgpt와 연동되는 기타 앱들의 관리와 사용 권한을 설정할 수 있다. 그림 1-15와 같이 외부 앱들을 chatgpt와 연결 또는 해제를 할 수 있다.

그림 1-15 **외부 앱 연동하기**

▶ **보안 탭** : chatgpt에 로그인 시 다단계 인증 또는 모든 기기에서 로그아웃 할 경우 사용한다.

▶ **구독 탭** : 무료 또는 그림 1-16과 같이 유료를 선택하는 탭이다. 현재 무료라면 유로 버전 Plus(\:29000/월), Pro(\310000/월)을 선택할 수 있다. 유료 버전에 대한 관리 및 결제 방법 등을 선택한다. 일반적으로 통신 요금에서 결제되며 추가적으로 신용카드를 등록할 수 있다.
Plus 유료 버전을 경우 그림과 같이 무료 버전보다 메모리 리소스에 대한 한도가 증가된다.

ChatGPT Plus 구독 감사합니다! Plus 포함 사항:
- ✓ 모든 것이 무료
- ✓ 메시지, 파일 업로드, 고급 데이터 분석, 이미지 생성에 한도 증가
- ✓ 표준 및 고급 음성 모드
- ✓ 심층 리서치 및 여러 이성 모델(o3-mini, o3-mini-high, o1), GPT-4.5 리서치 프리뷰에 액세스
- ✓ 작업, 프로젝트를 생성, 사용하고 GPT를 맞춤 설정하세요
- ✓ Sora 영상 생성에 제한적 액세스
- ✓ 새 기능 테스트 기회

그림 1-16 **구독 안내**

- **플랜 업그레이드** : 개인은 Plus($20/M), Pro($200/M) 유료 버전에 대한 옵션을 나타내고 비즈니스의 경우 2명 이상의 팀당($25/M) 과금 정보를 나타낸다.
- **검색확장 프로그램** : chatgpt가 제공하는 확장 기능 중 하나로, 사용자가 chatgpt와 대화 중 실시간 최신 정보를 얻기 위해 인터넷 검색을 가능하게 하는 기능이다. 즉, 기존의 chatgpt는 일정 시점까지의 학습된 데이터만을 바탕으로 답변을 제공하지만, 검색 확장 프로그램을 사용하면 현재 웹상에 있는 최신 정보까지 활용해 정확하고 신속하게 답변할 수 있게 된다.
- **로그아웃** : 접속을 종료하고 기기나 브라우저에서 계정 연결을 끊는다.

⑥ **채팅 창** : 문자로 질의하기 위한 입력창이다.
⑦ **파일 업로드 및 기타** : 이미지, 동영상, 문서 파일 등 구글 드라이브 혹은 내 PC에 있는 파일 등을 chatgpt에게 업로드하기 위해 사용한다.
⑧ **검색** : 웹을 통해 검색하기 위해 사용한다.
⑨ **이성/심층 리서치** : chatgpt가 답변할 때 논리적이고 체계적으로 접근하도록 설정하는 버튼 또는 깊고 철저하게 검색과 조사를 통해 상세한 정보를 얻어 답변을 얻고자 할 때 사용하는 버튼이다.
⑩ **도구 보기** : 이미지 그리기와 캔버스 도구를 볼 수 있다.
⑪ **음성 모드** : 마이크를 통해 말을 하면 채팅 창에 글로 변환되어 입력할 수 있다.

1.3 chatgpt의 원리

chatgpt는 단순한 대화형 AI가 아니라, 다양한 분야에서 강력한 기능을 수행할 수 있는 인공지능 모델로서 자연어 이해와 생성, 정보검색, 번역 및 다국어 지원, 프로그래밍, 글쓰기 보조와 같이 다양한 분야에서 chatgpt는 만능 비서로서 역할을 수행할 수 있다.

1.3.1 동작 방식

chatgpt는 사전 학습된 데이터를 기반으로 딥러닝(Deep Learning) 기술을 활용하여 문장을 생성하고 Transformer 구조를 기반으로 작동한다. chatgpt의 작동원리 중 핵심 개념은 다음과 같다.
- 사전 학습(Pre-training) → 대량의 텍스트 데이터를 학습하여 언어 패턴을 익힘
- 미세 조정(Fine-tuning) → 특정 작업(대화, 번역 등)에 맞게 모델을 최적화
- Transformer 모델/확률적 예측(Probability Prediction) → 다음 단어를 확률적으로 예측하여 문장을 생성

chatgpt는 Transformer라는 신경망 구조를 기반으로 동작한다. Transformer는 자연어처리에서 가장 강력한 모델 중 하나이며, 특히 Self-Attention 메커니즘을 활용하여 문맥을 이해하며 표 1.3에 Transformer의 주요 요소를 나타내었다.

표 1.3 **Transformer의 주요 요소**

구성요소	
Self-Attention	문장에서 중요한 단어를 찾아서 가중치를 부여
Feed Forward Network	입력값을 변형하여 더 정교한 결과를 생성
Positional Encoding	단어의 순서를 고려하여 문맥을 이해
Decoder 구조	Transformer의 Decoder만 사용하여 다음 단어를 생성

Self-Attention은 문장을 생성할 때 가장 중요한 기술로서 문장에서 어떤 단어가 중요한지 스스로 판단하여 가중치를 다르게 부여하는 기술이다.
예를 들어, 다음과 같은 문장을 chatgpt에게 제공하였다고 가정하면,
▶ "너는 오늘 도서관에서 책을 읽었다."
chatgpt가 "책을 읽었다"라는 의미를 제대로 이해하기 위해서는, "도서관"이라는 단어에 높은 가중치를 줘야 한다. Self-Attention은 이런 관계를 자동으로 학습하는 역할을 하게 된다.

chatgpt는 학습 과정을 두 단계로 나누어 수행한다.

(1) 사전 학습 (Pre-training)
대량의 텍스트 데이터를 사용하여 언어의 패턴을 학습하는 과정이다.

- 인터넷에서 수집한 데이터(책, 논문, 웹사이트 등)를 활용해 학습한다.
- 단어 간의 관계를 파악하고, 다음 단어를 예측하는 방식으로 훈련한다.
- 예를 들어, **"오늘 날씨가"**라는 입력이 주어지면 "맑다", "흐리다", "좋다" 등의 가능성을 예측한다. 사전 학습 단계에서는 인간이 제공하는 정답 없이, 대량의 텍스트에서 패턴을 익히는 것이 핵심이다.

(2) 미세 조정 (Fine-tuning)

특정 용도(대화, 번역, 코딩 등)에 맞게 추가 학습하는 과정이다.
- 사전 학습된 모델을 기반으로 특정 작업(예: Q&A, 코드 생성)에 맞게 추가 학습을 한다.
- OpenAI는 RLHF(강화학습을 통한 인간 피드백, Reinforcement Learning from Human Feedback) 기법을 사용하여 chatgpt를 미세 조정한다. 그림 1-17은 강화학습에 대한 개념으로서 학습 대상인 기계가 미로, 체스 또는 바둑 등과 같이 특정한 환경에 대한 정보를 얻고 이에 대해 어떤 행동을 했을 때 그 결정에 대해 보상 또는 벌칙을 주는 것이다. 보상 또는 벌칙은 한 번의 행동으로 결정을 하지 않고 여러 번의 행동을 취하고 나서 한꺼번에 보상하는 것이 일반적이다. 강화학습은 인공신경망을 적용하여 환경과 기계의 상태 등의 입력에 대해 행동을 결정하고 보상을 받게 되면 이전의 입력 값과 행동들을 긍정적으로 학습하게 됨으로써, 인공지능은 진화하게 된다.

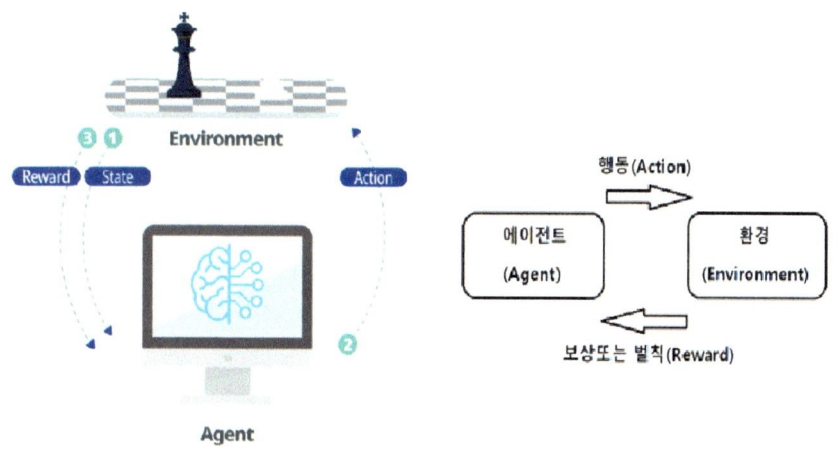

그림 1-17 강화학습 개념 (참조: 한국정보통신기술협회TTA)

미세 조정 단계에서는 사람의 피드백을 반영하여 모델이 더 정확하고 자연스럽게 작동하도록 조정한다. chatgpt가 답변을 생성하는 과정은 다음과 같다.

① 사용자 질문 입력 : chatgpt는 어떻게 작동하나요?
② chatgpt가 문맥을 분석 : chatgpt는 어떻게 작동하나요?"라는 질문을 토큰(단어 단위)으로 변환
③ 문맥 이해 : Self-Attention을 이용해 단어 간의 관계를 분석
④ 가장 적절한 답변을 예측하여 출력 : 확률적으로 가장 적절한 단어를 선택하여 답변 생성
⑤ 피드백을 통해 성능 개선 : 사용자의 피드백을 받고 개선

▶ 사용자 : "chatgpt는 어떤 원리로 작동하나요?"
chatgpt: "chatgpt는 딥러닝 기반의 자연어처리 모델로, 대량의 텍스트 데이터를 학습한 후 문맥을 분석하여 가장 적절한 답변을 생성하는 방식으로 작동합니다."
chatgpt는 단순한 규칙 기반 챗봇이 아니라, 수많은 가능성을 고려하여 가장 적절한 문장을 생성하는 방식으로 작동한다.

chatgpt가 단순한 문장 생성기가 아니라, 사람과 자연스럽게 대화할 수 있는 이유는 다음과 같다.
- 대규모 데이터 학습 → 인터넷에서 수집한 다양한 문장을 학습하여 폭넓은 지식을 보유
- 문맥 유지 (Context Awareness) → 이전 문장을 참고하여 일관성 있는 답변 생성
- 확률적 텍스트 생성 → 100% 정해진 답이 아닌, 상황에 맞게 유동적인 답변 제공
- RLHF(강화학습을 통한 인간 피드백) → 사람의 평가를 반영하여 더 정확한 답변 제공

1.3.2 자연어 이해와 생성

chatgpt의 핵심 기술은 자연어 이해(NLU, Natural Language Understanding)와 자연어 생성(NLG, Natural Language Generation)이다. 이 두 가지 기술이 결합 되어야 우리가 사람과 대화하는 것처럼 느낄 수 있다.

① 자연어 이해 (NLU, Natural Language Understanding)
자연어 이해는 AI가 인간의 언어를 이해하고 해석하는 기술로서 단순히 단어를 보고 뜻을 아는 게 아니라, 문장의 맥락, 의미, 의도, 감정 등을 분석한다. 자연어 이해의 주요 개념은 다음과 같다.

- 형태소 분석 (Morphological Analysis)
  문장을 개별 단어(토큰)로 쪼개고, 각 단어의 의미와 문법적 역할을 분석하는 과정.
  ▶ "나는 사과를 먹었다" → ["나", "는", "사과", "를", "먹었다"]

- 구문 분석 (Syntax Parsing)
  문장이 어떻게 구성되는지를 파악하는 과정으로서 예를 들어 "chatgpt는 강력한 AI이다."라는 문장에서 "chatgpt" → 주어 (S) , "강력한" → 형용사 (Adj), "AI" → 명사 (N), "이다" → 서술어 (V) 이런 식으로 문장 구조를 파악한다.

- 의도(Intent) 및 개체(Entity) 인식
  사용자가 어떤 의도를 가지고 말을 했는지를 분석하는 기술이다.
  ▶ "내일 날씨 알려줘" → 사용자의 의도(Intent): "날씨 조회"
  　"서울에서 맛집 추천해줘" → 개체(Entity): "서울", "맛집"

- 맥락(Context) 이해 : 문맥을 이해해서 적절한 답을 제공해야 한다.
  ▷ 사용자: "어제 산 주식이 올랐어."
  　사용자: "그거 계속 가져가는 게 좋을까?"
  　→ 여기서 "그거"가 "어제 산 주식"을 가리킨다는 걸 알아야 한다.

- **감정 분석 (Sentiment Analysis)**
  사용자의 감정을 파악하는 기능이다.
  ▶ "오늘 기분이 너무 좋아!" → 긍정적인 감정
  　"아, 진짜 너무 짜증나." → 부정적인 감정
  ▶ 자연어 이해(NLU)의 과정 :
  　# 감정 분석(Sentiment Analysis) 모델
  　classifier = pipeline("sentiment-analysis")
  　#감정 분석 실행
  　result = classifier("오늘하루 최악이야.")
  　print(result)

② **자연어 생성 (NLG, Natural Language Generation)**
자연어 생성은 AI가 사람처럼 자연스러운 문장을 만들어내는 기술이다. chatgpt의 경우, 주어진 입력을 분석한 후 적절한 출력을 생성하는 데 이 기술이 사용된다.

□ 자연어 생성 과정

- **아이디어 생성 (Idea Generation)**
  입력된 내용에 따라 어떤 정보를 제공해야 할지 결정해야 한다. 예를 들어, "코딩 공부하는 방법 알려줘"라고 하면, 어떤 언어인지?, 초보자인지, 중급자인지?, 이론 설명이 필요한지, 실습 코드가 필요한지?, 등을 고려해서 적절한 답을 구성해야 한다.

- **문장 구조 결정 (Sentence Structuring)**
  문장을 어떻게 구성할지 결정하는 과정이다. 예를 들어 "코딩을 배우려면 먼저 기본문법을 익히고, 간단한 프로젝트를 해보는 것이 좋아요." 이렇게 자연스럽게 문장을 구성해야 한다.

- **어휘 선택 (Word Choice & Style Adjustment)**
  같은 의미라도 다른 표현을 사용할 수 있다. 예를 들어
  ▶ "영어로 번역해 줘" → "Translate this into English, please."
  　"좀 더 쉽게 설명해 줘" → "Can you explain it in simpler terms?"
  　상황에 맞게 표현을 다르게 할 수도 있다.

- **문법 및 일관성 유지 (Grammar & Coherence Check)**
  생성된 문장이 문법적으로 맞아야 하고, 앞뒤 문맥이 자연스러워야 한다. 예를 들어,
  ▶ "그는 열심히 일한다. 그녀는 친절하다." → 문맥이 부자연스러움.
  　"그는 열심히 일한다. 그는 목표를 이루기 위해 노력한다." → 일관성이 있음.

- **응답 스타일 맞추기 (Tonal and Stylistic Adjustments)**
  사용자 요청에 따라 문체를 변경할 수도 있다. 예를 들어
  ▶ 공식적 : "회의 일정은 오후 3시로 예정되어 있습니다."
  　친근한 스타일: "회의는 오후 3시에 할 거야!"

□ 자연어 생성(NLG)의 실제 예제:
　NLU + NLG = chatgpt의 대화 생성
　chatgpt가 사람처럼 대화할 수 있는 이유는 자연어 이해(NLU) + 자연어 생성(NLG)이 결합 되었기 때문이다.
　# 텍스트 생성 모델
　　generator = pipeline("text-generation", model="chatgpt2")
　# 텍스트 생성 실행
　　result = generator("Once upon a time,", max_length=50)
　　print(result[0]["generated_text"])

chatgpt의 대화 처리 과정은 다음과 같다.
① 사용자의 입력을 NLU로 분석
　▶ "오늘 날씨 어때?" →
② 의도(Intent): 날씨 정보 요청
　개체(Entity): "오늘"
　적절한 응답을 생성 (NLG 사용)
　"오늘 서울의 날씨는 맑고 기온은 15도입니다."
③ 맥락 유지
　▶ "내일은?" → "내일도 맑을 예정입니다."
　　"그럼 이번 주말은?" → "주말에는 비가 내릴 가능성이 있습니다."

1.4 정보 검색하기

1.4.1 포털 검색과 chatgpt 검색 차이

사용자들은 인터넷 정보검색에 있어서 일반 검색 도구(예: 구글, 네이버 등)를 사용하지만, 일반 검색 도구와 chatgpt는 두 가지 다른 방식으로 작동한다. 일반 검색 도구는 최신 정보, 다양한 출처를 빠르게 찾을 수 있지만, 사용자가 검색 결과에서 선택해야 하고, 정보의 정확성을 스스로 판단해야 한다. chatgpt는 대화형 응답으로 직관적이고 맞춤형 답변을 제공하지만, 실시간 정보나 방대한 범위의 출처를 제공하는 데는 제한이 있다. 따라서 실시간 정보나 여러 출처의 비교가 필요한 경우는 일반 검색 도구를 사용하고, 간단하고 맞춤화된 답변을 원할 때는 chatgpt를 사용하는 것이 효과적이다. 물론 chatgpt도 실시간 정보나 출처를 제공하지만, 질문할 때 이러한 내용을 반드시 포함시켜야 한다. 상위 버전의 chatgpt는 많은 학습이 되어 일반 검색 도구와 마찬가지로 최신의 정보를 찾아주기도 하지만 가끔 엉터리 데이터를 제시할 때가 있으니 의심스러울 땐 반드시, 검증을 해야 한다. 이 차이를 잘 이해하면 더 효율적으로 chatgpt를 사용할 수 있다.

일반 검색 도구와 chatgpt 검색은 다음과 같은 항목에서 다소 구분될 수 있다.

① **검색 목적과 접근 방식의 차이**
- 일반 검색 도구 :
  검색 도구는 주어진 키워드에 대해 인터넷상의 여러 웹사이트에서 관련 정보를 찾아 보여준다. 검색 결과는 웹페이지, 블로그, 뉴스, 포럼 등에서 추출한 링크나 텍스트로 제공하며 사용자는 검색 결과 중에서 원하는 정보를 찾아야 하며, 직접 판단하여 클릭하고 찾아가는 방식이다.
  ▷ 구글이나 네이버에서 "오늘 서울 날씨"를 검색하면 여러 날씨 웹사이트나 뉴스 링크들이 나온다. 사용자가 그 링크들을 클릭하여 날씨 정보를 확인해야 한다.

- chatgpt :
  chatgpt는 사용자의 질문에 대해 직접적인 답변을 제공한다. 정보검색 도구가 검색 결과를 나열하는 것과 달리, 내가 제공하는 정보는 바로 응답 형태로 제시된다. 즉각적인 요약, 분석, 답변을 제공하고, 사용자 맞춤형으로 대화할 수 있는 점이 특징이다. 제공된 정보는 여러 출처에서 학습한 내용을 바탕으로 제공되지만, 실시간 웹 검색을 하기 위해서는 그림 1-18과 같이 검색 버튼을 누르고 검색해야 한다.

그림 1-18 chatgpt 검색 버튼

검색 버튼의 사용 여부는 표 1.4와 같이 실시간 정보가 필요할 경우 사용하고 그 이외에 역사, 개념, 이론 설명 등 일반적이고 간단한 질문일 경우에는 사용하지 않아도 된다.

표 1.4 검색 버튼 사용 조건

상황	검색 버튼 사용
최신 뉴스가 필요할 때	O
날씨, 주식, 실시간 데이터	O
역사, 개념, 이론 설명	×
학습 내용 정리, 간단한 질문	×

▷ 최근 chatgpt는 많이 학습되어 오늘, 서울, 현재 이러한 단어가 나오면 자동으로 웹 검색을 통해 최신 데이터를 찾으며 탐색 결과에 대한 정보는 출처를 그림 1-19와 같이 자동으로 표시하고 있다.

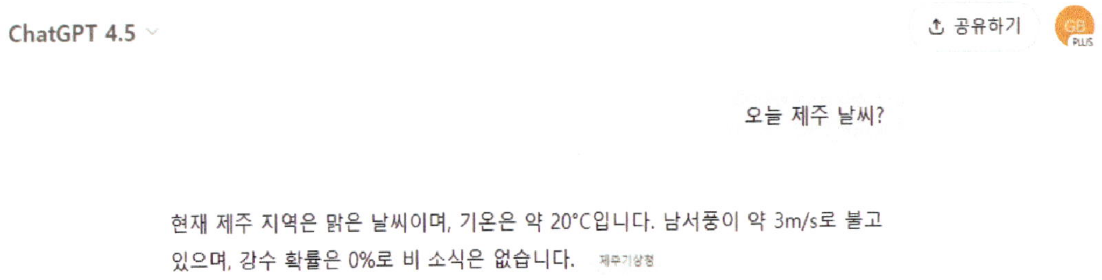

ChatGPT 4.5 ˅   ⬇ 공유하기

오늘 제주 날씨?

현재 제주 지역은 맑은 날씨이며, 기온은 약 20°C입니다. 남서풍이 약 3m/s로 불고 있으며, 강수 확률은 0%로 비 소식은 없습니다. 제주기상청

그림 1-19 **검색 출처 표기**

② **실시간 정보와 업데이트**
- **일반 검색 도구** : 실시간 업데이트가 반영된 결과를 즉시 제공한다. 뉴스, 날씨, 주식, 스포츠 점수 등 최신 정보를 바로 볼 수 있다. 사용자가 클릭해서 링크를 확인할 때, 웹페이지의 최신 상태를 볼 수 있다.
- **chatgpt** : 실시간 웹 검색을 사용하지 않으면, 제공하는 정보는 업데이트된 최신 정보(2023년 10월까지의 지식)를 포함하지 않는다. 하지만 웹 검색 기능이 활성화된 경우, 최신 뉴스나 정보도 제공할 수 있다. 예를 들어, 최근 트렌드나 특정 사건에 대한 정보를 원할 때 이 기능을 사용할 수 있다.

③ **검색의 깊이와 범위**
- **일반 검색 도구** : 검색 도구는 방대한 범위의 정보를 찾는다. 어떤 주제든 다양한 관점과 소스에서 찾아볼 수 있다.
사용자는 여러 결과를 비교하고, 다양한 출처에서 확인하며 더 깊이 검색할 수 있다.
- **chatgpt** : chatgpt는 한 가지 주제에 대해 간단하고 명확한 답변을 제공하는 데 강점을 가진다. 다만, 깊은 분석이나 긴 탐색을 원할 때는 여러 질문을 통해 점차 정보를 확장해 나갈 수도 있다. 제공하는 정보는 짧고 직관적인 답변을 제공하며, 사용자가 원하는 방향으로 질문을 계속 이어가며 대화할 수 있는 점에서 차별화된다. 따라서 깊이 있는 정보를 얻기 위해선 질문을 구체적이고 정확하게 설명해야 한다.

④ **대화형 응답과 맞춤형 조언**
- **일반 검색 도구** : 검색 도구는 보통 결과 목록을 제공할 뿐, 대화형 응답을 제공하지 않는다. 사용자가 원하는 정보를 찾기 위해서는 스스로 검색어를 조정하거나, 더 많은 링크를 클릭해야 한다. 일반적으로 검색 도구는 "입력된 키워드"와 관련된 링크를 제시하고, 사용자가 선택해 나가는 방식이다.
- **chatgpt** : chatgpt는 대화형으로 정보를 제공하며, 사용자의 피드백에 따라 답변을 조정하거나 구체화할 수 있다. 예를 들어, "이 부분을 더 자세히 설명해줘" 또는 "다른 관점으로 알려줘"와 같은 요청에 즉시 반응하고 잘못된 응답에 대해 다시 제공해 준다. 맞춤형 답변을 제공하고, 질문이 바뀔 때마다 유연하게 대처할 수 있다는 점이 큰 차이다.

⑤ 정보의 신뢰성
- 일반 검색 도구 : 검색 도구에서는 정보의 출처가 다양하기 때문에 신뢰성이 떨어질 수 있는 자료도 포함될 수 있다. 사용자가 여러 출처를 확인하고, 출처의 신뢰성을 판단해야 한다.
- chatgpt : 다양한 신뢰성 있는 출처에서 학습된 정보를 바탕으로 답변을 제공한다. 하지만 실시간 업데이트가 되지 않는다면 최신 정보나 특정 이벤트에 대한 실시간 데이터를 제공하기 어렵다. 사용자가 원하는 특정 분야에 대해서는 제공할 수 있는 기존의 학습된 정보를 기준으로 응답을 제공한다.

1.4.2 검색 기능 설정

chatgpt에서 검색 기능을 더 잘 활용하기 위한 팁은 다음과 같이 몇가지 방법이 있다. 그림과 같이 검색 확장 프로그램을 활성화하면 검색 기능이 더 효율적이다.

① 그림 1-20과 같이 "chatgpt 검색확장 프로그램 받기" 설치 버튼을 클릭한다.

그림 1-20 **검색확장**

그림 1-21과 같이 chatgpt search 앱이 나오고 설치를 누르면 검색 도구를 효율적으로 사용할 수 있다.

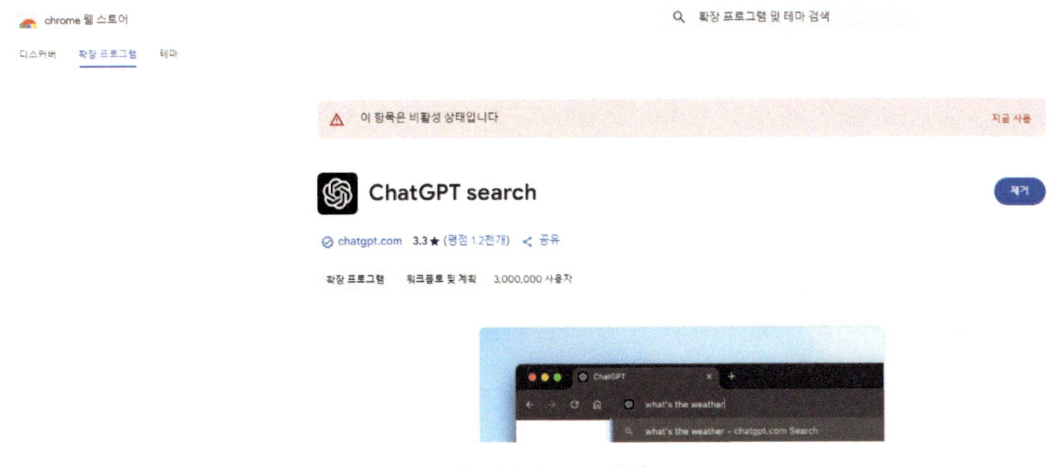

그림 1-21 chatgpt 검색

② 질문은 명확하고 구체적으로 한다.

모호한 질문보다는 구체적이고 정확한 키워드를 활용해 질문하면 더 빠르게 원하는 정보를 얻을 수 있다.
- ▶ 나쁜 예 : "오늘 어때?"
- ▶ 좋은 예 : "오늘 서울 날씨 알려줘." 또는 "오늘 삼성전자 주가 알려줘."

③ 최신 정보가 필요한 질문임을 나타내야 한다.

chatgpt가 즉시 검색 기능을 활성화하도록 "최신", "오늘", "현재", "실시간" 등의 표현을 사용한다.
- ▶ 예) "지금 비트코인 시세는?"
    "최신 뉴스에서 삼성전자에 대한 정보를 알려줘."

④ 신뢰할 수 있는 정보 출처를 요청한다.

특정 사이트나 출처에서 얻은 정보를 원하면 질문에 출처를 명시해 달라 요청한다.
- ▶ 예) "네이버 뉴스에서 삼성전자 관련 최신 뉴스를 검색해줘."

⑤ 설정에서 개인화 옵션을 사용한다.

chatgpt의 설정 메뉴에서 chatgpt 맞춤설정 또는 빌더 프로필 등을 설정하면 더 맞춤형 검색 결과와 정보를 얻을 수 있다. 개인화 옵션은 사용자가 제공하는 정보를 바탕으로 chatgpt의 응답을 더 정확하고 맞춤형으로 만들어주는 기능으로서 사용자의 관심사, 취향, 목적, 환경 등 개인정보를 chatgpt가 기억하여 답변 시 맞춤형 응답을 제공한다.
- ▷ 설정 방법
    - chatgpt 맞춤설정 이동하기
       chatgpt 맞춤 설정 메뉴에서 개인화 옵션(내 chatgpt) 선택

▷ 개인정보 및 요청사항 입력하기

자신이 원하는 답변 스타일, 개인적인 특징, 자주 하는 질문 등을 입력할 수 있다.

예시 입력사항 :

"나는 프로그래밍 초보자이므로 쉬운 설명을 원해."

"내 직업은 부동산 투자자야. 경제 뉴스를 자주 업데이트해줘."

"파이썬을 주로 쓰니 파이썬 코드로만 답변을 줘."

▷ 저장하기

입력한 내용을 저장하면 이후의 모든 chatgpt 대화에서 이 정보가 자동으로 반영

과 제

1. 인공지능에 대해 설명하시오.

2. chatgpt 회원가입 단계를 설명하시오.

3. chatgpt에서 개인 맞춤 설정하시오.

4. 자연어처리 방식이란 무엇인가?

5. 포털 검색과 chatgpt 검색의 차이는 무엇인가?

6. chatgpt 메뉴에 대해 설명하시오.

2장 웹서버 만들기

2.1 인터넷의 원리

웹브라우저에 정보를 표시하고 얻기 위해서는 특정한 형식의 문서로 작성되어야 한다. 이 문서는 서버에 저장되며, 클라이언트가 요청하면 서버는 해당 문서나 정보를 제공한다. 즉, 인터넷은 서버와 클라이언트 구조로 이루어져 있으며 사용자는 구글 크롬(Chrome)이나 마이크로소프트 엣지(Edge) 같은 웹브라우저를 통해 인터넷 문서를 탐색하고 정보를 얻는다.

서버는 HTML(HyperText Markup Language)로 작성된 웹 문서를 클라이언트의 웹브라우저에 전달하며 클라이언트가 서버에 접속하려면 서버의 위치를 알려주는 인터넷주소(IP: Internet Protocol)가 필요하다. 클라이언트는 웹브라우저를 사용해 서버에 접속한 후, 서버가 제공하는 다양한 정보를 화면에 표시한다. 서버와 클라이언트가 서로 정보를 주고받으려면 약속된 통신 규약, 즉 프로토콜(Protocol)이 필요하다. 웹 문서를 주고받을 때 사용하는 프로토콜은 HTTP(HyperText Transfer Protocol)이라 하며 통신 프로토콜과 인터넷 주소를 함께 나타낸 것이 URL(Uniform Resource Locator)이다.

예를 들어 https://www.example.com/index.html에서
- https://는 프로토콜,
- www.example.com은 서버 도메인(또는 IP),
- /index.html은 서버 내부의 특정 파일 경로를 의미한다.

이처럼 URL을 통해 클라이언트는 어떤 프로토콜로, 어떤 서버에, 어떤 문서를 요청해야 하는지 알 수 있다.

인터넷이 작동하는 절차는 그림 2-1과 같이 4단계로 이루어진다.

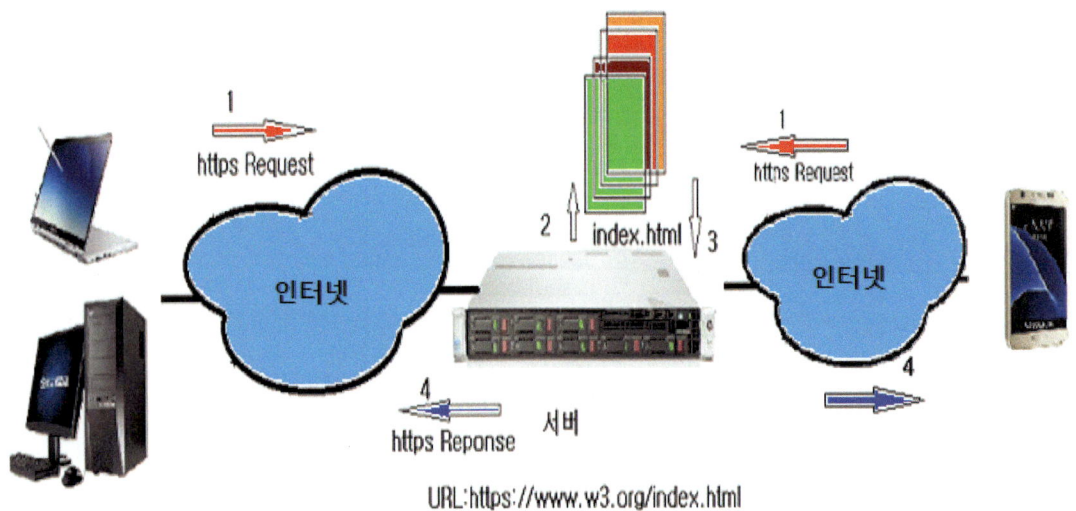

그림 2-1 인터넷 작동원리

① 웹브라우저가 설치된 클라이언트 컴퓨터나 스마트폰에서 URL을 입력하면, 해당 주소에 대한 HTTPS 요청(Request)이 서버로 전송된다.
② 서버는 클라이언트의 요청을 수신한 뒤, 정상적인 요청인지를 먼저 확인한다.
③ 요청이 정당하면, 서버는 클라이언트가 요청한 웹 문서(index.html)가 존재하는지 자신의 저장 공간에서 검색한다.
④ 문서를 찾은 경우, 서버는 해당 웹 문서를 HTTPS 응답(Response)으로 클라이언트에게 전송한다. 만약 요청한 문서가 존재하지 않으면, 서버는 대신 error.html 파일을 보내어 해당 문서를 찾을 수 없다는 메시지를 전달한다.

2.2 인터넷과 HTML5

WWW 등장 이전에는 컴퓨터가 주로 과학 연구나 사무 영역에 국한되어 사용되었고, 서로 연결되지 않은 독립적인 상태였다. 하지만 인터넷과 WWW(월드 와이드 웹)의 출현으로 정보는 시간과 공간의 제약 없이 공유되고 접근할 수 있는 환경이 만들어졌다. 이로 인해 사회·경제 전반에 걸친 큰 변화가 일어났으며, 특히 상업적인 측면에서 인터넷은 곧 거대한 시장으로 자리 잡았다.

- 정보 공유의 범위 확대
  이전에는 데이터를 물리적으로 옮기거나 직접 접속해야만 정보를 얻을 수 있었다.
  WWW가 도입된 이후에는 웹브라우저만 있으면 언제 어디서든 문서와 자료에 접근할 수 있게 되었다.

- 기업 경쟁 촉발

  인터넷이 새로운 시장으로 떠오르자, 수많은 기업이 웹브라우저와 HTML 기술 개발에 뛰어들었다. 브라우저 시장을 선점하기 위한 경쟁이 치열해지면서 웹 표준과 기능도 빠르게 발전했다.

- 급속한 기술 발전

  1990년대 후반부터 2000년대 초반까지 인터넷 기술은 놀라운 속도로 성장했다. 웹서버, 웹 애플리케이션, 프로그래밍 언어, 네트워크 인프라가 단기간에 비약적으로 발전하여 오늘날의 인터넷 기반을 마련했다.

- 웹의 역할 변화

  초기에는 단순한 정보 전달 수단에 불과했으나, 점차 비즈니스·교육·엔터테인먼트·사회 전반의 핵심 플랫폼으로 자리매김했다. 전자상거래(e-commerce), 온라인 학습, 소셜 미디어 등 다양한 서비스가 WWW를 기반으로 탄생하고 성장했다.

  이처럼 WWW의 등장 이후 인터넷은 독립적이고 폐쇄적이던 컴퓨터 사용 환경을 완전히 바꾸어 놓았다. 그 결과 웹은 단순한 정보 창구를 넘어 삶과 산업 전반을 혁신하는 핵심 인프라로 발전하였다. 현대 인터넷의 개념을 처음 제시한 인물은 '인터넷의 아버지' 또는 'WWW의 창시자'로 불리는 팀 버너스 리(Tim Berners Lee)이며 각 비전별 특징을 표 2-1에 나타내었다.

- 개념의 탄생 배경

  1989년, 팀 버너스 리는 유럽 입자물리연구소(CERN)에서 근무하면서 전 세계 연구자들이 문서를 쉽고 효율적으로 공유할 수 있는 시스템을 구상하였다. 이 구상을 바탕으로 '월드 와이드 웹(World Wide Web)'이라는 새로운 개념 그리고 약어인 WWW 또는 W3가 탄생하였다.

- WWW의 핵심 구성 요소

  서버 프로그램 (httpd)은 문서를 저장하고, 클라이언트(웹브라우저)의 요청에 따라 해당 문서를 제공하며 클라이언트 웹브라우저 (WorldWideWeb)는 사용자가 서버에 저장된 문서를 불러올 수 있도록 설계되었다. 이 두 가지 요소가 서로 통신하면서 하이퍼텍스트 링크 기능을 포함한 문서 형식을 주고받았다.

- 초기 HTML의 등장과 발전

  1991년에 사용된 초기 버전의 HTML(HyperText Markup Language)은 하이퍼텍스트 링크 기능을 포함한 새로운 문서 형식이었다. 이 초기 HTML은 이후 공식적으로 HTML 1.0이라고 불리게 되었으며, 현대 인터넷 문서 구조의 뼈대를 이루게 되었다.

표 2-1 **HTML의 버전과 특징** (참조:https://www.w3.org/History.html)

년도	버전	특징
1989	팀버너스-리 WWW 제안	HTML을 적용한 웹 제안
1991	HTML	HTML 개발
1993	HTML+	W3Consortium 창시 넷스케이프 브라우저(Netscape) 출시
1995	HTML2.0/3.0	인터넷 익스플로러 브라우저 출시
1997	HTML3.2	W3C(Consortium) 공식 승인
1999	HTML4.01	W3C(Consortium) 공식 승인
2000	XHTML1.0	W3C(Consortium) 공식 승인
2008	HTML5 Draft	WHATWG
2012	HTML5 Living 표준	WHATWG
2014	HTML5 표준	W3C 표준안 확정

1991년부터 웹브라우저에 대한 논의는 꾸준히 이루어졌으며, 1993년에는 그래픽 기반의 최초 웹브라우저인 넷스케이프(Netscape)가 출시되면서 본격적인 웹 시대가 열리게 되었다. 넷스케이프의 성공은 시장에 큰 반향을 일으켰고, 이에 위기감을 느낀 마이크로소프트(Microsoft)는 같은 해 자사의 웹브라우저인 인터넷 익스플로러(Internet Explorer)를 출시하며 경쟁에 뛰어들었다. 이후 구글(Chrome)과 애플(Safari) 역시 독자적인 웹브라우저를 개발하며 시장에 합류하였다. 그러나 이와 동시에, 웹 기술의 표준화를 주도하던 W3C(World Wide Web Consortium)의 영향력은 점차 약화 되기 시작했다. 각 기업이 자신만의 기술 방식을 추구하면서 표준보다는 독자적인 노선을 강화해 나갔기 때문이다.

① 웹브라우저 경쟁의 시작

- 넷스케이프(Netscape, 1993년)
  그래픽 웹브라우저의 선구자로, 사용자가 이미지를 포함한 웹 페이지를 볼 수 있게 했다. 출시 직후 폭발적인 인기를 끌며 "웹 시대"를 알리는 계기가 되었다.

- 인터넷 익스플로러(Internet Explorer, 1995년)
  넷스케이프에 대응해 마이크로소프트가 개발·배포한 브라우저로서 윈도우 운영체제에 기본 탑재되면서 급속히 시장 점유율을 높였다.

- 구글 크롬(Chrome, 2008년)과 애플 사파리(Safari, 2003년)
  사파리는 애플이 맥용으로 최초 공개했고, 이후 iOS에도 기본 브라우저로 탑재되었다. 크롬은 빠른 속도와 간결한 인터페이스를 내세워 단기간에 많은 사용자층을 확보했다.

② 웹 표준화의 흐름

- W3C(World Wide Web Consortium)의 역할 축소
  1990년대 중반부터 W3C는 HTML, CSS, DOM 등 웹 기술 표준을 제정해 왔다. 그러나 기업들이 브라우저 시장을 장악하려고 각자 독자 기술을 내세우면서 표준 준수 비율이 낮아졌다 이로 인해 웹 페이지가 브라우저별로 다르게 보이거나, 특정 기능이 제대로 작동하지 않는 문제가 종종 발생했다.

- WHATWG(웹 하이퍼텍스트 응용 기술 워킹 그룹)의 등장(2004년)
구글, 애플, 모질라 등 주요 벤더들이 모여 브라우저 간 호환성과 새로운 기능 확장을 위한 작업을 시작했다. HTML5 초안이 WHATWG에서 먼저 개발되었으며, 실험적 기능과 웹 애플리케이션을 위한 API를 포함했다.
- HTML5의 공식 표준화(2014년 10월)
W3C는 WHATWG의 초안을 바탕으로 오랜 협의와 기술 검토를 거쳐 HTML5를 공식 표준으로 확정했다. 이 표준은 이전 HTML 버전과의 호환성을 유지하면서도, 영상·오디오, 시맨틱 태그, 캔버스(canvas) 같은 새로운 기능을 명확하게 정의했다. HTML5 명세서는 다양한 브라우저 개발사가 일관된 방식으로 기능을 구현할 수 있도록 상세한 규칙과 예제를 담고 있다.

③ 결과와 의의
- 브라우저 호환성 개선
HTML5 표준화 이후 모든 주요 브라우저가 표준을 준수하며 개발하면서, 웹 페이지가 어느 브라우저에서나 비슷하게 동작할 가능성이 높아졌다.
- 풍부한 웹 애플리케이션 개발
HTML5는 멀티미디어 태그(video, audio)와 자바스크립트 API 등을 공식 지원하여, 플러그인 없이도 풍부한 웹 애플리케이션을 만들 수 있는 기반을 제공했다.
- 지속적인 표준화 노력
HTML5 발표 이후에도 WHATWG와 W3C는 CSS, 자바스크립트 표준 등 웹 기술을 발전시키기 위한 노력을 계속하고 있다. 이를 통해 오늘날 우리가 사용하는 웹은 안정적이고 확장 가능한 플랫폼으로 자리매김했다.

HTML5는 CSS3와 JavaScript을 같이 사용한다. HTML5, CSS3, JavaScript는 각각 웹 페이지를 구성하는 데 서로 다른 역할을 담당하며 다음은 이 세 가지 기술의 핵심 기능을 정리한 내용이다.

① HTML5 (구조와 내용)
- 웹 콘텐츠의 뼈대를 정의한다.
- 문서 내에 제목, 단락, 목록, 표, 이미지 등 페이지에 표시될 요소들을 배치한다.
- 시맨틱 태그(예: ⟨header⟩, ⟨nav⟩, ⟨article⟩, ⟨footer⟩ 등)를 사용하여 콘텐츠의 의미를 명확히 구분한다.

② CSS3 (시각적 표현)
- 콘텐츠의 디자인을 담당한다.
- 글꼴, 색상, 간격, 배치, 애니메이션 등 시각적인 스타일을 정의한다.
- 미디어 쿼리(@media)를 활용해 화면 크기나 디바이스 조건에 따라 다른 레이아웃을 적용할 수 있다.
- Flexbox, Grid 레이아웃, 트랜지션, 트랜스폼 등을 통해 보다 풍부하고 유연한 디자인을 구현한다.

③ JavaScript (동적 기능과 상호작용)
- 정적인 HTML에 동적인 동작을 추가한다.
- 클릭, 입력, 스크롤 같은 사용자 이벤트를 감지하고 처리한다.
- DOM 조작을 통해 콘텐츠를 실시간으로 추가·삭제하거나 스타일을 변경한다.
- AJAX, Fetch API 등을 이용해 서버와 비동기 통신을 수행하여 페이지를 새로 고침하지 않고도 데이터를 주고받는다.
- 웹 애플리케이션의 로직, 상태 관리, 애니메이션, 데이터 검증 등을 처리한다.

2.3 깃허브(GitHub)를 이용한 서버 구축과 호스팅

2.3.1 깃허브란?

21세기 소프트웨어 개발 환경에서 가장 강력하고 널리 사용되는 협업 도구 중 하나이며 깃허브는 소스 코드의 버전을 관리할 수 있는 시스템인 깃(Git)을 기반으로 한 웹 기반 서비스로, 2008년에 처음 공개되었다. 현재 깃허브는 단순한 코드 저장소를 넘어서 전 세계 개발자들이 협업하고, 코드 리뷰를 진행하면서 오픈소스 프로젝트를 공유하는 중심 플랫폼으로 자리 매김하고 있다. 그림 2-2는 https://github.com 사이트의 화면을 나타내고 있다.

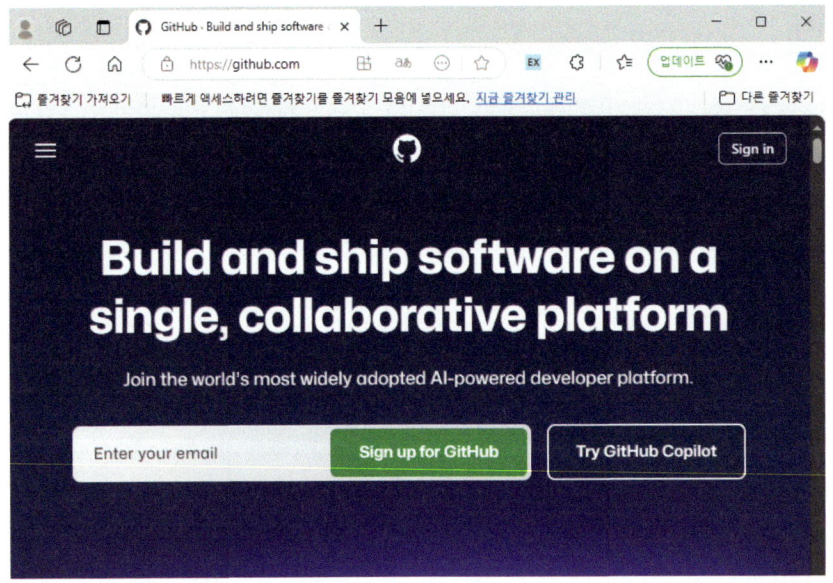

그림 2-2 GitHub 사이트

깃허브는 '저장소(Repository)' 단위로 프로젝트를 관리하며, 여기에 코드, 문서, 이미지 등을 포함하여 다양한 형태의 디지털 콘텐츠를 저장할 수 있다. 이 저장소는 개인의 작업 공간으로도 사용될 수 있으며, 여러 명의 개발자들이 동시에 참여하는 협업 공간으로도 운영될 수 있다. 깃(Git)이라는 시스템이 버전 관리와 변경 이력 추적을 맡는다면, 깃(GitHub)는 이를 기반으로 온라인 상에서 코드의 공유, 토론, 리뷰, 배포, 자동화까지 가능한 통합된 개발 플랫폼이다.

현대 소프트웨어 개발에서 깃허브를 사용해야 하는 이유는 무료로 이용이 가능하며 다음과 같은 이유로 깃허브는 거의 모든 개발 환경에서 필수적인 도구로 자리 잡았다.

① 버전 관리의 체계화

Git의 핵심 기능인 버전 관리를 통해 코드는 언제, 누가, 무엇을, 왜 변경했는지를 정확하게 기록할 수 있다. 이는 단일 개발자에게는 실수에 대한 복구 수단이 되고, 협업 환경에서는 충돌 방지 및 기록 관리의 도구가 된다.

② 협업의 표준화

GitHub는 공동 작업자들이 변경사항을 공유하고, 피드백을 주고받으며, 안전하게 코드를 병합(Merge)할 수 있도록 다양한 협업 기능을 제공한다. Pull Request, 코드 리뷰, 이슈 관리 등의 기능은 분산된 개발자들이 서로의 작업을 명확히 이해하고 조율할 수 있게 해준다.

③ 코드의 공개와 공유

GitHub는 오픈소스 문화의 핵심 플랫폼으로서, 수많은 개발자들이 자신의 코드를 전 세계와 공유하고 있다. 이로 인해 다른 개발자의 코드를 참고하거나, 직접 기여하는 것이 가능하며, 이는 개발자 개인의 성장과 지식 확장에도 크게 기여한다.

④ 배포와 자동화 지원

GitHub는 GitHub Actions 기능을 통해 코드가 저장소에 업로드되는 순간 자동으로 빌드, 테스트, 배포 과정을 실행할 수 있도록 CI/CD 환경을 제공한다. 또한 GitHub Pages 기능을 이용하면 정적 웹사이트를 무료로 배포할 수도 있어, 프로젝트 소개나 개인 포트폴리오 제작에 적합하다.

⑤ 안정성과 확장성

GitHub는 Microsoft에 인수된 이후 클라우드 기반 서비스로 안정성과 보안이 더욱 강화되었으며, 전 세계 수백만 명의 개발자가 사용하는 플랫폼으로 확장성과 신뢰성을 이미 검증받았다.

2.3.2 계정 획득하기

① github.com 사이트에서 그림 2-3과 같이 Sign Up 버튼을 클릭한다.

그림 2-3 Sign Up 버튼

② 계정 생성을 위하여 그림 2-4와 같이 본인의 Email, Password를 입력한다. Password는 숫자, 소문자를 포함하여 최소 8문자 이상을 입력한다. 사용자이름(Username)은 github에서 도메인으로 적용되니 알기 쉽고 간단하고 의미 있는 이름을 명명한다. 본인 거주지역 Korea, South를 선택하고 계속(Continue) 버튼을 클릭한다.

예) https://사용자이름.github.io -> 사용자 이름이 aiyit인 경우 https://aiyit.github.io

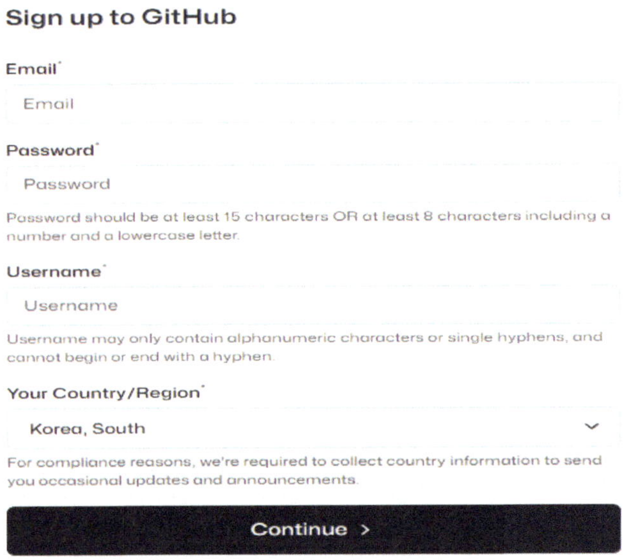

그림 2-4 Github 회원 가입

③ 자동 가입 방지를 위하여 그림 2-5와 같이 시각퍼즐 버튼을 클릭한다.

④ 계정 확인을 위하여 그림 2-6의 왼쪽 그림에 보이는 손가락 방향으로 오른쪽 물체의 방향을 맞추어야 한다. 방향 맞추기는 좌, 우 화살표를 클릭해서 방향을 변화시켜야 한다. 방향이 틀리면 다른 물체로 계속해서 맞추어야 한다.

⑤ 인간임이 확인되었으면 그림 2-7과 같이 입력했던 이메일 주소를 통해 8자리의 코드를 확인한 후 입력하면 비로소 계정이 생성되고 github를 사용할 수 있다.

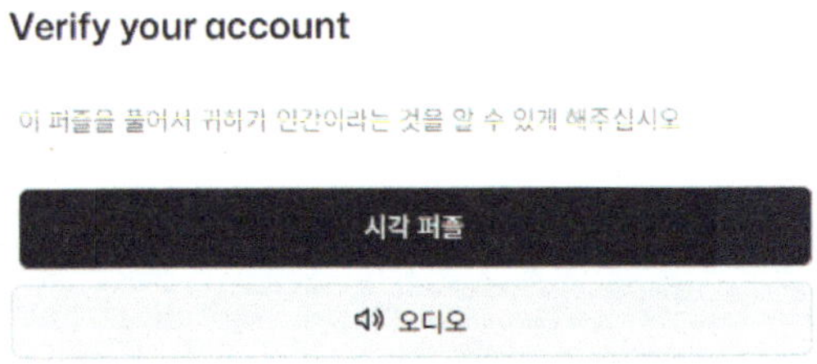

그림 2-5 계정확인

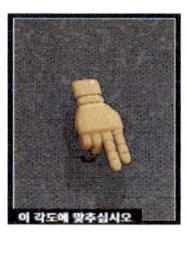

그림 2-6 자동가입 방지

그림 2-7 이메일로 수신된 코드 입력

2.3.3 레포지토리(Repositories) 만들기

레포지토리는 깃허브(GitHub)에서 가장 기본이 되는 단위로, 하나의 프로젝트를 저장하고 관리하는 공간이다. 마치 우리가 문서 작업을 할 때 폴더를 만들어 그 안에 관련된 파일을 정리하듯이, 깃허브에서도 하나의 소프트웨어 프로젝트와 관련된 코드, 문서, 이미지, 설정 파일 등을 하나의 레포지토리 안에 정리해두는 것이다. 레포지토리는 단순히 파일을 모아두는 장소가 아니며 표 2-2와 같은 기능과 구조가 통합되어 체계적으로 프로젝트를 관리하기 위해 반드시 생성해야 하며 이를 통해 프로젝트를 관리하고 웹서버와 같은 기능을 부여할 수 있다.

표 2-2 깃허브 구성 요소

구성 요소	설명
코드(Code)	프로젝트에 포함된 모든 소스 코드
README.md	프로젝트 설명을 담은 문서. 방문자가 처음 보게 되는 소개글
커밋(Commit)	파일의 변경 이력을 기록한 로그. 언제, 누가, 무엇을 변경했는지 확인 가능
브랜치(Branch)	실험적 기능이나 수정 작업을 위해 기존 코드와 독립적으로 작업할 수 있는 분기
이슈(Issue)	버그 신고, 개선 요청, 질문 등을 기록하는 공간
풀 리퀘스트(Pull Request)	다른 사람이 제안한 코드 변경을 리뷰하고 병합하는 기능
위키(Wiki)	프로젝트와 관련된 문서를 정리해두는 문서 공간
릴리스(Release)	프트웨어의 버전별로 패키지를 나누어 배포하는 기능

① 로그인(Sign In)을 한 후 웹문서를 저장할 레포지토리를 만들어야 한다. 로그인 화면의 왼쪽 상단에 보면 그림 2-8과 같이 레포지토리 생성(New) 버튼을 누른다.

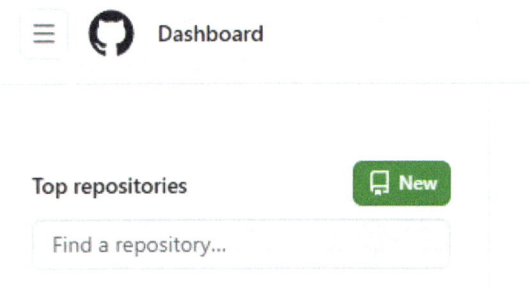

그림 2-8 레포지토리 생성 버튼

② 그림 2-9와 같이 새로운 레포지토리 이름을 부여한다. 만약 레포지토리 이름을 ai라 명명하였으면 그 위치는 사용자 이름 aiyit/ai가 된다. 레포지토리 이름은 단순 명료하면서도 의미있게 명명하는 것이 좋다. 레포지토리는 프로젝트 단위이며 작업 영역이기 때문에 여러 개의 레포지토리를 만들 수 있다.

☞ 중요 : 레포지토리를 내 도메인으로 사용하려면 사용자이름.github.io로 명명하는 것이 좋다. 만약 ai 레포지토리를 만들었다면 도메인은 https://aiyit.github.io/ai가 된다. 그러나 https://aiyit.github.io로 도메인을 사용하려면 레포지토리 이름은 aiyit.github.io로 만들면 된다.
실질적으로 https://aiyit.github.io/aiyit.github.io 이지만 https://aiyit.github.io로 동작한다.

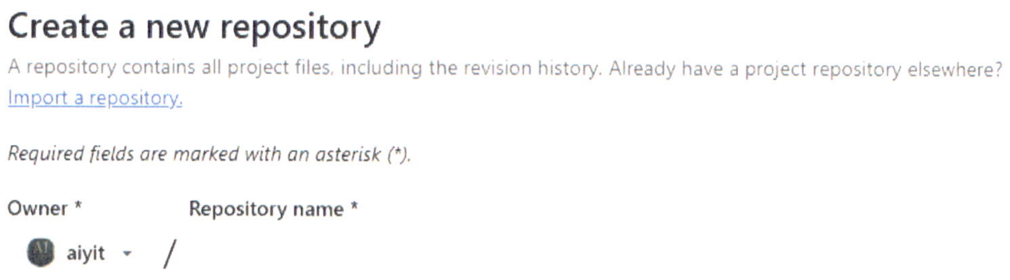

Create a new repository

A repository contains all project files, including the revision history. Already have a project repository elsewhere?
Import a repository.

Required fields are marked with an asterisk (*).

Owner *   Repository name *

🔲 aiyit ▾ /

그림 2-9 레포지토리 이름 생성

③ 그림 2-10과 같이 퍼블릭 레포지토리를 선택한다.
   퍼블릭(Public) 레포지토리 : 누구나 접근 가능. 오픈소스 프로젝트에 주로 사용됨.
   프라이빗(Private) 레포지토리 : 소유자와 승인된 사용자만 접근 가능. 비공개 프로젝트나 기업 내부 협업에 활용됨.

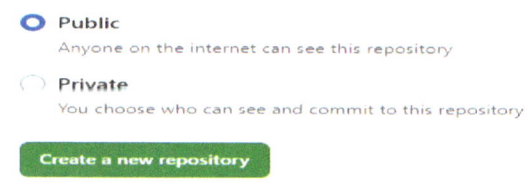

그림 2-10 레포지토리 공개 범위 설정

④ 추가적으로 그림 2-11과 같이 README 파일을 만들것인지, .gitignore을 추가할 것인지, 라이센스를 부여할 것인지를 선택한다. 일단 모두 None 인 상태에서 하단의 레포지토리 생성 버튼을 누르면 레포지토리에 새로운 레포지토리가 나타나며 해당 레포지토리를 클릭하면 그림 2-12와 같이 프로그램 작업 창이 생기게 된다.

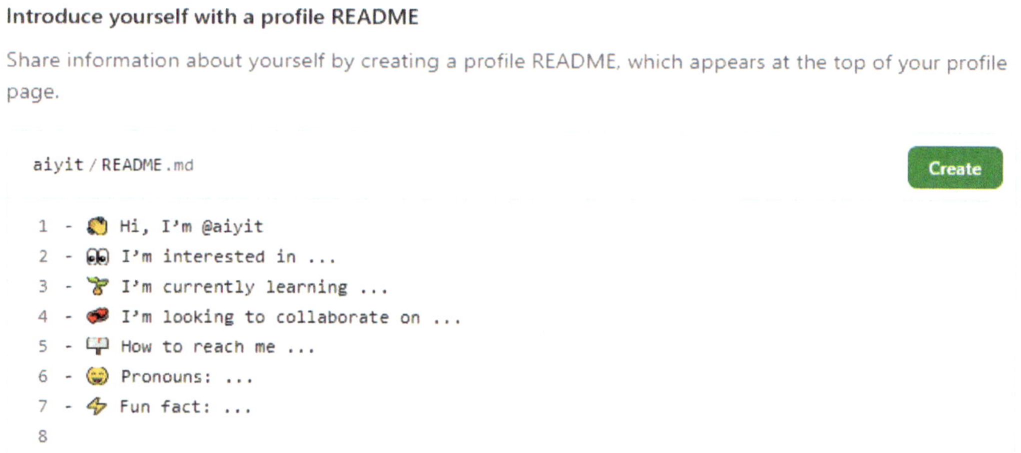

Introduce yourself with a profile README

Share information about yourself by creating a profile README, which appears at the top of your profile page.

aiyit / README.md   Create

```
1 - 👋 Hi, I'm @aiyit
2 - 👀 I'm interested in ...
3 - 🌱 I'm currently learning ...
4 - 💞️ I'm looking to collaborate on ...
5 - 📫 How to reach me ...
6 - 😄 Pronouns: ...
7 - ⚡ Fun fact: ...
8
```

그림 2-11 Readme.md 파일 생성

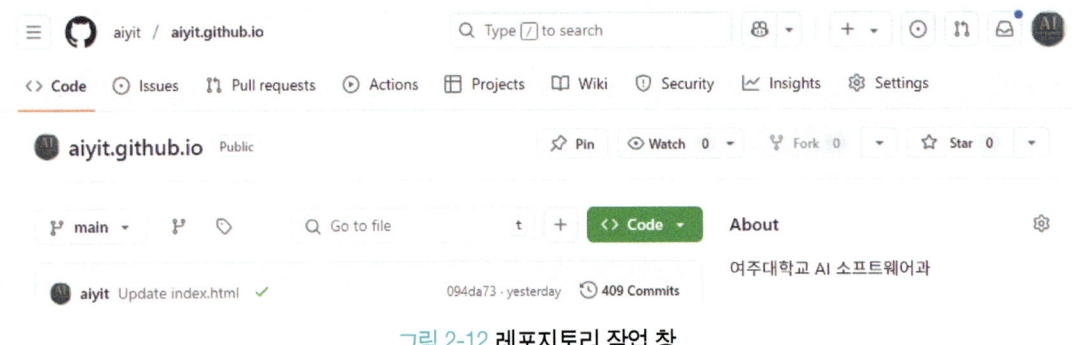

그림 2-12 레포지토리 작업 창

⑤ VS Code와 같은 html 문서 편집기를 통해 html 문서를 만들고 ai.github.io 레포지토리에 파일을 업로드하게 되면 https://aiyit.github.io 사이트를 통해 html 문서를 볼 수 있는 웹서버가 된다.

2.4 VS Code

웹서버를 통해 웹 문서를 서비스하려면 HTML, CSS, JavaScript와 같은 문서를 프로그램 편집기를 이용해 작성한다. 간단한 코드는 메모장이나 Notepad++와 같은 기본 문서 편집기를 사용해 만들 수 있지만, 범용적인 프로그램 코드 작성에는 Visual Studio Code(VS Code)를 설치하여 사용하는 것이 일반적이다. 본 절에서는 VS Code를 활용하여 웹 문서를 작성하는 방법을 소개한다.

2.4.1 VS Code 설치

① VS Code 윈도우용(Window) 다운로드

https://code.visualstudio.com/ 접속하면 그림 2-13과 같은 창이 나타나며 Window용 다운로드를 클릭하여 파일을 다운로드 받는다.

그림 2-13 VS Code 다운 받기

② VS Code 설치하기 - 사용권 계약

VS Code 설치프로그램을 실행하면 그림 2-14와 같이 "VS Code의 사용권 계약에 동의합니다" 항목을 체크하고 다음을 클릭한다.

그림 2-14 사용권 동의하기

③ 설치 위치 선택

그림 2-15와 같이 프로그램 설치 폴더를 선택하고 다음 버튼을 누른다.

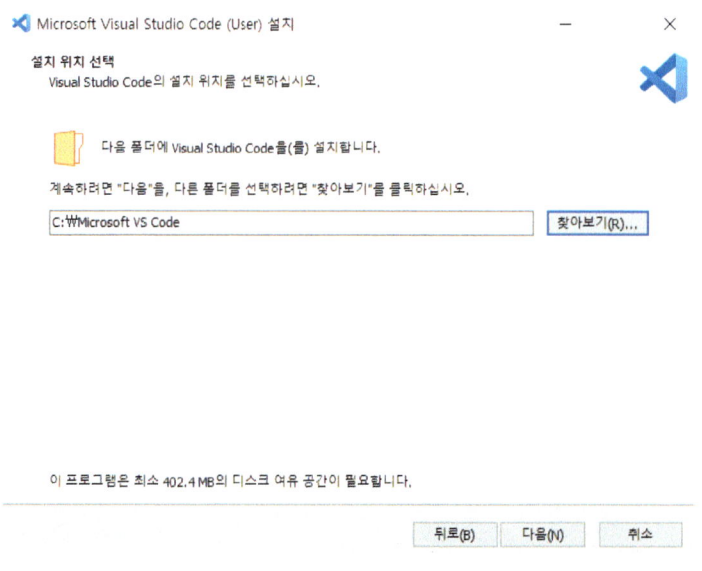

그림 2-15 설치 위치 선택

④ 시작 메뉴 추가와 바탕화면 바로가기 만들기를 선택하고 다음 버튼을 누르면 VS Code 프로그램 설치과정이 나타난다.

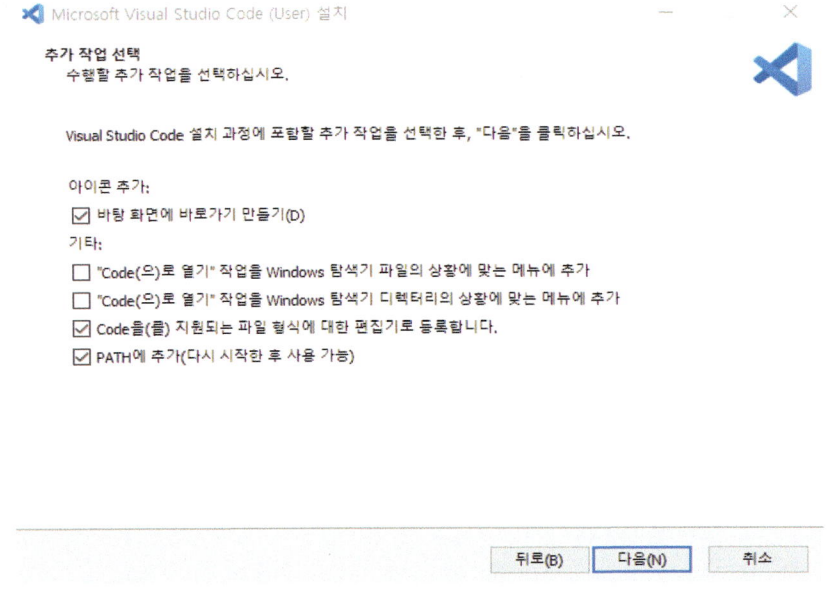

그림 2-16 추가 작업 선택

2.4.2 VS Code 사용법

① 환경 설정하기
- VS Code 설치가 완료되면 바탕화면의 Visual Studio Code 아이콘을 더블 클릭하여 실행하면 그림 2-17과 같이 VS Code 초기 화면이 나타난다. 영문 버전을 한국어로 변경하기 위하여 그림 2-17의 좌측 메뉴 중 빨강 사각형 박스 확장기능(Extensions)을 클릭하고 검색메뉴에 Korean Language를 입력하여 한국어 언어 팩을 설치한 후 VS Code를 재실행하면 그림 2-18과 같이 한국어 버전의 화면을 볼 수 있다.

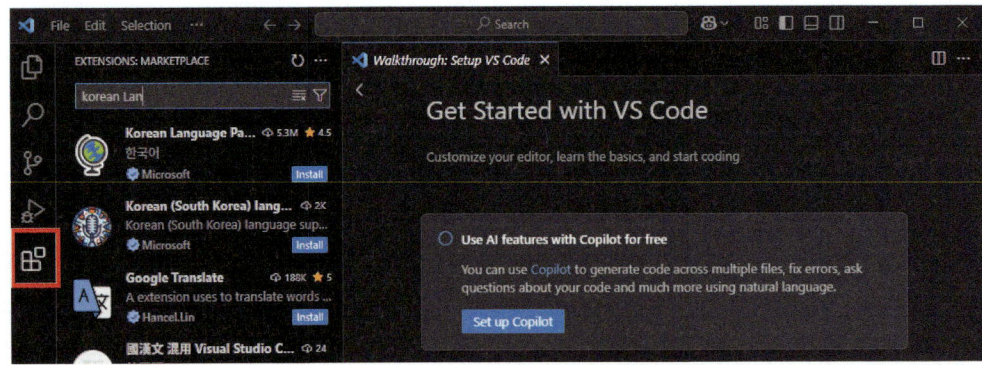

그림 2-17 VS Code 확장 기능 설치

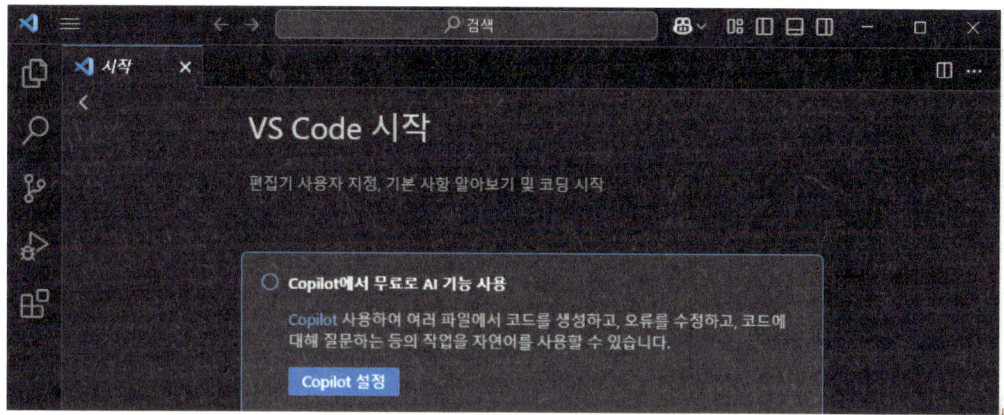

그림 2-18 VS Code 한국어 언어팩 설치 후 재실행

② HTML, CSS, javascript 전용 편집기 설정

VS Code를 Html 문서 전용 편집기로 사용하기 위하여 그림 2-19와 같이 메뉴에서 파일 〉 기본 설정 〉 설정을 클릭한다. 그림 2-20의 검색창에서 "File Associations"를 검색하여 *.html 파일이 HTML 문서로 자동 인식되는지 확인하고 없다면, extension항목에 html 파일 확장자를 등록한다.

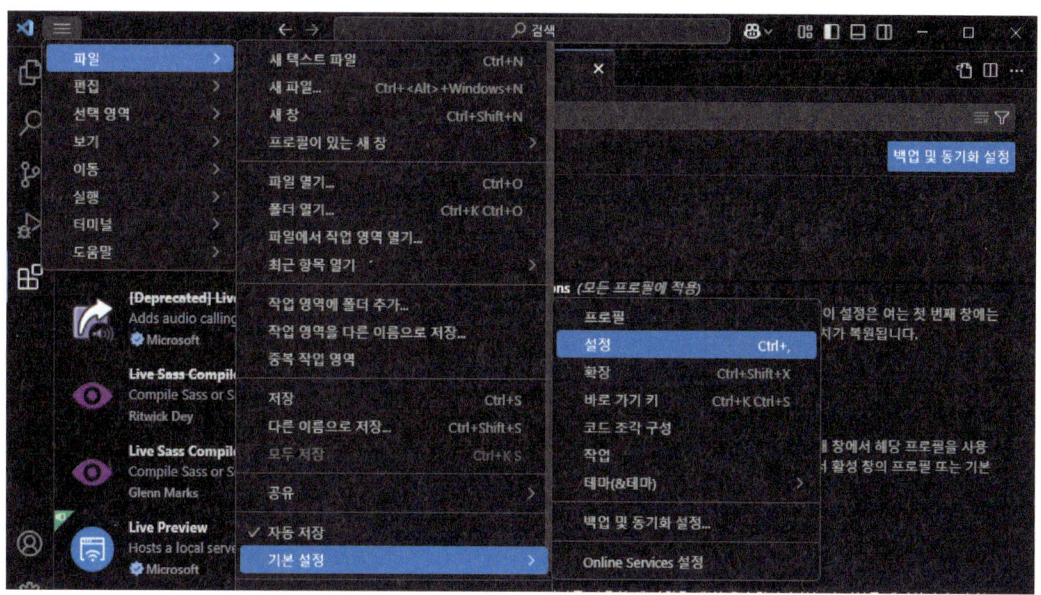

그림 2-19 파일 〉 기본설정 〉 설정

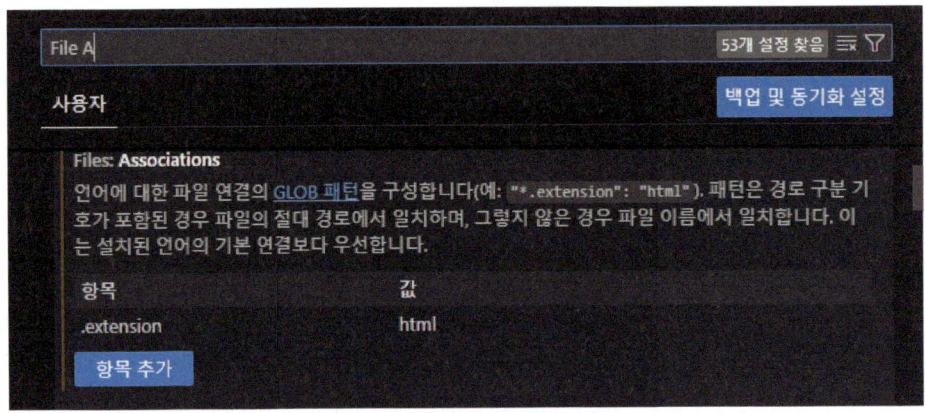

그림 2-20 *.html 자동인식

③ 필수 확장 기능 설치

    Extensions(확장) 메뉴를 클릭하여 Live Server, Prettier- Code formatter, HTML CSS Support 그리고 JavaScript(EX6) Code snippers를 설치한다.

    Live Server: HTML 파일을 브라우저에서 실시간으로 볼 수 있음

    Prettier - Code formatter: HTML, CSS, JavaScript 코드를 자동 정리해줌

    HTML CSS Support: HTML 안에서 CSS 자동완성 지원

    JavaScript (ES6) code snippets: JavaScript 작성 편의성 향상

④ html 파일 작성법

- HTML 새 파일 만들기

    파일 > 새 파일을 열어 문서를 작성하고 파일명.html 파일로 저장한다.

- HTML 기본 구조 빠르게 입력

    새 파일에 ! 입력 후 Tab 키 누르면 기본 HTML 문서 골격 자동 생성됨

- Live Server 사용 방법

    그림 2-21과 같이 HTML 파일이 열린 상태에서 우클릭한 후 → "Open with Live Server" 클릭하면 기본 브라우저에서 즉시 열리고 저장할 때마다 새로 고침이 자동으로 이루어진다.

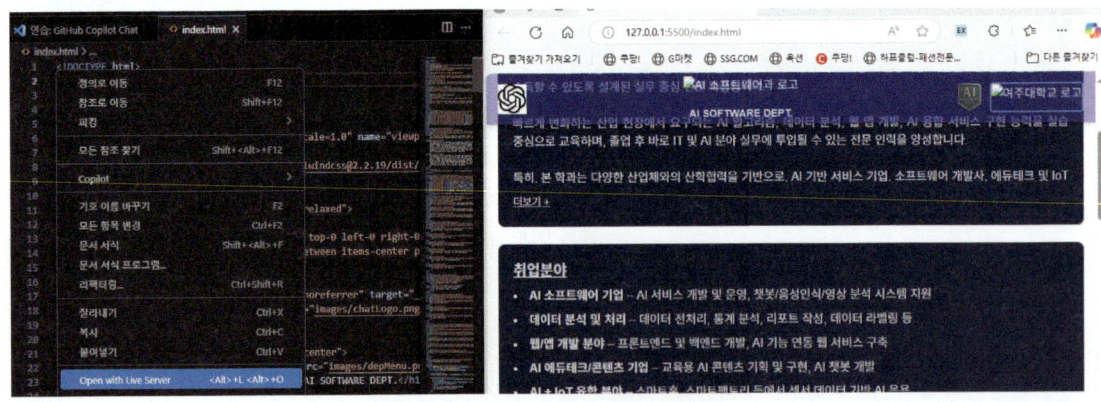

그림 2-21 편집기에서 서버 내용 확인하기

- 코드 포맷팅 (정리)
  Prettier가 설치된 상태에서는 Shift + Alt + F 누르면 코드 자동으로 깔끔하게 정리된다.
- 화면 색상 변경(편리성)
  파일 〉 기본 설정 〉 테마 〉 색 테마 → "Dark+" 모드를 선택한다.

과 제

1. chatgpt를 사용하여 인터넷의 원리를 알아보시오.

2. 깃허브의 레포지토리를 정의하시오.

3. 깃허브를 도메인으로 사용하기 위한 방법을 설명하시오.

4. 레포지토리를 생성하고 폴더를 생성하시오.

5. VS Code 편집기의 사용법을 Gpt를 사용하여 설명하시오.

3장 HTML 문서 만들기

3.1 HTML 문서의 구조

3.1.1 기본 구조

HTML 문서 구조를 이해하기 위해서 예제 3-1을 VS Code 편집기에서 새 파일을 선택하여 작성하고 예제 3-1.html 파일도 저장하자. html문서의 확장자는 .html이다. 또는 chatgpt에게 다음과 같이 질문해 본다.

▶ **chatgpt > html 문서 구조 질문**

> 제목 예제3-1 문서의 구조
> 내용 이 문서는 Html 문서의 구조를 나타낸 것입니다.

예제 3-1 HTML 문서의 구조

```html
<!Doctype><!-- html5 헤더 -->
<html> <!-- 문서시작 -->
<head><title>예제3-1htmlFrm </title></head> <!-- 문서 정보 -->
<body> <!-- 본문 시작 -->
<p>이 문서는 Html 문서의 구조를 나타낸 것입니다.</p>
</body>
</html>
```

예제 3-1은 가장 기본적인 HTML5 문서 구조를 보여준다. 첫 줄에 있는 〈!DOCTYPE html〉을 제외하면, 〈html〉…〈/html〉, 〈head〉…〈/head〉, 〈title〉…〈/title〉, 〈body〉…〈/body〉로서 이 네 쌍의 태그로 이루어져 있다. 각 태그는 꺽쇠(〈〉)로 감싸져 있으며, 이 태그들은 HTML5의 핵심 요소로서 웹 문서를 작성할 때 반드시 사용해야 한다. 따라서 이들 기본 태그를 기본 틀로 삼아 예제를 작성하면 문서를 효율적으로 구성할 수 있다. 그림 3-1에서 보면, 브라우저 탭 제목에 '예제3-1htmlFrm'가 표시된다. 이 텍스트는 〈title〉예제3-1htmlFrm〈/title〉 부분에서 정의되며, 〈title〉 태그는 웹 브라우저 탭에 표시될 제목을 지정하는 기능을 한다.

〈head〉〈title〉예제3-1htmlFrm〈/title〉〈/head〉 〈!-- 문서 정보 --〉

〈!DOCTYPE html〉 선언은 문서의 타입이 HTML5임을 브라우저에 알려준다. 이 선언을 '문서 타입 정의(DOCTYPE 또는 DTD)'라고 부르며, HTML 문서의 가장 첫 줄에 위치해야 한다. 문서 타입이 필요한 이유는, HTML5 이전 버전(HTML4, XHTML 등)과 구분하여 어떤 규칙으로 문서를 해석할지를 브라우저에 알려주기 위함이다. 문서 타입에 따라 브라우저가 마크업 요소(element)와 속성(attribute)을 처리하는 기준이 달라지며, 이 정보는 문서 유효성 검사에도 활용된다. 예를 들어, HTML4 버전에서는 다음과 같은 긴 형태의 DOCTYPE 선언을 사용하였다.

〈!DOCTYPE HTML PUBLIC "-//W3C//DTD HTML 4.01 Transitional//EN" "http://www.w3.org/TR/html4/loose.dtd"〉

이는 HTML 문서가 HTML4.01 Transitional 버전임을 나타내며, 해당 DTD 문서를 참조하여 브라우저가 마크업 규칙을 검증하도록 지정한다. 반면, HTML5에서는 단순히 〈!DOCTYPE html〉 만으로 동일한 기능을 수행하기 때문에 훨씬 간결하다.
〈html〉태그는 html 문서의 시작을 알리며 문서의 끝에 〈/html〉 끝 태그가 놓인다. 〈head〉태그는 html 문서의 정보를 담고 있다. 예제 3-1에서 〈head〉태그 안에 〈title〉태그 하나만을 사용했지만 부가적인 문서의 정보를 추가할 수 있다. 정보를 추가하기 위하여 〈meta〉태그를 사용하며 〈meta〉 태그는 문서 작성자, 문서의 언어, 문서의 키워드 등을 포함하여 웹 문서의 정보를 나타낸다.

〈title〉태그는 그림 3-1과 같이 웹브라우저의 탭(tab) 제목을 나타낸다.
〈body〉태그는 웹브라우저의 작업 창에 표시될 내용을 포함한다. 작업 창에 사용자들이 볼 수 있는 정보를 표현하기 위해서는 다양한 html 태그들이 사용된다. html 태그들은 대소문자를 구분하지 않으며 대소문자를 구분하지 않아도 에러가 발생하지 않는다.

그림 3-1 html 문서의 구조

HTML 문서에서 브라우저에 표시되지 않고, 개발자용 참고 자료로만 사용할 설명문(주석)을 넣으려면, 다음과 같이 〈!-- … --〉 구문을 사용한다.

- 주석은 일반 태그처럼 〈!로 시작하고, --〉로 끝난다.
- 주석 안에는 어떤 내용이든 넣을 수 있으며, 브라우저는 이를 실행하지 않고 무시한다.
- 여러 줄에 걸쳐 작성해도 무방하다.

〈!-- 설명문은 다른 태그 요소와 유사하게 태그(〈)로 시작하여 !--를 사용--〉

▶ chatgpt >문서 분석

```
<!Doctype html><!-- html5 헤더 -->
<html> <!-- 문서시작 -->
<head><title>예제1-1 문서의 구조</title></head> <!-- 문서 정보 -->
<body> <!-- 본문 시작 -->
<p>이 문서는 Html 문서의 구조를 나타낸 것입니다.</p>
</body>
</html> 이 코드를 분석해줘

<!Doctype html>
문서타입 선언입니다.
이 문서는 HTML5 문법을 사용한다는 것을 브라우저에 알립니다.
반드시 문서 제일 첫 줄에 위치해야 합니다.
<html>
<!-- 문서 시작 -->
HTML 문서의 시작을 나타냅니다.
이 안에 웹페이지에 들어갈 모든 내용을 작성합니다.
<head>
<title>예제3-1htmlFrm</title>
</head>
**문서의 정보(메타데이터)**를 담는 부분입니다.
<title>은 브라우저 탭에 표시될 제목을 설정합니다. 여기서는 "예제1-1 문서의 구조"가 됩니다.
<body>
<!-- 본문 시작 -->
<p>이 문서는 Html 문서의 구조를 나타낸 것입니다.</p>
</body>
웹페이지에 실제로 표시되는 본문 내용입니다.
<p>는 **단락(paragraph)**을 의미하고,
그 안에 "이 문서는 Html 문서의 구조를 나타낸 것입니다."라는 문장이 들어있습니다.
</html>
<!-- 문서 끝 -->
HTML 문서의 끝을 나타냅니다.
```

3.1.2 <meta> 태그

메타 <meta> 태그는 키워드, 저작자, 사용언어 등 시스템과 사용자에게 웹 문서의 정보를 제공하기 위해 사용한다. <title>과 마찬가지로 <head>안에서 사용하며 표 3-1과 같이 4가지의 속성을 이용하여 웹 문서의 정보를 제공한다.
chatgpt에게 meta에 대해 질의하면 다음과 같은 내용을 설명해준다.

▶ **chatgpt > meta 태그에 대해 속성, 값, 기능에 대해 설명**

<meta>는 웹 문서의 정보를 설명하는 태그다.
사용자 눈에는 보이지 않고, 브라우저나 검색엔진, 소셜미디어, 서버 등이 문서에 대해 이해하고 처리할 때 사용한다.
<meta> 태그는 항상 <head> 안에 넣는다.
짝이 없는 빈 태그(self-closing) 이다.

기본 구조 <meta 속성="값" 속성="값">

속성	값 예시	기능 설명
charset	UTF-8	문서의 **문자 인코딩** 설정 (UTF-8은 전세계 언어 지원)
name	description, keywords, author, viewport 등	문서에 대한 **추가 정보** 제공
content	자유 텍스트	name과 함께 사용. 정보의 **구체적 내용** 제공
http-equiv	refresh, content-type, default-style 등	**HTTP 헤더처럼 동작**하도록 지시

<meta charset="utf-8">은 한글을 사용하기 위해서는 반드시 삽입해야 한다. 영어와 한글은 표현하는 방식과 메모리 할당이 다르기 때문에 한글을 영어 코딩 방식으로 표현하면 인간이 알 수 없는 기계언어로 표현된다. 이 밖에도 name, http-equiv, content 등을 사용한다.

표 3-1 메타태그

속성	값	기능
name	application-name	웹 사이트의 이름
	author	문서의 저작자
	description	문서에 대한 설명
	keywords	문서의 키워드
http-equiv	content-type	문서의 인코딩
	default-style	대체 스타일시트 선언
	refresh	문서의 새로 고침 추가
content	텍스트	http-equiv나 name의 속성
charset	문자셋	문서의 표현 언어

예제 3-2의 내용은 〈meta〉의 속성을 이용한 예제로서 VS Code에 입력하고 예제3-2 meta.html로 저장하고 실행한다. 실행 결과에서는 보이지 않지만 그림 3-2에서와 같이 실행 결과 화면에서 오른쪽 마우스 버튼을 클릭한 후 소스 보기를 클릭하면 〈meta〉 정보들을 볼 수 있다.

예제 3-2 메타태그

```html
<!DOCTYPE html>
<html>
<head>
  <meta charset="utf-8">
  <title>예제 3-2 meta 구조</title>

  <!-- 페이지 검색 키워드 지정 -->
  <meta name="keyword" content="HTML CSS Web3D">
  <!-- 작성자 정보 -->
  <meta name="author" content="박경배">
  <!-- 페이지 설명 (검색 엔진 등에서 사용) -->
  <meta name="description" content="HTML5 &amp; CSS3 &amp; JavaScript 강좌">
</head>
<body>
  <p>이 문서는 HTML 문서의 <code>&lt;meta&gt;</code> 태그를 나타낸 것입니다.</p>

  <pre>
    name="keyword"     content="HTML CSS Web3D"
    name="author"      content="박경배"
    name="description" content="HTML5 &amp; CSS3 &amp; JavaScript 강좌"
  </pre>
</body>
</html>
```

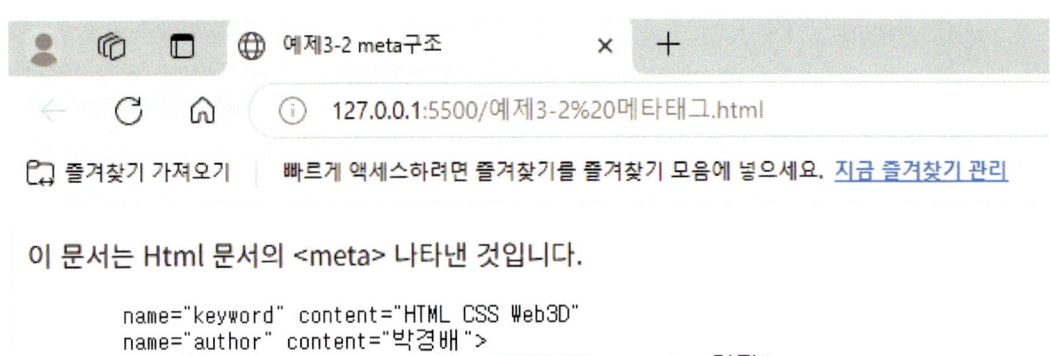

그림 3-2 meta 태그

주의:<meta charset="utf-8">를 사용하지 않으면 한글이 아닌 특수 기호들이 나타날 수 있다.

<와 >는 "〈"와 "〉"기호를 나타내기 위한 방법이다. html은 〈〉태그로 이루어졌기 때문에 태그 기호를 나타내기 위해서는 특수 기호를 사용해야 한다. lt는 less than의 축약형이며 gt는 greater than의 약자이다.

3.1.3 문단 태그

표 3-2는 chatgpt에게 문단 태그에 대해 종류와 기능에 대해 질의를 할 경우 나타난 내용으로서 문단 태그는 웹 문서에서 줄 바꿈 표시가 되는 기능을 나타낸다. 예제 3-3의 프로그램은 문단 관련 태그를 코딩한 것으로 〈p〉 태그는 한 문단을 표현하기 위해 사용된다. 〈p〉를 사용할 때마다 줄 바꿈이 발생하며 다음 문단은 한 줄 띄고 나타난다. 〈b〉태그는 줄 바꿈이 일어나는 것은 〈p〉와 같지만 〈br〉 태그는 한 줄을 띄지 않고 줄 바꿈만 일어난다. 〈pre〉태그는 웹 편집기에서 표현한 형식 그대로 나타난다. 〈hr〉 태그를 사용하여 웹 문서에 수평선을 삽입할 수도 있다. 실행 결과를 그림 3-3에서와 같이 문단 태그를 적용한 결과를 볼 수 있다.

▶ chatgpt 문단 태그

표 3-2 문단 태그

태그종류	기능
〈p〉	일반 문단을 작성할 때 사용. 텍스트 블록을 구분하고 위아래 여백이 자동 적용됨. Pharagraph
〈br〉	강제 줄바꿈(Line Break). 문단을 나누지 않고 줄만 바꿀 때 사용. Break
〈pre〉	편집기에서 표현한 그대로 웹문서에 표현. Pre-formatted.
〈hr〉	수평선(Horizontal Rule)을 삽입. 문단이나 내용 구분용. Horizontal
〈blockquote〉	다른 사람의 글이나 긴 인용문을 들여쓰기하여 문단처럼 표시.

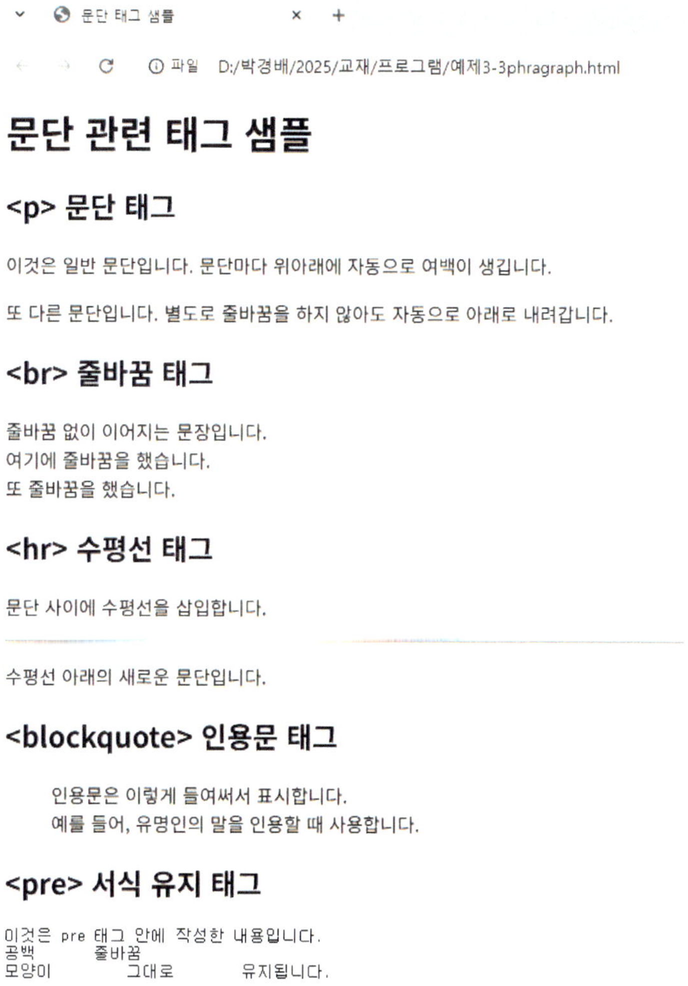

문단 관련 태그 샘플

\<p\> 문단 태그

이것은 일반 문단입니다. 문단마다 위아래에 자동으로 여백이 생깁니다.

또 다른 문단입니다. 별도로 줄바꿈을 하지 않아도 자동으로 아래로 내려갑니다.

\<br\> 줄바꿈 태그

줄바꿈 없이 이어지는 문장입니다.
여기에 줄바꿈을 했습니다.
또 줄바꿈을 했습니다.

\<hr\> 수평선 태그

문단 사이에 수평선을 삽입합니다.

수평선 아래의 새로운 문단입니다.

\<blockquote\> 인용문 태그

> 인용문은 이렇게 들여써서 표시합니다.
> 예를 들어, 유명인의 말을 인용할 때 사용합니다.

\<pre\> 서식 유지 태그

```
이것은 pre 태그 안에 작성한 내용입니다.
공백        줄바꿈
모양이       그대로       유지됩니다.
```

그림 3-3 문단 태그

예제 3-3 문단태그

```html
<!DOCTYPE html>
<html lang="ko">
<head>
    <meta charset="UTF-8">
    <title>예제3-3문단 태그 샘플</title>
</head>
<body>
    <h1>문단 관련 태그 샘플</h1>

    <h2>&lt;p&gt; 문단 태그</h2>
```

```
            <p>이것은 일반 문단입니다. 문단마다 위아래에 자동으로 여백이 생깁니다.</p>
            <p>또 다른 문단입니다. 별도로 줄바꿈을 하지 않아도 자동으로 아래로 내려갑니다.</p>

            <h2>&lt;br&gt; 줄바꿈 태그</h2>
            <p>
                줄바꿈 없이 이어지는 문장입니다.<br>
                여기에 줄바꿈을 했습니다.<br>
                또 줄바꿈을 했습니다.
            </p>

            <h2>&lt;hr&gt; 수평선 태그</h2>
            <p>문단 사이에 수평선을 삽입합니다.</p>
            <hr>
            <p>수평선 아래의 새로운 문단입니다.</p>

            <h2>&lt;blockquote&gt; 인용문 태그</h2>
            <blockquote>
                인용문은 이렇게 들여써서 표시합니다.<br>
                예를 들어, 유명인의 말을 인용할 때 사용합니다.
            </blockquote>

            <h2>&lt;pre&gt; 서식 유지 태그</h2>
            <pre>
이것은 pre 태그 안에 작성한 내용입니다.
공백       줄바꿈
모양이         그대로          유지됩니다.
            </pre>
</body>
</html>
```

3.1.4 문자 태그

chatgpt에게 html 문자 태그에 대해 질의하면 다음과 같은 응답을 보여주며 친절하게 예시까지 나타내 준다.

▶ chatgpt 〉 html에서 문자 태그

HTML에서 "문자 태그"는 텍스트(문자열)를 표시하거나 스타일을 지정하는 데 사용되는 여러 태그들을 의미할 수 있습니다. 주요한 문자 관련 HTML 태그들을 정리해 보겠습니다:

1. 기본 텍스트 표시 태그

⟨p⟩: 문단을 표시하는 태그. 텍스트를 하나의 문단으로 그룹화합니다.
⟨p⟩이것은 문단입니다.⟨/p⟩
⟨span⟩: 인라인 텍스트를 그룹화하는 태그. 스타일을 적용할 때 사용합니다.
⟨span style="color: red;"⟩빨간 텍스트⟨/span⟩
⟨h1⟩ ~ ⟨h6⟩: 헤더 태그로, 제목을 나타냅니다. ⟨h1⟩은 가장 큰 제목, ⟨h6⟩은 가장 작은 제목입니다.
⟨h1⟩최고의 제목⟨/h1⟩
⟨h2⟩두 번째 제목⟨/h2⟩

2. 텍스트 스타일 관련 태그

⟨strong⟩: 강조하는 텍스트를 나타냅니다. 기본적으로 굵은 글씨로 표시됩니다.
⟨strong⟩중요한 텍스트⟨/strong⟩
⟨em⟩: 기울임꼴 텍스트를 나타냅니다.
⟨em⟩기울여진 텍스트⟨/em⟩
⟨b⟩: 굵은 텍스트를 표시합니다. ⟨strong⟩보다 의미적 강조는 적지만, 시각적으로 굵은 글씨를 표시합니다.
⟨b⟩굵은 텍스트⟨/b⟩
⟨i⟩: 이탤릭체(기울임꼴) 텍스트를 표시합니다. ⟨em⟩과 비슷하지만, 의미적 강조는 없고 스타일 적인 효과만 있습니다.

위의 결과를 요약하면 문자를 표현하기 위한 다양한 태그는 표 3-3과 같으며 각 태그의 기능을 설명하였다. 문자 태그에서 ⟨i⟩,⟨em⟩태그는 흘림체를 표현하기 위해 사용하며 ⟨b⟩, ⟨strong⟩은 굵은 글자체를 적용하여 강조체로 사용한다. 두 태그들은 적용한 결과를 보면 모두 기능이 유사함을 확인할 수 있다. 수학의 식에서 많이 사용하는 윗 첨자와 아래 첨자는 ⟨sup⟩와 ⟨sub⟩를 사용하여 표시한다. 또한 실행 결과를 그림 3-4에 나타내었다.

표 3-3 **문자태그**

태그종류	기능
⟨i⟩	흘림체, italic
⟨b⟩	강조체, bold
⟨code⟩	프로그램 코드체
⟨strong⟩	강조체
⟨em⟩	강조체, emphasized
⟨sup⟩	윗첨자, superscript
⟨sub⟩	아래첨자 subscript

예제 3-4 문자태그

```html
<!DOCTYPE html>
<html lang="ko">
<head>
  <meta charset="utf-8">
  <title>예제 3-4 문자 태그</title>
</head>
<body>
  <!-- 흘림체(기울임) -->
  <p><i>흘림체 italic</i></p>
  <!-- 굵은 강조체 -->
  <p><b>강조체 bold</b></p>
  <!-- 밑줄 -->
  <p><u>밑줄 문자 underline</u></p>
  <!-- 논리적 강조: 화면뿐 아니라 의미적으로도 중요도를 표시 -->
  <p><strong>Strong 강조체</strong></p>
  <!-- 의미적 강조: 문맥상 강조할 부분을 기울임처리 -->
  <p><em>흘림체 emphasized</em></p>
  <!-- 코드 조각 표시: 고정 폭 글꼴로 출력 -->
  <p><code>프로그램 코드 code</code></p>
  <!-- 위 첨자: 글자를 위로 살짝 올림 -->
  <p>100<sup>superscript</sup></p>
  <!-- 아래 첨자: 글자를 아래로 살짝 내림 -->
  <p>Log<sub>10</sub> superscript</p>
</body>
</html>
```

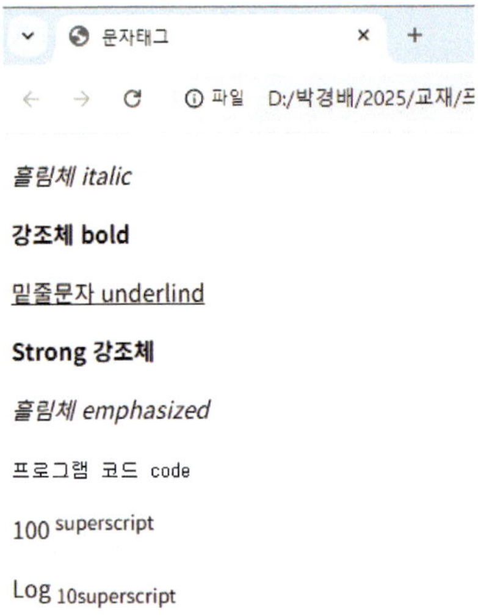

그림 3-4 **문자태그**

3.1.5 헤딩(Heading) 태그

chatgpt에게 헤딩 태그에 대해 질의하면 다음과 같이 설명하며 예시 코드 역시 보여준다.

▶ chatgpt : 헤딩 태그에 대해 설명해줘!

HTML **헤딩 태그(Heading Tags)**는 웹 문서에서 **제목(heading)**을 나타내기 위해 사용하는 태그입니다. ⟨h1⟩부터 ⟨h6⟩까지 총 6단계가 있으며, 숫자가 클수록 작은 제목을 의미합니다.

☐ 헤딩 태그 종류

태그	의미	기본 글꼴 크기 (브라우저 기본값 기준)
⟨h1⟩	가장 중요한 제목 (가장 큼)	약 32px
⟨h2⟩	두 번째로 중요한 제목	약 24px
⟨h3⟩	세 번째 수준 제목	약 18.72px
⟨h4⟩	네 번째 수준 제목	약 16px
⟨h5⟩	다섯 번째 수준 제목	약 13.28px
⟨h6⟩	여섯 번째 수준 제목 (가장 작음)	약 10.72px

☐ 예시 코드

```
<h1>사이트 제목</h1>
<h2>섹션 제목</h2>
<h3>하위 섹션 제목</h3>
<h4>소제목</h4>
<h5>부제목</h5>
<h6>보조 설명</h6>
```

☐ 특징

기본적으로 굵은 글씨로 표시됨.
시맨틱(semantic) HTML의 핵심 요소: 구조를 명확하게 표현.
검색엔진 최적화(SEO) 측면에서 ⟨h1⟩은 매우 중요.
한 문서에는 일반적으로 ⟨h1⟩은 한 번만 사용하는 것이 권장됨 (페이지의 주제나 타이틀을 나타냄).

헤딩 태그는 문단의 제목 등 주제의 헤드라인 기사를 쓸 경우 ⟨hn⟩태그를 사용하여 나타낸다. n이 표현하는 숫자는 1~6까지이며 ⟨h1⟩태그가 가장 큰 크기의 문자로 나타나며 굵은 글씨체로 표현된다. 일반적 크기의 문자는 ⟨h4⟩이다. 예제 3-5에 대한 결과를 그림 3-5에 나타내었다.

예제 3-5 heading 태그

```
<!DOCTYPE html>
<html lang="ko">
<head>
  <meta charset="utf-8">
  <title>예제 3-5 헤딩(heading) 태그</title>
</head>
<body>
  <!-- 가장 중요한 제목: 가장 크고 굵게 표시됨 -->
  <h1>h1: 가장 중요한 제목(가장 큰 글씨, 한 문단 구분)</h1>

  <!-- 두 번째 레벨 제목: h1보다는 작지만 여전히 강조된 제목 -->
  <h2>h2: 두 번째 레벨 제목(다소 작은 글씨, 한 줄 띄고 표시)</h2>

  <!-- 세 번째 레벨 제목: 중간 정도 크기의 제목 -->
  <h3>h3: 세 번째 레벨 제목(보통 크기의 제목)</h3>

  <!-- 네 번째 레벨 제목: h3보다 작아짐 -->
  <h4>h4: 네 번째 레벨 제목(조금 작은 크기의 제목)</h4>

  <!-- 다섯 번째 레벨 제목: 본문 텍스트와 비슷한 크기이나 여전히 구별됨 -->
  <h5>h5: 다섯 번째 레벨 제목(본문보다 조금 강조된 정도)</h5>

  <!-- 여섯 번째 레벨 제목: 가장 작은 제목 -->
  <h6>h6: 여섯 번째 레벨 제목(가장 작은 크기)</h6>
</body>
</html>
```

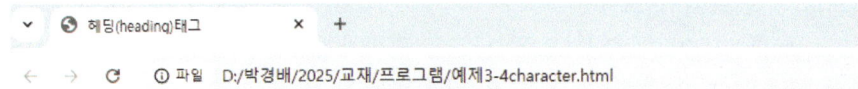

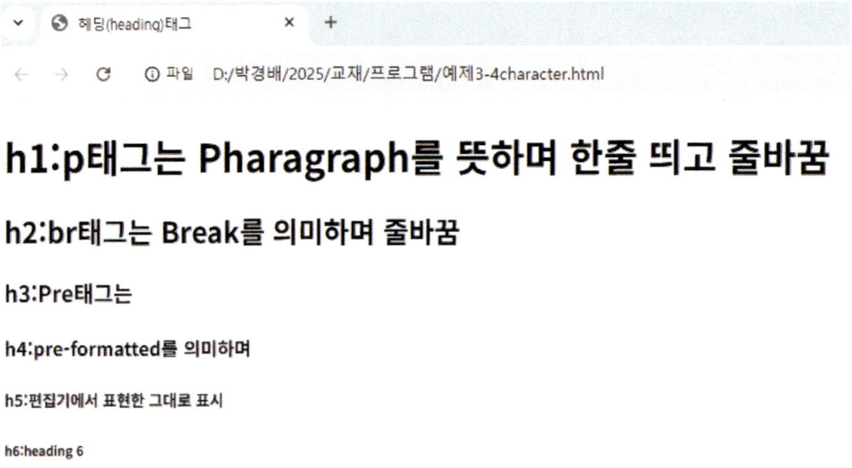

헤딩(heading)태그
파일 D:/박경배/2025/교재/프로그램/예제3-4character.html
h1:p태그는 Pharagraph를 뜻하며 한줄 띄고 줄바꿈
h2:br태그는 Break를 의미하며 줄바꿈
h3:Pre태그는
h4:pre-formatted를 의미하며
h5:편집기에서 표현한 그대로 표시
h6:heading 6

그림 3-5 헤딩태그

3.1.6 특수문자

html 문서에서 태그(〈〉)를 웹 문서에 표현할 필요가 있으며 태그를 나타내기 위해서는 문자 참조를 사용해서 특수문자를 사용해야 했었다. 그러나 최근 VS Code와 같은 편집기는 이와 같은 특수문자를 사용하지 않고 태그〈, 〉를 사용하여 직접 표현하고 있다. 다음 표에서 나타낸 코드들은 과거 사용하던 방식이므로 단순히 참조만 하기 바란다. 표 3-4는 HTML에서 자주 사용하는 특수문자(entity)와 그 표현 방법을 정리한 예시이다.

표 3-4 **특수문자 표시하기**

특수문자	html 코드	의미
		공백문자
〈	&lt;	less than
〉	&gt;	greater than
&	&amp;	ampersand
"	&quot;	이중따옴표
'	&apos;	단일따옴표
¢	&cent;	센트
£	&pound;	파운드
¥	&yen;	엔화
€	&euro;	유로화
©	&copy;	저작권
®	&reg;	등록권

예제 3-6 특수문자 표시하기

```
<!Doctype html>
<html>
<head><title>예제3-6특수문자표시하기</title>
<meta charset="utf-8">
</head>
        <body>
        <p> 공백문자     </p>
        <p> less than < </p>
        <p> greater than > </p>
        <p> ampersand &</p>
        <p> " 이중따옴표   &quot;</p>
        <p> ' 단일따옴표 &apos; </p>
        <p> 센트 &cent; </p>
        <p> 유로  &euro;</p>
        <p> 저작권  &copy;</p>
        <p> 상표권 &reg;</p>
        </body>
</html>
```

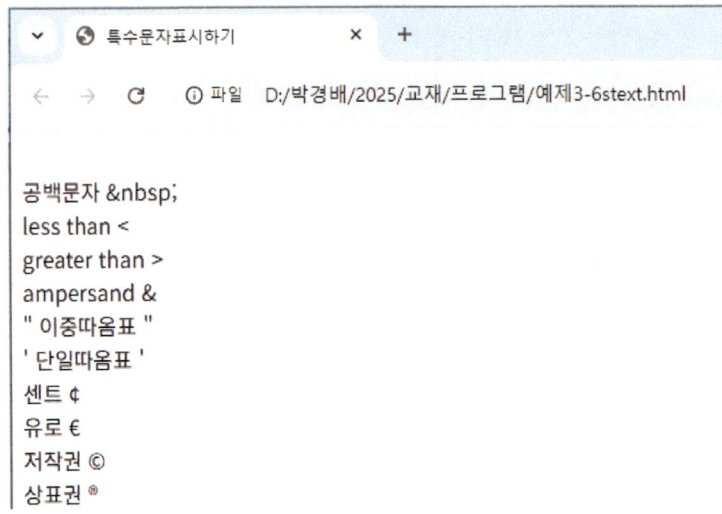

그림 3-6 특수문자

3.1.7 표 만들기 〈table〉

웹 문서에 표를 만들어 삽입하기 위해서는 〈table〉 태그 요소를 사용한다. 〈table〉의 하위 태그로는 표의 제목을 표시하기 위한 〈caption〉〈/caption〉이 있으며 표안의 줄(row)을 만들기 위한 〈tr〉〈/tr〉태그가 있다. 〈tr〉의 수에 따라 줄의 개수가 정해진다. 〈tr〉의 하위 태그로 〈th〉와 〈td〉가 있으며 한줄에서의 칸(column)의 수를 정의한다. 〈th〉는 표의 제목을 나타내는 최상단의 헤더를 표시하기 위해 사용되며 강조체로 표시된다. 〈td〉는 칸을 수를 만드는데, 경우에 따라 아랫줄과 병합(rowspan)하거나 다음 칸과 병합(colspan)할 수도 있다.

표 3-5 표 태그

태그종류	기능
〈table〉	표 태그 border의 속성으로 테이블 경계선 설정
〈caption〉	표 제목 만들기
〈tr〉	표 줄 만들기
〈td〉	표 칸 만들기 colspan, rowsapn 속성
〈th〉	표 헤더로서 강조체로 표시됨

예제 3-7 표 만들기 〈table〉에서는 3×4 크기의 표를 만든 것으로 그림 3-7에서 웹 문서에 표현된 표를 확인할 수 있다.

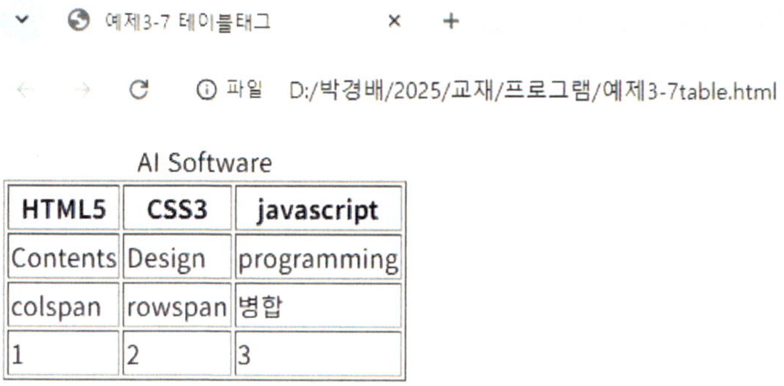

AI Software		
HTML5	CSS3	javascript
Contents	Design	programming
colspan	rowspan	병합
1	2	3

그림 3-7 표 만들기

〈table〉의 경계선의 속성으로 border="1"을 표시하였는데 border의 속성을 지정하지 않으면 테이블 경계선이 보이지 않게 된다. 〈caption〉은 테이블 제목을 표시한다. 4개의 줄을 만들기 위해 4개의 〈tr〉을 사용한다. 가장 윗줄의 〈tr〉에서는 3개의 칸을 만들기 위해 3개의 〈th〉를 사용했으며 〈th〉는 굵은 강조체로 표기되는 특징이 있다.

두 번째 줄부터는 데이터를 입력하기 위해 〈td〉태그를 칸의 수에 맞게 3개씩 입력한다.

```
<table border="1">                                      //테이블 헤더
    <caption>Table1.HTML&amp;X3D</caption>              //테이블 제목
        <tr><th>HTML5</th><th>CSS3</th><th>Web3D</th></tr>   // 줄과 테이블 제목
        <tr><td>Contents</td><td>Design</td><td>Scene</td>   // 줄과 데이터
        <tr ><td>colspan</td><td>rowspan</td><td>병합</td></tr>  //rowspan, colspan
        <tr><td>1</td><td>2</td><td>3</td></tr>
</table>
```

예제 3-7 테이블태그

```html
<!Doctype html>
<html>
<head>
<title>예제3-7테이블</title>
<meta charset="utf-8">
</head>
<body>
<table border="1">
    <caption>AI Software</caption>
        <tr><th>HTML5</th><th>CSS3</th><th>javascript</th></tr>
        <tr><td>Contents</td><td>Design</td><td>programming</td>
        <tr ><td ">colspan</td><td>rowspan</td></tr>
         <tr><td>1</td><td>2</td></tr><!--//rowspan, colspan-->
</table>
</body>
</html>
```

표를 만들 경우 예제 3-8에서 나타난 것처럼 줄을 합치거나 칸을 합칠 경우가 종종 필요하다. 줄을 합치기 위해서는 〈td〉안에서 줄의 확장 개념으로 rowspan 속성을 사용한다. rowspan="2"를 하게 되면 바로 아래에 있는 칸과 병합이 이루어진다. 만약 span의 값을 증가시켜 3을 하게 되면 3개 줄의 칸이 모두 하나의 칸으로 병합되게 된다. 줄이 아니라 칸을 병합시키고자 한다면 colspan 속성을 이용한다. colspan="2"가 되면 다음 칸과 병합되어 두 개의 칸은 하나의 칸으로 된다. colspan 값을 3으로 하게 된다면 세 개의 칸이 하나의 칸으로 병합된다. 그림 3-8에서 rowspan과 colspan이 적용되어 병합된 결과를 확인할 수 있다.

colspan의 경우 같은 〈tr〉내에서 〈td〉의 수가 줄어들게 되며 rowspan의 경우는 다음 줄에서의 〈td〉 수가 줄어든다. 그림에서 세 번째 줄의 첫 번째 〈td〉는 colspan을 사용했으며 두 번째 〈td〉는 rowspan을 사용했다. colspan과 rowspan의 사용 여부에 따라 표의 모양이 달라질 수 있으니 주의 깊게 확인하기 바란다.

```html
<!--colspan결과 td2개-->
<tr><td colspan="2">colspan</td><td rowspan="2">rowspan</td></tr>
<tr><td>1</td><td>2</td></tr> <!--rowspan의 결과 <td> 2개  -->
```

예제 3-8 표 줄, 칸 병합

```html
<!DOCTYPE html>
<html lang="ko">
<head>
  <meta charset="utf-8">
  <title>예제 3-8 테이블 태그 줄 병합</title>
</head>
<body>
  <table border="1">
    <caption>AI Software</caption>
    <!-- 테이블 헤더 행 -->
    <tr>    <th>HTML5</th>
      <th>CSS3</th>
      <th>JavaScript</th>    </tr>
    <!-- 일반 데이터 행 -->
    <tr>    <td>Contents</td>
      <td>Design</td>
      <td>Programming</td>    </tr>
    <!-- colspan과 rowspan을 사용하는 행 -->
    <tr>    <td colspan="2">colspan</td>  <!-- HTML5 + CSS3 병합 -->
      <td rowspan="2">rowspan</td>  <!-- 아래 행과 병합 -->
    </tr>
    <!-- rowspan의 영향을 받는 행 -->
    <tr>    <td>1</td>
      <td>2</td>    </tr>
  </table>
</body>
</html>
```

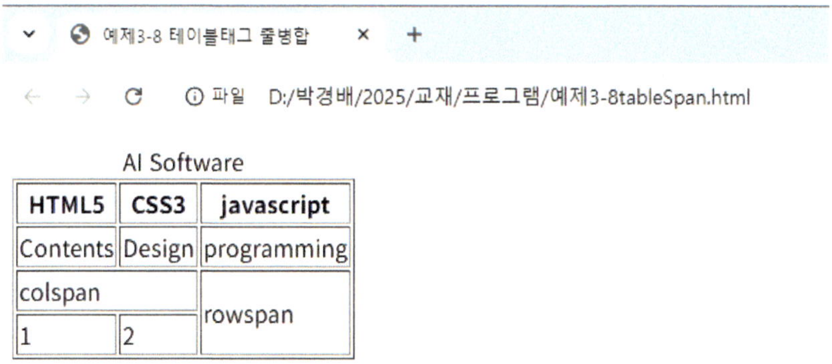

그림 3-8 줄, 칸 병합

표의 크기를 조절하기 위해서는 폭(width)과 높이(height) 속성을 이용한다. 표의 크기 단위는 px을 사용하지만 %을 이용하여 나타낼 수도 있다. %는 웹브라우저의 화면 크기에 따른 비율을 표현한 것이기 때문에 클라이언트의 화면 크기에 따라 적절하게 표현할 수 있다.

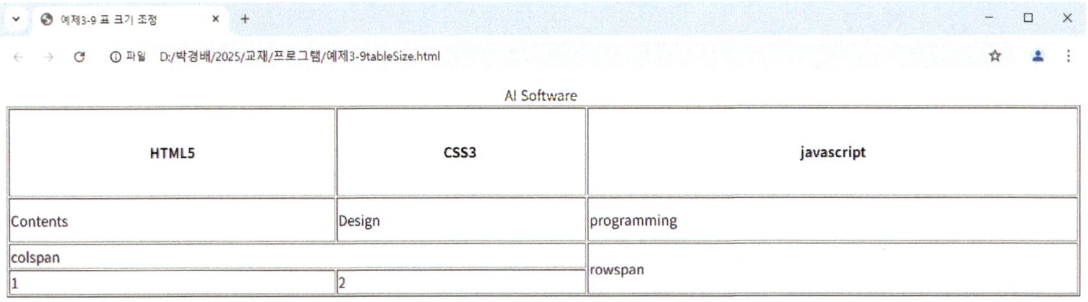

예제 3-9에서와 같이 <table width="100%">를 적용하면 그림 3-9와 같이 브라우저 넓이의 100%에 해당하는 테이블이 생성된다. 브라우저의 크기가 변하면 테이블의 크기도 그에 따라 변하게 된다. 테이블 안의 줄이나 칸의 크기도 각각 다르게 적용할 수 있다. 예제에서 첫 번째 줄의 높이 height를 100px로 정의하였고 두 번째 줄의 높이는 50px로 정의하여 각기 줄의 높이가 다른 표를 만들 수 있다.

예제 3-9 표 크기 조절

```
<!Doctype html>
<html>
<head>
<title>예제3-9 표 크기 조정</title>
<meta charset="utf-8">
</head>
<body>
<table border="1" width="100%">
    <caption>AI Software</caption>
    <tr height="100px">
        <th>HTML5</th><th>CSS3</th><th>javascript</th></tr>
        <tr height="50px">
            <td>Contents</td><td>Design</td><td>programming</td>
        <!--colspan결과 td2개-->
        <tr ><td colspan="2">colspan</td><td rowspan="2">rowspan</td></tr>
         <tr><td>1</td><td>2</td></tr><!--rowspan의 결과 <td> 2개-->

</table>
</body>
</html>
```

그림 3-9 표 크기 조정

3.2 이미지와 하이퍼링크

3.2.1 이미지 태그 〈img〉

HTML 언어는 초기에는 문자만을 이용하여 인터넷을 통한 정보 전달의 목적으로 개발된 언어이다. 인터넷의 발달로 문자 이외의 다양한 매체(사운드, 이미지, 그래픽, 동영상)를 이용한 정보 전달이 효과적이기 때문에 이와 관련된 태그를 삽입할 필요성이 생겼으며 다음과 같은 차이점이 있다.

▶ chatgpt : 인터넷에서 문자와 이미지 표현의 차이를 설명해줘

인터넷(웹)에서 **문자(Text)**와 이미지(Image) 표현은 기술적 방식, 가독성, 검색 가능성, 용량, 접근성 등 여러 면에서 차이가 있습니다.

항목	문자 (Text)	이미지 (Image)
기술적 형태	HTML 코드로 작성됨	JPEG, PNG, SVG 등 파일 형식
브라우저 처리	직접 렌더링함	파일을 불러와 표시함
검색엔진 인식	텍스트를 분석 가능 → SEO 유리	이미지 내부의 텍스트는 기본적으로 검색 불가
복사/붙여넣기	가능	불가능 (OCR 필요)
용량	매우 작음 (수십~수백 바이트)	상대적으로 큼 (수십 KB~MB)
반응형 디자인	쉽게 적용됨 (폰트 크기 등 조절 가능)	제한적 (리사이징 필요)
접근성 (Accessibility)	스크린 리더로 읽을 수 있음	alt 속성이 없으면 정보 전달 어려움
스타일 적용	CSS로 자유롭게 가능	제한적 (이미지 자체 수정 필요)
언어 번역	쉽게 자동 번역 가능	이미지 내 텍스트는 번역 불가

문자와 함께 이미지는 html 문서에서 많이 사용하지만 이미지는 문자와 다른 속성으로 표현되기 때문에 이미지는 문서에 직접 삽입하여 표현하지 않는다. 이미지를 html 문서에서 표현하기 위해서는 그림 3-10과 같이 해당 이미지의 위치를 알려주는 경로를 지정해 주어야 된다.

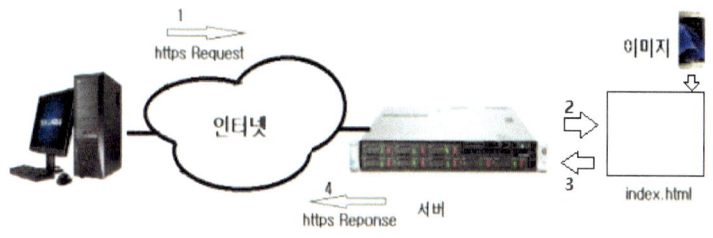

그림 3-10 **이미지 표현하기**

정확한 경로에 해당 이미지가 있으면 서버는 이를 포함하여 클라이언트에게 전달하게 된다. 경로가 포함된 웹 문서에 이미지를 삽입할 경우 주의할 점은 해당 이미지의 경로와 파일이름을 정확히 기입해야 한다. 만약 웹 문서에 이미지가 표현되지 않는다면 경로 지정이 잘못되었거나 파일이름이 다르거나 이미지가 없는 경우이다.

이미지의 경우는 저작권이 있기 때문에 인터넷에 있는 이미지를 사용할 경우 저작권 여부를 신중히 살펴봐야 한다. 대부분 인터넷에 있는 이미지를 사용하는 이유는 이미지를 만드는 것은 많은 시간과 비용이 들기 때문이다. 그러나 이제는 chatgpt에게 요구하면 저작권 없는 이미지를 쉽게 만들 수 있다. 앞으로 사용할 예제를 위하여 ai software 문자가 들어간 이미지를 만들어 보자.

▶ chatgpt : ai software 문자가 들어간 로고를 실버 메탈로 미래적인 느낌으로 3차원의 형태로 가로 200px 세로 100px로 만들어줘

그림 3-11 이미지생성

그림 3-11은 우리가 별다른 노력 없이 chatgpt 비서가 만들어낸 ai 로고이다. 이미지 생성의 경우 많은 사용자와 자원이 많이 요구되므로 시간이 다소 걸리며 반드시 원하는 형태로 만들어지진 않는다. 다운로드하여 ai.png 파일로 저장한다. 이 밖에도 몇 장의 이미지 파일을 만들어 연속된 움직이는 애니메이션 파일을 만들 수 있다. gif 형태나 mp4 형태의 동영상 역시 손쉽게 제작 가능하다. 정밀하고 원하는 형태의 이미지를 만들기 위해선 포토샵(photoshop)과 같은 이미지 전문 프로그램을 통하여 이미지를 만들고 사용할 수 있지만 많은 시간과 노력이 요구되며 이미지 전문 기술이 요구된다.

웹 문서를 구성할 때는 HTML 파일과 이미지 파일을 분리하여 저장하는 것이 좋다. 일반적으로 HTML 문서는 html 폴더에, 이미지 파일은 img 또는 images 폴더에 각각 보관하는 방식이 권장된다. 이러한 폴더 구조를 잘 설정하면 파일 관리와 유지보수가 편리해진다. 그림 3-12는 homepage 폴더 안에 html 폴더와 images 폴더가 같은 자식 폴더에 위치한 것을 나타내고 그림 3-13은 html폴더 안에 자식 폴더로서 images 폴더가 위치한 것을 나타낸다.

html 폴더에 index.html이 있고 images 폴더에 ai.png라는 그림 파일이 있을 때 그림 3-12와 그림

3-13의 경우 참조하는 경로는 다르게 지정된다.

그림 3-12의 경우에는 html 폴더에 index.html이 있고 같은 위치의 images 폴더에 ai.png 이미지가 있기 때문에 이를 참조할 경우 이미지의 경로는 〈img src="../images/ai.png" alt="AI 이미지"〉로 설정되어야 한다. 같은 위치의 폴더에 있는 파일을 참조할 경우에는 상위폴더를 지정하는 ../ 경로로 상위 폴더를 참조해서 자식 폴더를 지정해야한다.

그림 3-13의 경우는 html 폴더의 하위 폴더에 images 폴더가 있으므로 index.html에 표현하는 이미지의 경로는 〈img src="images/ai.png" alt="AI 이미지"〉로 설정하면 된다. 자식 폴더의 경우 ../ 상위 폴더 표시 없이 자식 폴더이름과 그 안의 파일이름만 지정하면 된다. 만약 경로가 잘못 지정되거나 파일 이름이 틀리다면 이미지는 나타나지 않는다. 이미지가 보이지 않는다면 경로가 정확한지 (../, /, ./ 등 포함 여부), 파일명이 올바른지 (대소문자 포함), 파일이 실제로 존재하는지를 살펴보아야 한다.

그림 3-12 **같은 위치의 폴더**

그림 3-13 **html 폴더안의 자식폴더 images**

웹 문서를 작성할 때 이미지는 텍스트보다 훨씬 더 많은 용량을 차지한다. 따라서 웹 성능을 유지하려면 적절한 이미지 형식 선택이 매우 중요하다. 과거에는 이미지 파일을 주로 BMP(BitMap Pixel) 형식으로 제작하였으며 이 형식은 그림판 등 기본 그래픽 프로그램에서 쉽게 생성할 수 있었지만, 압축되지 않은 원시 이미지 형식이므로 파일 용량이 매우 크다. 웹 환경에서는 압축된 이미지 형식을 사용하여 용량을 줄이고 전송 속도를 높여야 한다. 대표적인 포맷은 다음과 같다.

형식	특징
JPG(JPEG)	사진, 풍경 이미지에 적합. 손실 압축 방식으로 용량이 작음.
PNG	투명 배경 지원. 비손실 압축. 웹 UI 요소나 로고에 적합.
GIF	짧은 애니메이션 지원. 256색 제한. 간단한 그림에 사용.

표 3-6은 웹 문서에 이미지를 삽입하기 위한 〈img〉태그가 갖고 있는 속성을 나타낸 것이다.

표 3-6 **이미지 태그와 속성**

태그종류	속성	기능
〈img〉	src	이미지 경로 표시 source
	alt	이미지 설명문 (이미지가 표시되지 않으면 출력되는 문자) alternate
	width	이미지의 가로 크기
	height	이미지의 세로 크기
	loading	이미지 로딩 방식 eager:모든 이미지 표시 lazy: 사용자가 볼 수 있는 일정 이미지만 표시(속도 증가)

지금까지의 문자, 문단 태그들은 단순히 태그 요소만을 나타내었지만 이미지 파일은 문자와 다른 속성이기 때문에 앞서 설명한 바와 같이 이미지를 정확한 경로를 나타내야 하기 때문에 다음과 같이 웹 문서에 이미지의 경로를 src(source) 속성을 이용하여 포함해야 한다.

<img src="../images/ai.png" alt="Logo AI" width="150px" height="150px">

alt(alternate)의 속성은 사용자가 이미지에 마우스를 올려놓으면 출력되는 문자나 이미지가 표현되지 않을 경우 출력되는 문자를 표시한다. 이미지가 표시되지 않은 대부분의 경우는 해당 위치에 이미지가 없는 경우나 삭제된 경우이다. 위의 예에서 이미지의 경로는 현재 파일의 위치에서 이미지 파일의 위치는 상위폴더(../)로 가서 이미지폴더(images)에 가면 ai.png파일 있다는 것으로 그림 3-12의 경우에 해당된다.

현재 폴더의 하위폴더인 images 폴더에 이미지가 있다면 그림 3-13처럼 `src="images/ai.png"`로 표시해야 한다. 이 밖에도 절대경로를 사용하여 표현하는 방법이 있고 웹 사이트의 그림 위치를 지정하여 나타낼 수도 있다. 이미지의 크기는 width와 height를 이용하여 설정한다. 이미지 크기의 일반적인 단위는 px(pixel element)를 사용하며 이미지의 크기를 설정한다. 만약 width와 height를 속성을 사용하지 않으면 이미지는 원본 크기로 나타난다.

웹 문서에 표시할 이미지가 많으면 웹 문서가 로딩되는 속도가 현저히 줄어든다. 압축된 형태의 jpg나 png파일을 사용하더라도 문자와 비교했을 때 여전히 문서의 용량이 크므로 속도가 느려지게 된다. 따라서 웹문서의 속도를 조절하기 위해 loading 속성을 이용한다. 기본값은 eager로서 포함된 이미지를 모두 표시하며 lazy 속성값을 사용하면 현재 페이지 중 사용자가 보려고 하는 부분의 이미지만 로딩함으로써 문서의 로딩 속도를 향상 시킬 수 있다.
또 다른 편법으로 썸 네일(thumb nail) 이미지를 사용하는 방법이 있다. 썸 네일 이미지는 이미지의 크기를 엄지손톱만큼 작게 만들어 웹 문서에 표현하고 사용자가 이미지를 클릭했을 경우에만 원본 크기의 이미지로 나타내는 방법이다. 이미지의 크기를 대폭 축소함으로써 문서의 로딩 속도를 줄일 수 있다.

예제 3-10은 이미지 태그의 속성을 이용하여 4개의 이미지를 표현한 것이다. 4개의 이미지를 웹 문서에 삽입하기 위해서 src 속성을 이용하여 ai.png 파일의 경로를 지정하였다. 그림 3-14에 프로그램의 실행 결과를 나타냈으며 해당 경로에 이미지가 없을 경우는 alt의 값이 나타난다.

첫 번째 이미지 파일의 위치는 현재 파일의 위치와 경로가 같다. 예제 3-10를 예제3-10image.html이라 가정한다면 예제3-10image.html과 ai.png 파일은 같은 폴더에 있어야 한다.
두 번째 파일의 위치는 현재 파일의 하위 폴더(images/ai.png)에 있음을 알 수 있다.
세 번째 이미지 파일은 현재 폴더의 하위 폴더인 images 폴더에 있는 또 다른 images/aisoftware.png 파일이 된다. 네 번째 이미지의 경우 표시하려던 이미지가 해당 위치에 이미지가 없으면 그림과 같이 alt의 속성 값인 "상위 폴더 위치" 문자가 표시된다.

예제 3-10 이미지태그

```html
<!Doctypehtml>
<html>
<head>
    <title>예제3-10 이미지태그</title>
</head>
<body>
        <!-- 현재폴더 -->
        <img src="ai.png"alt="현재폴더와 같은 위치"width="150px"
                height="150px"loading="eager">
        <!-- 하위 폴더 -->
        <img src="images/ai.png"alt="하위폴더"width="150px"height="150px"
                loading="eager">
        <!-- 하위폴더 -->
        <img src="images/aisoftware.png"alt="하위폴더"width="150px"height="150px"
                loading="lazy">>
        <img src="../aisoftware.png"alt="상위 폴더 위치"width="150px"height="150px"
                loading="lazy"><!-- 이미지 로딩 실패시 alt 값 출력 -->
</body>
</html>
```

그림 3-14 이미지 태그

예제 3-11은 〈img〉의 width와 height 값에 따른 이미지의 표현 방식을 나타낸 것이다. width와 height 값을 설정하지 않으면 원본 이미지 크기로 나타난다. 또한 width와 height 값 중 하나만을 나타낼 수도 있다. 세 번째 이미지에서는 그림 3-15와 같이 이미지의 경계선을 border 속성 값을 사용하여 나타내었으며 단위는 px을 사용한다.

그림 3-15 이미지 크기 조절

첫 번째 이미지는 높이 값만을 적용	height="150px"
두 번째 이미지는 폭만을 적용	width="150px"
세 번째 이미지는 크기값 없으며 이미지 경계선 표시	border="5px"
네 번째 이미지는 폭과 높이 값 모두 적용	width="150px" height="150px"

예제 3-11 이미지 크기

```
<!Doctype html>
<html>
<head>
        <title>예제 3-11 이미지크기</title>
        <meta charset="utf-8">
        <meta name="author" content="박경배">

</head>
<body>
<img src="ai.png" alt="현재폴더와 같은 위치" height="150px" loading="eager">
<img src="images/ai.png" alt="현재폴더의 하위 폴더" width="150px" loading="eager">
<img src="images/aisoftware.png" border="5px" loading="eager">
<img  src="aisoftware.png"  alt="현재폴더와  같은  위치"  width="150px"  height="150px" loading="eager">
</body>
</html>
```

3.2.2 하이퍼링크 태그 <a>

하이퍼링크는 HTML 문서의 핵심으로 웹 문서라면 반드시 포함되어야 할 태그이다. 하이퍼링크 태그는 <a> 태그는 anchor의 약자로서 하이퍼링크를 사용하면 문서 간의 이동이 언제 어디든 가능하다. <a> 태그 역시 이미지 태그와 마찬가지로 다양한 하이퍼링크 속성이 있으며 이를 정의한 후 값을 부여해야만 올바르게 적용된다.

▶ chatgpt : 하이퍼링크 태그에 대해 설명해줘

HTML의 하이퍼링크 태그는 <a> 태그입니다. 이 태그는 웹 페이지에서 다른 페이지, 파일, 이메일 주소 등으로 연결되는 링크를 생성할 때 사용됩니다.
기본문법

<a href="링크주소">링크텍스트</a>

표 3-7과 같이 <a>는 href, target 그리고 download 속성이 있으며 각 기능별로 세분화 되어 있다. 먼저 href의 4가지 속성에 대해 예제를 통해 알아보자. href는 hyperlink reference의 축약형으로 외부 사이트를 링크, 내부 파일을 링크, 현재 페이지 안에서 특정 위치의 링크 그리고 이메일을 링크하는 방법이 있다.

표 3-7 하이퍼링크 태그

태그종류	속성	기능
<a> anchor	href	외부 사이트 링크 <a href="https://aiyit.github.io/ai">
		내부 파일 링크 <a href="vr.html">
		같은 문서 내에서의 특정 위치 링크<a href="#ai">
		이메일 링크 <a href="mailto:gbpark@yit.ac.kr">
	target	_self : 기본값으로 현재 창에서 링크처리
		_blank : 새창 또는 새탭에서 링크처리
		name : iframe에 할당된 이름(name)의 창으로 처리
	download	웹브라우저의 설정에 상관없이 링크된 대상을 다운로드

① 외부 사이트를 하이퍼링크

<a href="https://aiyit.github.io" target="_self"> AI Software </a>

웹브라우저에서 "AI Software" 문자를 클릭하면 하이퍼링크된 "https://aiyit.github.ioi" 사이트로 연결이 되는데 target="_self"이므로 현재 창의 화면이 바뀌게 된다. 하이퍼링크된 문자의 특징은 기본적으로 파랑색 문자에 밑줄로 표시된다.

② 내 컴퓨터내의 문서 하이퍼링크

<a href="예제3-10image.html" target="_blank"> 예제3-10 이미지태그 </a>

내 컴퓨터내의 문서 "예제3-10image.html"를 target="_blank"에 의해 새로운 브라우저 창이 열리며 "예제3-10mage.html" 문서가 나타난다. 내 컴퓨터 안의 문서를 하이퍼링크를 한 경우에는 이미지의 표현 방식과 마찬가지로 내 컴퓨터 안의 해당 파일의 경로를 정확히 입력해야 표시된다. 그렇지 않다면 "페이지를 찾을 수 없다"라는 에러 메시지가 나타난다.

③ 메일 하이퍼링크

<a href="mailto:gbpark@yit.ac.kr">메일보내기</a>

"메일보내기" 문자를 클릭하면 입력한 메일 주소 gbpark@yit.ac.kr로 연결이 되는데 이때 컴퓨터 내에 메일 전송 프로그램이 지정되어 있어야 한다.

④ 현 페이지 내에서의 특정 위치 하이퍼링크

현 페이지 내의 특정 위치로 이동하기 위해서는 <a href="#ai">의 형식으로 지정한다. 현 문서에서 특정 위치는 "#"을 이용하여 "ai"라는 이름을 가진 위치로 이동하라는 명령이다. 예제 프로그램의 상단에 `<p id="ai">`이 있다. id="ai"으로 위치를 설정했기 때문에 "인공지능" 문자를 클릭하면 id="ai"인 위치로 이동하게 된다.

위와 같은 방법을 책갈피(bookmark)라 하는데 책갈피(bookmark) 기능은 사용자가 문서 내 특정 위치로 빠르게 이동할 수 있게 해주는 기능이다. 긴 웹 페이지에서 특정 위치로 점프할 수 있어, 사용자 편의성을 높이는 데 유용하다. 책갈피 기능은 웹 문서가 길어서 한 화면에 모두 표시되지 않을 때 효과를 확인할 수 있다. 예제 3-12와 같은 짧은 문서에서는 클릭해도 화면 이동이 일어나지 않기 때문에 책갈피 효과를 직접 느끼기 어렵다. 이런 경우, 브라우저 창을 작게 줄여 내용이 다 보이지 않을 때 효과를 볼 수 있다.

예제 3-12 프로그램에서는 내용이 많지 않아 한 페이지 내에 모든 내용을 표시할 수 있기 때문에 책갈피를 클릭해도 변화를 감지할 수 없다. 이럴 경우 책갈피의 효과를 보기 위하여 브라우저 창을 가장 작게 줄인 상태에서 "인공지능" 문자를 클릭하면 화면이 해당 위치로 이동하는 효과를 그림 3-16에서와 같이 볼 수 있다. 책갈피에서 사용하는 id는 identify의 약어로서 5장에서 배울 CSS에 태그 요소를 선택하기 위해 사용되는 선택자 중 하나이다. id에 대해서는 CSS3의 내용에서 다시 언급한다.

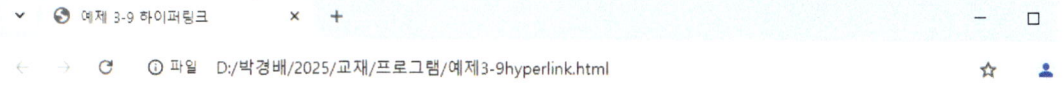

그림 3-16 하이퍼링크를 통한 문서 연결

예제 3-12 하이퍼링크

```
<!Doctype html>
<html>
<head>
<title>예제 3-12 하이퍼링크</title>
<meta charset="utf-8">
</head>
<body>
    <p id="ai">인공지능(AI, Artificial Intelligence)**은 인간의 지능을 기계나 컴퓨터가 모방하거나
        구현하는 기술을 말합니다. 즉, 사람처럼 생각하고 학습하고 문제를 해결하는 능력을 기계에 부여하는 것입니다.</p>
    <p>외부 사이트 하이퍼링크 인공지능</p>
        <a href="https://aiyit.github.io" target="_self">인공지능</a>
    <p>내부 문서 하이퍼링크</p>
        <a href="예제3-10image.html" target="_blank">예제3-10 이미지태그</a>
    <p>메일보내기</p>   <a href="mailto:gbpark@yit.ac.kr">메일보내기</a>
    <pre>
    □ 인공지능의 핵심 기능
    학습 (Learning) - 데이터를 바탕으로 규칙과 패턴을 자동으로 학습
    추론 (Reasoning) - 논리적으로 판단하고 문제 해결
    자연어 처리 (NLP) - 사람의 언어를 이해하고 생성
    컴퓨터 비전 (CV) - 이미지나 영상을 분석하여 의미를 이해
    로보틱스 - 실제 환경에서 물리적인 작업을 수행
    □ 인공지능의 분류
    협의의 AI (Narrow AI)
    특정 작업만 잘함 (예: 스팸 필터, 번역기, 음성비서)
    범용 AI (General AI)
    인간 수준의 지능을 갖춘 AI (아직 없음)
    초지능 AI (Superintelligent AI)
    인간 능력을 넘는 AI (이론적 단계)
    </pre>
<p>내부 문서에서의 북마크</p>
<a href="#ai">인공지능이란?</a>
</body>
</html>
```

하이퍼링크 기능은 문자뿐만 아니라 이미지, 동영상 등 다양한 매체에 적용할 수 있다. 예제 3-13은 이미지에 하이퍼링크를 적용한 예제로서 그림 3-17과 같이 이미지를 클릭하면 연결된 사이트나 문서

로 이동을 하게 된다. 하이퍼링크된 문자의 경우는 파랑색 문자에 밑줄이 표현되지만 이미지나 동영상은 겉보기 변화가 없지만 하이퍼링크된 매체는 마우스를 올리면 마우스의 모양이 변하므로 이것을 통하여 해당 매체에 하이퍼링크가 된 것을 알 수 있다.

예제에서 첫 번째 이미지는 웹 사이트의 하이퍼링크를 나타내고 있으며 두 번째 이미지는 내 컴퓨터 내의 문서와 하이퍼링크가 된 것을 알 수 있다. 세 번째 이미지를 클릭하면 메일 전송 프로그램과 연결된다.

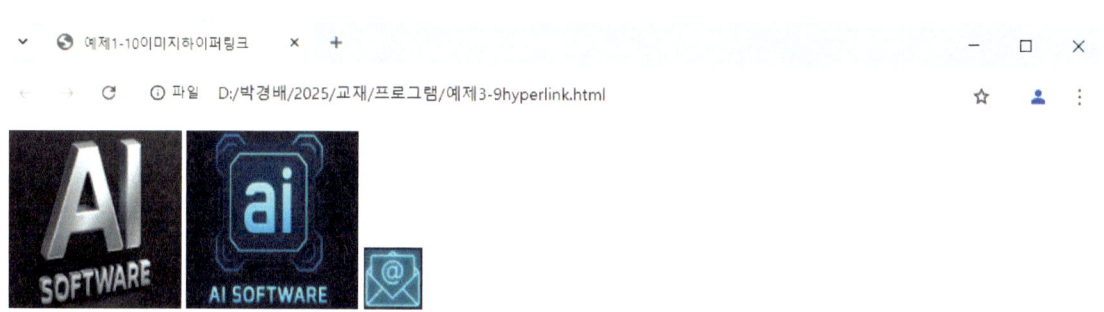

그림 3-17 이미지 하이퍼링크

예제 3-13 이미지 하이퍼링크

```html
<!DOCTYPE html>
<html lang="ko">
<head>
    <meta charset="UTF-8">
    <title>예제3-13 이미지 하이퍼링크</title>
</head>
<body>
<!-- 외부 링크로 이동하는 이미지 -->
<a href="http://aiyit.github.io/ai" target="_blank">
    <img src="ai.png" width="150" height="150" alt="AI 홈페이지로 이동">
</a>
<!-- 내부 문서 링크 -->
<a href="예제3-8imageSize.html" target="_blank">
    <img src="images/aisoftware.png" width="150" height="150" alt="AI 소프트웨어 이미지">
</a>
<!-- 메일 전송 링크 -->
<a href="mailto:gbpark@yit.ac.kr">
    <img src="images/mail.png" width="150" height="150" alt="메일 보내기">
</a>
</body>
</html>
```

과 제

1. chatgpt에게 클라이언트가 html 문서를 획득하는 과정을 요청하시오.

2. chatgpt에게 html5의 기능에 대해 요청하시오.

3. chatgpt에게 html5 문서의 구조를 요청하시오.

4. chatgpt을 사용하여 문단/문자 태그가 적용된 웹 문서를 작성하시오.

5. 이미지 태그를 사용하여 폴더의 위치가 각기 다른 3개의 이미지를 나타내시오.

6. chatgpt을 사용하여 하이퍼링크가 적용된 외부 사이트, 내 문서, 같은 문서 안에서의 이동을 표현하시오.

7. chatgpt를 이용하고 테이블 태그를 사용하여 다음 표를 만드시오.

   테이블 만들기

	영화 순위				
		관 객 수			
서울	1	10000	8000	3000	비고
	2	21000	1500	500	
	3	1100	15	2200	
경기	5	14999	10446	2233	합

참고 문헌

▶ "HTML5 중심의 CSS3와 자바스크립트", 박경배, 21세기출판사, 2021

참고 사이트

1. https://ko.wikipedia.org/wiki/HTML5

2. https://developer.mozilla.org/ko/docs/Web/HTML/HTML5

3. https://www.w3schools.com/html/default.asp

4. https://www.w3.org/

5. https://htmlreference.io/forms/

6. https://www.w3schools.com/html/html_forms.asp

4장 입력양식과 서버 구축하기

4.1 입력 요소

4.1.1 〈form〉 요소

〈form〉 태그 요소는 서버가 클라이언트로부터 정보를 얻기 위해 사용되는 태그로서 홈페이지에서 회원 가입을 할 경우 ID, Password 등을 입력받기 위해 사용된다.

▶ chatgpt : html form 태그에 대해 설명해줘

HTML의 〈form〉 태그는 사용자 입력을 수집하고 서버로 전송하기 위한 폼(form)을 만드는 데 사용됩니다. 웹에서 로그인, 회원가입, 검색, 설문 등을 구현할 때 핵심적인 역할을 합니다.

주요 속성	속성 설명
action	폼 데이터를 보낼 서버의 URL 지정
method	전송 방식: GET 또는 POST
target	결과를 보여줄 위치 (_self, _blank 등)
enctype	데이터 인코딩 방식. 파일 업로드 시 multipart/form-data 사용

표 4-1에 〈form〉 태그의 다양한 입력 형식 태그들을 나타내었다.

표 4-1 폼 태그 입력 요소

태그종류	기능
〈form〉	action="서버파일.jsp" method="get/post"
〈input〉	text, radio, checkbox, submit, button, file, password, reset etc,.
〈select〉	〈option〉을 사용하여 여러 태그 중 선택
〈textarea〉	여러 줄의 문자를 입력받기 위해 사용 rows와 cols 속성
〈button〉	마우스로 클릭할 수 있는 버튼 타입
〈fieldset〉	〈form〉안의 데이터를 그룹화하기 위해 사용
〈legend〉	〈fieldset〉태그의 그룹 제목으로 사용
〈datalist〉	〈input〉 요소의 정의된 option 리스트를 정의
〈output〉	계산의 결과를 표시하기 위해 사용
〈label〉	여러 form 요소를 정의하기 위해 사용
〈option〉	select 요소의 여러 요소 중 하나를 표시하기 위해 사용
〈optgroup〉	drop-down 목록에서 관련된 그룹을 지정하기 위해 사용

⟨form⟩의 속성으로 action과 method가 있다. action은 클라이언트가 보내온 데이터를 처리하기 위한 서버의 프로그램을 지정한다.

method는 클라이언트에서 서버로 데이터를 전송할 때 암호화하여 전송할지 평문으로 전송할지를 결정한다. method의 방식으로는 GET과 POST방식이 있다. GET 방식은 해당 URL에 덧붙여 평문으로 전송되며 전송 문자의 길이는 제한받는다. POST 방식은 ID나 Password와 같이 다른 사람들이 볼 수 없도록 암호화하여 전송할 때 사용된다. 전송 용량에 상관없이 사용할 수 있다.

4.1.2 ⟨input⟩/⟨label⟩

⟨input⟩ 타입은 예제 4-1과 같이 문자나 버튼과 같이 다양한 입력 형식과 방법으로 사용자로부터 입력을 받기 위해 사용한다.

예제 4-1에서 폼 태그의 action으로 서버의 test.jsp 를 설정하였으며 전송 방식은 암호화 방식인 POST로 설정하였다. 사용자로부터 전달받은 입력 데이터는 서버의 "text.jsp"에 의해 처리된다. action 방식의 서버 프로그램에 대해서는 javascript에서 보충 설명한다.

```
<form action="text.jsp" method="post">
```

⟨label⟩은 다양한 ⟨input⟩에 대한 정의를 설정하기 위해 사용한다.

```
<label for="fname">이름:</label>
```

⟨input type="text"⟩인 경우 사용자의 키보드로 문자를 입력 받을 수 있으며 입력 받는 문자의 길이는 size 속성을 사용하여 설정할 수 있다. size="10"인 경우 10개의 문자만을 입력 받는 것이 아니라 10자 이상의 문자를 입력받을 수 있으나 사용자에게 보이는 문자의 개수 크기가 10이 된다. id나 name 속성을 사용하여 ⟨input⟩를 정의할 수 있으며 css 선택자를 사용하여 요소에 접근하기 위한 수단으로 사용된다.

```
<input type="text" id="fname" name="fname"><br>
```

⟨input type="password"⟩인 경우 text와 같이만 사용자가 입력할 때 입력한 문자는 보이지 않고 ●●●●●●●● 처럼 암호화 되어 처리된다. 따라서 사용자가 입력한 내용을 다른 사용자들이 볼 수 없다.

```
<label for="lname">암호:</label>
<input type="password" ><br>
```

⟨input type="radio"⟩와 ⟨input type="checkbox"⟩인 경우 사용자는 마우스로 클릭해서 원하는 항목을 선택할 수 있다. value 속성으로 화면에 문자를 표시한다.
⟨input type="button"⟩은 화면에 버튼이 표시되며 마우스로 클릭할 수 있다.

```
라디오버튼:<input type="radio" value="남성">
체크박스:<input type="checkbox" value="남성">
버튼:<input type="button" value="Click Me!"><br>
```

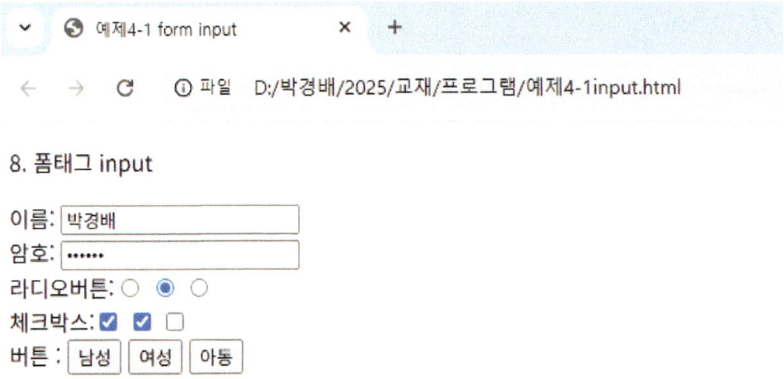

그림 4-1 ⟨input type⟩

예제 4-1 폼태그-input

```
<!Doctype html>
<html>
<head>
        <title>예제4-1 form input</title>
        <meta charset="utf-8">
</head>
<body>
<p>8. 폼태그 input </p>
<form action="text.jsp" method="post">
  <label for="fname">이름:</label>
  <input type="text" id="fname" name="fname"><br>
  <label for="lname">암호:</label>
  <input type="password" ><br>
  라디오버튼:<input type="radio" value="남성">
  <input type="radio" value="여성">
  <input type="radio" value="아동"><br>
  체크박스:<input type="checkbox" value="남성">
```

```
    <input type="checkbox" value="여성">
    <input type="checkbox" value="아동"><br>
    </form>
</body>
</html>
```

〈input〉의 또 다른 형식을 예제 4-2에 표현하였다. 〈form〉 요소의 연관된 데이터를 그룹화 하기 위해서는 〈fieldset〉을 사용한다. 〈fieldset〉 요소의 제목은 〈legend〉를 사용하여 나타낸다.

```
<fieldset>
    <legend> 회원정보:</legend>
```

내 컴퓨터 내의 파일을 찾아보기 하려면 input type="file"로 설정하면 그림 4-2와 같이 "파일선택" 버튼이 생성되며 버튼을 클릭하면 내 컴퓨터의 파일 탐색기가 나타난다.

```
<input type="file" name="file">
```

〈input type="image"〉는 버튼을 설정된 이미지로 표시한다. 클릭하면 action과 연결된 서버 파일로 전송된다.

```
<input type="image" src="img/Logo.png" width="40" height="20"name="image">
```

〈input type="search"〉는 사용자가 검색할 단어를 입력할 수 있는 입력창을 생성하며 입력된 문자는 사용자가 "submit" 버튼을 클릭하면 실행된다.

```
찾기:<input type="search" name="search">
```

"hidden" 타입은 사용자에게 보이지 않는 입력 형태이지만 웹 개발자들이 클라이언트의 정보 등을 얻기 위해 사용한다.

```
<input type="hidden" name="hidden">
```

"submit"는 버튼의 형태로 〈form〉요소의 입력된 내용을 서버로 전송하기 위해 사용되며 "reset" 버튼은 사용자의 입력한 내용을 초기 상태로 되돌린다.

```
<input type="submit" value="submit">
<input type="reset" value="reset">
```

그림 4-2에 예제 프로그램의 실행 결과를 나타내었다. fieldset과 legend 요소에 의해 한 그룹으로 편성된 것을 경계선을 통해 확인할 수 있다. file 버튼과 이미지 버튼 그리고 찾기 검색창을 확인할 수 있으며 화면에서 파일선택 버튼을 클릭하면 파일 탐색기가 열리면서 파일을 선택할 수 있다.

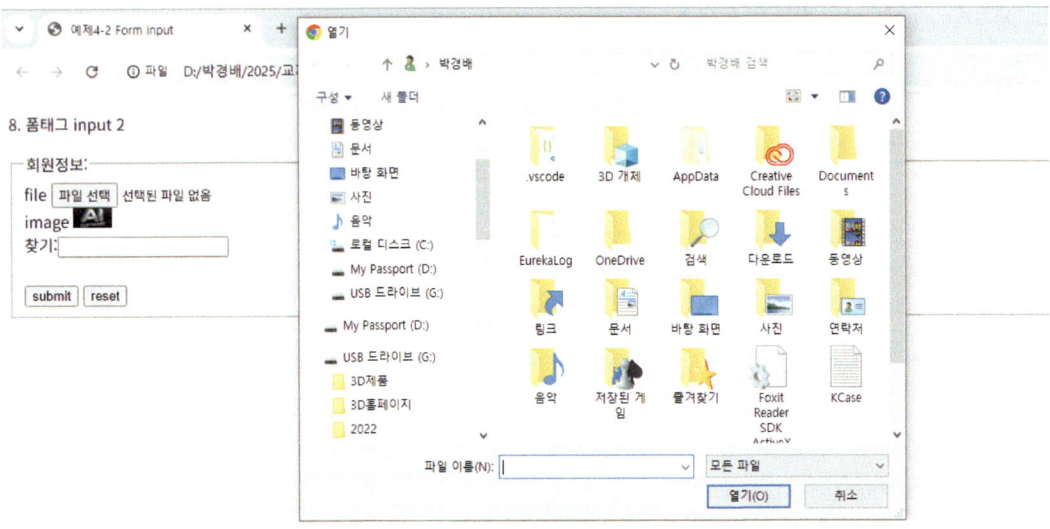

그림 4-2 input type 2

예제 4-2 폼태그-input type02

```
<!DOCTYPE html>
<html lang="ko">
<head>
  <meta charset="utf-8">
  <title>예제4-2 Form input</title>
</head>
<body>
  <p>8. 폼태그 input 2</p>
  <form action="text.jsp" method="post">
    <fieldset>
      <legend>회원정보:</legend>
      <label for="file">파일 선택:</label>
      <input type="file" id="file" name="file"><br>
      <label for="image">이미지 전송:</label>
      <input type="image" id="image" src="ai.png" width="40" height="20" name="image" alt="전송"><br>
      <label for="search">찾기:</label>
      <input type="search" id="search" name="search"><br>
      <input type="hidden" name="hidden" value="secretToken123">
```

```
        </fieldset>
    </form>
</body>
</html>
```

4.1.3 ⟨select⟩, ⟨textarea⟩

⟨select⟩는 ⟨option⟩을 이용하여 다수의 항목을 표시하고 이중 하나를 선택하기 위해 사용한다. 그림 4-3과 같이 화면에 보이는 것은 여러 ⟨option⟩들 중 하나만 보이게 된다.

⟨textarea⟩는 사용자가 긴 줄을 입력할 때 사용하는 문자 입력 창이 된다. rows와 cols를 사용하여 크기를 지정할 수 있다.

```
Select : <select id="cars" name="cars">
<textarea name="message" rows="10" cols="30">
```

`<input type="submit">`은 사용자가 위의 폼 데이터를 모두 입력한 후 서버에 해당 데이터를 전달하기 위해 사용하는 버튼이다. 버튼을 누르면 데이터는 서버로 전달되고 서버의 담당 프로그램 text.jsp가 데이터를 처리하게 된다.

`<input type="reset">`의 버튼을 클릭하면 사용자가 입력한 모든 데이터는 초기화된다. 다음은 예제 프로그램을 실행한 결과이다.

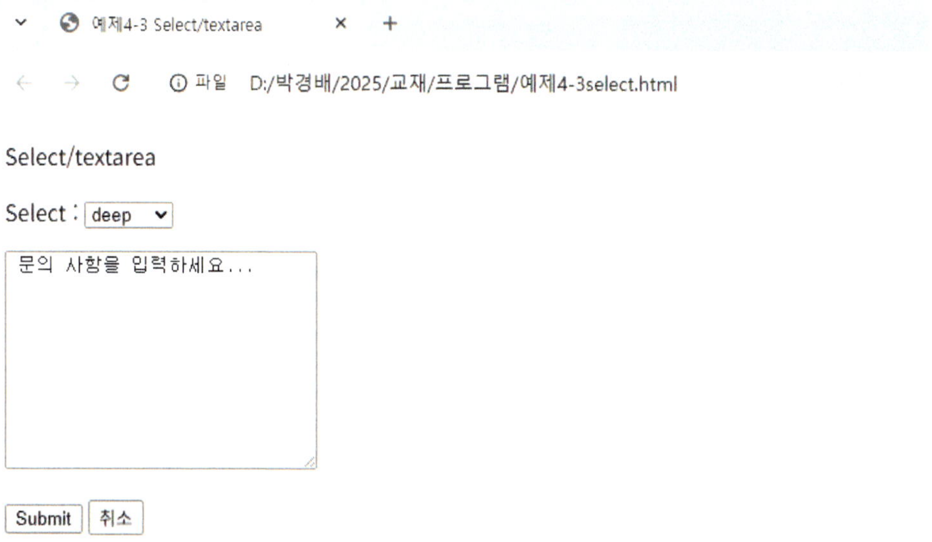

그림 4-3 ⟨select⟩/⟨textarea⟩

예제 4-3 폼태그-〈select〉,〈textarea〉

```
<!DOCTYPE html>
<html lang="ko">
<head>
  <meta charset="utf-8">
  <title>예제4-3 Select/textarea</title>
</head>
<body>
  <p>Select/textarea</p>
  <form action="text.jsp" method="post">
    <label for="ai">Select:</label>
    <select id="ai" name="ai">
      <option value="deep">Deep</option>
      <option value="alpha">Alpha</option>
      <option value="chatgpt">chatgpt</option>
      <option value="python">Python</option>
    </select>
    <label for="message">문의사항:</label><br>
    <textarea id="message" name="message" rows="10" cols="30" placeholder="문의 사항을 입력하세요..."></textarea>
    <br><br>
    <input type="submit" value="Submit">
    <input type="reset" value="취소">
  </form>
</body>
</html>
```

4.1.4 입력 형식 검증 폼 형식

입력 형식 검증 폼 태그는 폼 태그의 형식에 있어 사용 빈도가 높고 사용자의 입력 형식에 검증을 요하는 형식들이다. 예를 들어 사용자들이 어떠한 사이트에 회원가입을 위해 일반적으로 이메일 주소나 전화번호, 홈페이지 주소들을 등록하게 된다. 이때 사용자들이 입력한 태그들에 대해 적절하게 입력했는지를 검증하고 미비한 부분에 대해서 재입력을 요구하는 정보를 제공하기도 한다. 추가된 폼 형식은 크롬이나 edge 등과 같이 사용하는 웹브라우저의 종류에 따라 나타나는 형태는 다르다.

▶ chatgpt : html 입력 형식 검증 폼 형식에 대해 설명해줘

HTML에서는 입력 형식(유효성) 검증을 〈form〉 안의 〈input〉, 〈textarea〉, 〈select〉 등의 태그에서 **속

성(attribute)**을 통해 직접 수행할 수 있습니다. 이를 **폼 검증(form validation)**이라고 하며, JavaScript 없이도 기본적인 유효성 검사가 가능합니다.

대표적인 검증 속성

속성	설명
required	필수 입력 항목으로 지정
minlength, maxlength	최소/최대 글자 수 제한
min, max	숫자 또는 날짜 범위 제한
pattern	정규표현식으로 형식 지정
type	입력 형식 지정 (예: email, number 등)
step	숫자의 증가 단위 지정 (예: step="0.1")

브라우저가 자동 검증하는 형식 (input type에 따라 다름)

type 값	검증 예시
email	이메일 형식인지 (@ 포함 등)
url	유효한 URL 형식인지
number	숫자인지 + min/max/step 검사
date	올바른 날짜 형식인지
tel	전화번호 형식은 스스로 pattern으로 제어 필요

표 4-2에 새로이 추가된 폼 태그와 기능을 나타내었으며 예제 4-4는 이에 대한 예제 프로그램으로 그림 4-4에 실행 결과를 나타내었다. 결과에서 추가된 속성의 실행 결과를 볼 수 있으며 각 형식에 맞지 않는 문자를 입력했을 때는 올바른 형식으로 입력하라는 메시지를 볼 수 있다. 숫자나 범위의 경우 최소값(min)과 최대값(max)의 사이에 간격(step) 만큼 증감된다.

표 4-2 입력검증 폼 형식

속성	기능
email	email 형식 입력 gbpark@yit.ac.kr
url	인터넷주소 https://www.web3d.org
tel	전화번호 010-xxxx-xxxxx
color	색상 팔레트에서 색상 선택
date	년, 월 선택
week	1년 중 몇 번째 주인지 선택
time	오전/오후 시간 선택
datetime-local	웹브라우저가 실행되는 지역의 시간
number	최소 최대 값 중 선택
range	최소 최대의 범위를 선택

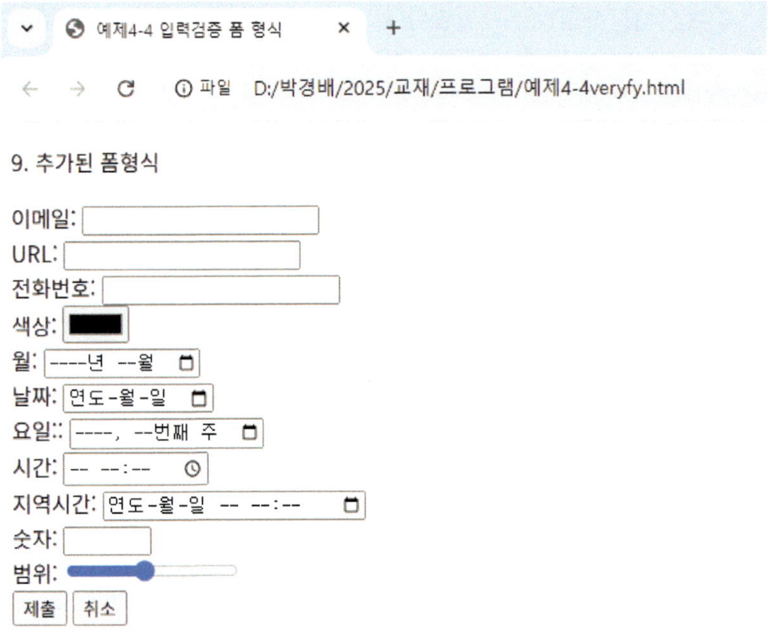

그림 4-4 입력검증 폼 형식

예제 4-4 입력검증 폼형식

```
<!DOCTYPE html>
<html lang="ko">
<head>
  <meta charset="utf-8">
  <title>예제4-4 입력검증 폼 형식</title>
</head>
<body>
  <p>9. 추가된 폼형식</p>
  <form action="input.jsp" method="post">
    <fieldset>
      <legend>입력 검증 폼</legend>
      <label for="email">이메일:</label>
      <input type="email" id="email" name="email"><br>
      <label for="url">URL:</label>
      <input type="url" id="url" name="url"><br>
      <label for="tel">전화번호:</label>
      <input type="tel" id="tel" name="tel"><br>
      <label for="color">색상:</label>
      <input type="color" id="color" name="color"><br>
```

```html
            <label for="month">월:</label>
            <input type="month" id="month" name="month"><br>
            <label for="date">날짜:</label>
            <input type="date" id="date" name="date"><br>
            <label for="week">요일:</label>
            <input type="week" id="week" name="week"><br>
            <label for="time">시간:</label>
            <input type="time" id="time" name="time"><br>
            <label for="localdatetime">지역시간:</label>
            <input type="datetime-local" id="localdatetime" name="localdatetime"><br>
            <label for="number">숫자 (1~10):</label>
            <input type="number" id="number" name="number" min="1" max="10" step="2"><br>
            <label for="range">범위 (1~10):</label>
            <input type="range" id="range" name="range" min="1" max="10" step="2"><br>
            <input type="submit" value="제출">
            <input type="reset" value="취소">
        </fieldset>
    </form>
</body>
</html>
```

4.2 멀티미디어

4.2.1 ⟨audio⟩

HTML5 문서는 멀티미디어 형식의 ⟨audio⟩를 새로이 추가하여 플러그인 기능이 없어도 재생이 가능하도록 했다. ⟨audio⟩를 이용하여 음악이나 소리를 재생하기 위해서는 올바른 오디오 파일 형식을 제공해야 한다. 현재 MPEG 음성 압축 기술을 적용한 MP3(Mpeg-1 Audio Layer3)가 대다수의 웹브라우저에서 사용가능하며 edge에서는 Wav 사운드 형식을 지원하며 대부분의 웹브라우저에서 오픈 소스로 개발된 Ogg파일 형식을 지원하고 있다.

▶ chatgpt : html 에서 audio를 추가하기 위한 방법을 브라우저별로 설명해줘

HTML에서 **오디오(audio)**를 웹페이지에 추가하려면 ⟨audio⟩ 태그를 사용합니다. 브라우저마다 지원하는 **오디오 형식(Audio Codec)**이 다르기 때문에, 여러 형식의 소스를 함께 제공해야 모든 주요 브라우저에서 제대로 재생됩니다.

🎧 주요 브라우저별 오디오 형식 지원

오디오 형식	MIME 타입	Chrome	Firefox	Safari	Edge	IE
MP3	audio/mpeg	✅	✅	✅	✅	✅
Ogg Vorbis	audio/ogg	✅	✅	❌	✅	❌
WAV	audio/wav	✅	✅	✅	✅	✅
AAC / M4A	audio/mp4	✅	✅	✅	✅	❌

✅: 지원함 / ❌: 미지원

오디오 파일을 웹브라우저에 재생하기 위해서는 이미지와 마찬가지로 오디오 파일의 위치와 오디오를 재생시키기 위한 제어판이 있어야 한다. 표 4-3은 〈audio〉 태그의 속성이다.

표 4-3 〈audio〉 속성

속성	기능
autoplay	페이지가 로딩되면 음악을 자동 재생
controls	오디오 제어판으로 소리와 진행 상황이 표시
loop	오디오의 반복 재생
proload	사용여부와 상관없이 오디오를 미리 다운로드
src	대상 오디오 파일의 위치
volume	오디오의 볼륨(0.0에서 1.0)

오디오 파일은 저작권이 있을 수도 있으므로 함부로 링크를 걸거나 재생을 시키면 안된다. 저작권이 없는 무료 오디오 파일인지 확인할 필요가 있다. 무료 오디오 파일을 다운로드 받기 위해 웹 검색할 필요없이 chatgpt에게 질의하면 무료 사이트를 자세히 알려준다.

▶ chatgpt : 무료 mp3 사이트 알려줘

다음은 무료로 MP3 파일을 다운로드 할 수 있는 신뢰할 만한 사이트입니다. 대부분 저작권 걱정 없이 개인 또는 상업적 용도로 사용할 수 있습니다(단, 라이선스는 각 곡마다 확인 필요).

Pixabay Music
완전 무료 / 상업적 사용 가능 / 출처 표기 불필요
장르, 분위기, 길이별 필터 제공
다양한 배경 음악, 테마 음악 있음
MP3 다운로드 즉시 가능

Pixabay 사이트에 접속하여 무료 mp3 오디오 파일을 다운로드 받고 audio 폴더를 만들고 저장한다. 예제 4-5는 오디오를 재생하기 위하여 loop='true' volume='true' 속성을 true로 하여 반복 재생하도록 하였으며 소리를 조절하는 볼륨 등을 제어판에 나타나도록 했다. 하이퍼링크와 유사하게 음원의 위치를 "audio/spinning-head-271171.mp3"로 src 속성을 이용하여 링크하였다. 그림 4-5는 예제를 실행한 결과로서 음악을 재생하기 위한 제어판을 볼 수 있다.

```
<audio src="spinning-head-271171.mp3" autoplay controls loop='true' volume='true'>
```

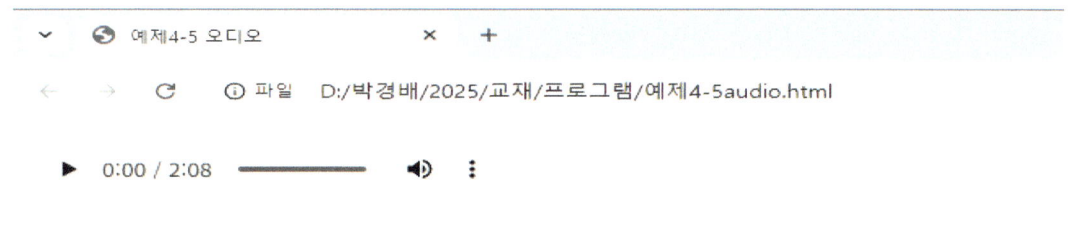

그림 4-5 오디오 재생

예제 4-5 〈audio〉

```
<!Doctype html>
<html>
<head>
<title>예제4-5 오디오</title>
</head>
<body>
    <audio    src="audio/spinning-head-271171.mp3"    autoplay    controls    loop='true' volume='true'>
</body>
</html>
```

4.2.2 〈video〉

비디오 태그는 오디오 태그와 거의 유사하나 비디오의 성격상 화면의 크기와 같이 오디오 보다 많은 속성을 갖고있다. 비디오 역시 저작권 문제가 있으므로 무료 mp4 사이트에서 다운로드 받거나 하이퍼링크를 걸어야 한다. 〈video〉에 적용되는 파일의 형식은 오디오와 유사한 MPEG 음성 압축 기술을 적용한 MP4(Mpeg-4 Layer3)가 대다수의 웹브라우저에서 사용 가능하며 edge에서는 avi가 재생 가능하다. 대부분의 웹브라우저에서는 오픈소스로 개발된 Ogv파일 형식을 지원하고 있다.

▶ chatgpt : video 속성에 대해 알려주고 무료 mp4 사이트 알려줘

HTML의 〈video〉 태그는 웹 페이지에 비디오를 삽입할 때 사용합니다. 이 태그는 다양한 속성을 통해 재생 방법을 제어할 수 있고, MP4, WebM, Ogg 등 여러 포맷을 지원합니다.

속성	설명
src	비디오 파일의 경로 (보통 〈source〉 태그 사용 권장)
controls	재생/일시 정지 등의 기본 컨트롤 표시
autoplay	페이지 로드시 자동 재생(대부분 음소거 필요)
muted	음소거 상태로 시작(autoplay와 함께 자주 사용)
loop	반복 재생
poster	로딩 전 보여줄 썸네일 이미지
width, height	비디오 표시 크기 설정
preload	로드 방식 지정(auto, metadata, none)

표 4-4는 비디오의 속성을 나타낸 것으로 비디오 화면의 크기를 설정하는 width, height가 있으며 영상을 다운로드 중임을 표시하는 poster가 있다.

표 4-4 〈video〉 속성

속성	기능
autoplay	페이지가 로딩되면 음악을 자동 재생
controls	오디오 제어판으로 소리와 진행 상황이 표시
loop	오디오의 반복 재생
proload	사용 여부와 상관없이 오디오를 미리 다운로드
src	대상 오디오 파일의 위치
volume	오디오의 볼륨(0.0에서 1.0)
poster	영상을 다운로드 중 일때 표시되는 로딩이미지
muted	비디오의 오디오 출력 중지
width,height	영상의 화면 크기

예제 4-6 프로그램에서 재생되는 화면의 크기는 400×300(width="400px" height="300px")로 설정하였다. "video/83274-581386222_medium.mp4" 위치에 있는 동영상을 재생하도록 하였으며 결과를 그림 4-6에 나타내었다. 오디오와 비디오 태그의 속성들은 아직도 웹브라우저 사들이 개발하고 있는 단계로 웹브라우저마다 지원되는 형식이 다른 점에 유의하기 바란다.

```
<video src="video/83274-581386222_medium.mp4" controls loop="true" width="400px" height="300px">
```

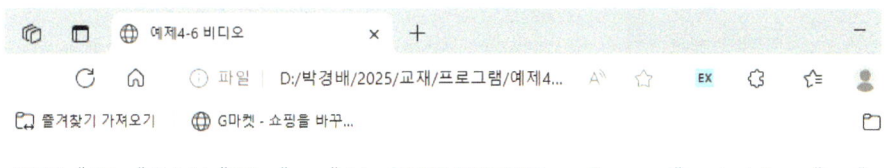

그림 4-6 비디오 재생

예제 4-6   〈video〉

```
<!DOCTYPE html>
<html>
<head>
  <title>예제4-6 비디오</title>
  <meta charset="utf-8">
</head>
<body>
  <p>아래는 400x300 크기의 반복 재생되는 비디오입니다.</p>
  <video src="video/83274-581386222_medium.mp4" controls loop width="400" height="300">
    당신이 사용하는 웹 브라우저는 HTML5 비디오를 지원하지 않습니다.
  </video>
</body>
</html>
```

4.2.3 〈div〉와 〈iframe〉

〈div〉는 영역을 나눈다(divide)는 의미로서 콘텐츠의 영역을 이름(name)이나 아이디(id)로 설정한 후 id를 이용하여 문서의 스타일이나 자바스크립트 등에 사용되는 노드로서 태그 자체로는 웹 문서에 표현되는 내용은 없다.

▶ chatgpt : div 태그에 대해 설명해줘

HTML에서 ⟨div⟩ 태그는 **"division(구역)"**의 약자로, 문서 내에서 구역(컨테이너)을 나누는 데 사용되는 블록(block) 요소입니다. 디자인, 레이아웃 구성, CSS/JavaScript 제어의 기본 단위로 매우 자주 사용됩니다.

- 핵심 개념

  아무 의미 없는 컨테이너: ⟨div⟩ 자체는 시각적 요소나 의미가 없습니다.
  구조를 나누는 용도: 다른 요소들을 묶거나 레이아웃 구성을 위해 사용합니다.
  스타일링 및 스크립트 조작: CSS나 JavaScript와 함께 쓸 때 매우 유용합니다.

- 주요 특징

특징	설명
블록 요소	화면 전체 너비를 차지하며 줄 바꿈이 자동 발생
구조화 용도	헤더, 푸터, 콘텐츠, 사이드바 등을 나눌 때 사용
스타일링 기반	CSS를 통해 모양과 위치를 자유롭게 설정 가능
의미 없음	의미가 필요한 경우엔 ⟨section⟩, ⟨article⟩ 등을 권장

⟨iframe⟩태그는 웹브라우저의 현재 화면에 또 따른 웹브라우저를 포함시킬때 사용한다. 즉 한 화면에 두 개 이상의 웹브라우저 화면을 생성한다. 웹 화면을 디자인할 때 과거에는 ⟨frameset⟩을 통하여 화면을 일정 비율로 분할하고 여러 콘텐츠를 한 화면에 표시하도록 하였으나 스마트폰과 같이 작은 디바이스를 이용할 경우 작은 화면을 여러개로 분할하는 것은 매우 비효율적인 디자인이 된다. 따라서 화면을 분할하는 ⟨frameset⟩태그는 거의 사용하지 않게 되어 사라졌지만 작은 의미의 ⟨iframe⟩을 통하여 웹 화면을 분할하여 디자인할 수 있도록 하였다. 표 4-5에 ⟨div⟩와 ⟨iframe⟩의 기능을 설명하였다.

▶ chatgpt : iframe에 대해 설명해줘

HTML의 ⟨iframe⟩ 태그는 다른 웹 페이지나 콘텐츠(예: 유튜브 영상, 외부 사이트, 문서 등)를 현재 페이지 안에 삽입할 수 있게 해주는 요소입니다.
쉽게 말해, 웹 페이지 안에 또 다른 웹 페이지를 "프레임"처럼 보여주는 것입니다.

- 주요 속성 설명

속성	설명
src	불러올 문서의 URL
width / height	프레임의 크기 지정
title	접근성(A11y)을 위한 설명 텍스트 (권장)
frameborder	테두리 표시 여부 (0이면 없음) – HTML5에서 비권장
allowfullscreen	전체화면 허용 여부 (특히 영상 콘텐츠에 필요)
loading	"lazy" 설정 시 페이지 로드 속도 개선 (지연 로딩)

sandbox	외부 콘텐츠의 기능 제한 (보안 목적)
allow	특정 기능만 허용 (예: 카메라, 마이크 등)

표 4-5 ⟨div⟩와 ⟨iframe⟩

태그	기능
div	divide 태그로 id나 name 속성 부여
iframe	id, name, width, height, src, frameborder 속성

⟨div⟩와 ⟨iframe⟩의 기능을 이해하기 위하여 예제 4-7 프로그램에 나타내었다. ⟨div⟩⟨/div⟩ 사이에는 세 개의 하이퍼링크 부분이 포함되어 있다. 이 세 개의 하이퍼링크는 묵시적으로 ⟨div id="menu"⟩에 의해 ⟨div⟩로 그룹화 되었다. 만약 다른 태그에서 이 그룹을 참조할 때는 "menu"를 적용하면 된다.

⟨iframe⟩을 사용할 때 중요한 부분은 앞에서 설정된 하이퍼링크 문자를 클릭하였을 때 target을 iframe 의 이름으로 설정해야 한다. 따라서 ⟨a href="#" target="ifr"⟩와 같이 target이 _blank나 _self로 설정하지 않고 iframe의 **name="ifr"**으로 설정해야 한다. _blank나 _self로 설정하면 현재 창이 바뀌거나 새로운 창에 문서가 나타난다.

예제 4-7에서 예제3-12hyperlink.html 문서를 하이퍼링크 한 것으로 target이 "ifr"이다. target의 경우 _blank와 _self 그리고 name으로 지정할 수 있는데 이 프로그램에서는 name이 ifr로 된 부분을 참조하란 뜻이다. 예제 프로그램에서 name이 ifr로 설정된 부분은 ⟨iframe⟩으로 설정된 부분이다. 사용자가 하이퍼링크 문자를 클릭하면 iframe에 하이퍼링크 문서들이 표시된다.

```
<iframe name="ifr" src="예제3-1htmlFrame.html" width="100%" height="650px"></iframe>
```

⟨iframe⟩의 속성으로는 name과 함께 iframe 부분에 위치할 파일명을 **src="예제3-1htmlFrame.html"**에 적용한다. iframe은 웹브라우저 안의 또 다른 웹브라우저이기 때문에 웹브라우저가 갖는 속성을 모두 갖고 있다. 따라서 창의 크기를 조절하기 위한 속성을 제공하고 있으며 창의 크기를 설정하기 위해서 width="100%" height="650px"로 하였다. width의 경우 px이 아니라 창의 전체 크기로 나타내기 위해 단위를 %로 설정하였다.

예제 4-7 프로그램에는 없지만 iframe의 경계선을 나타내기 위해 frameborder 속성이 있어 frameborder="0"으로 할 경우 iframe의 경계선이 보이지 않게 되며 사용자들은 iframe을 사용했는지 알 수 없다. 예제 4-7에서는 기본값으로 경계선이 설정되었기 때문에 브라우저 안에 또 다른 브라우저가 생긴 것을 결과 화면을 통해 확인할 수 있다.

스마트폰과 같이 작은 디바이스를 사용할 경우에도 iframe은 효율적으로 적용된다. 세로 길이가 긴 스마트폰의 경우 화면 분할을 세로로 하지 않고 가로로 적용한다면 사용자가 스크롤하거나 다른 창으로 넘어가지 않고 현재 화면에서 다양한 콘텐츠가 나타나도록 화면을 디자인할 수 있다.

예제 4-7 〈div〉와 〈iframe〉

```
<!Doctype html>
<html>
<head>
<title>예제4-7 div와 iframe</title>
        <meta charset="utf-8">
</head>
<body>
<h1>div와 iframe </h1>
<div id="menu">
<p><a href="예제3-12hyperlink.html" target="ifr">하이퍼링크</a>  
<a href="예제4-1input.html" target="ifr">폼 input속성</a>  
<a href="예제4-6video.html" target="ifr">동영상</a>
</p></div>
<iframe name="ifr" src="예제3-1htmlFrame.html" width="100%" height="650px"></iframe>
</body>
</html>
```

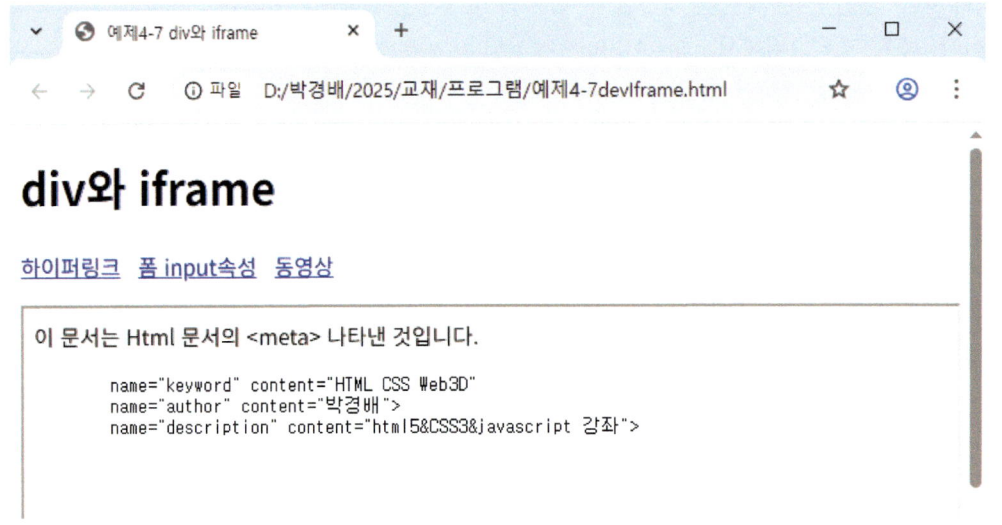

그림 4-7 〈div〉와 〈iframe〉

4.2.4 〈list〉 태그

리스트 〈list〉 태그는 웹 문서 내의 항목을 일목요연하게 정리된 형태로 나열하기 위해 사용한다.

▶ chatgpt : html5의 list **구조에 대해 설명하고 예제를 만들어줘**

① 순서 없는 리스트 (Unordered List)
　〈ul〉 태그를 사용
　항목의 순서가 중요하지 않을 때 사용
　각 항목은 〈li〉(list item)로 구성됨
② 순서 있는 리스트 (Ordered List)
　〈ol〉 태그를 사용
　항목의 순서가 중요할 때 사용 (예: 단계별 설명, 순위)
③ 설명 리스트 (Description List)
　〈dl〉 태그를 사용
　용어와 그에 대한 설명을 뷰어서 표현할 때 사용
　용어는 〈dt〉 (definition term), 설명은 〈dd〉 (definition description)

예제 4-8은 chatgpt가 만들어준 〈list〉예제이며 그림 4-8의 결과를 보면 항목별로 목록으로 나타난 것을 볼 수 있다.

예제 4-8 　〈list〉 태그

```
<!DOCTYPE html>
<html lang="ko">
<head>
  <meta charset="UTF-8">
  <title>HTML5 리스트 예제</title>
</head>
<body>
  <h2>1. 순서 없는 리스트</h2>
  <ul>
    <li>사과</li>
    <li>바나나</li>
    <li>오렌지</li>
  </ul>
  <h2>2. 순서 있는 리스트</h2>
  <ol>
```

```
      <li>HTML 배우기</li>
      <li>CSS 배우기</li>
      <li>JavaScript 배우기</li>
   </ol>
   <h2>3. 설명 리스트</h2>
   <dl>
      <dt>HTML</dt>
      <dd>웹 문서의 구조를 정의하는 마크업 언어</dd>
      <dt>CSS</dt>
      <dd>웹 페이지의 스타일과 레이아웃을 지정하는 언어</dd>
      <dt>JavaScript</dt>
      <dd>웹 페이지에 동적인 기능을 추가하는 프로그래밍 언어</dd>
   </dl>
</body> </html>
```

1. 순서 없는 리스트

- 사과
- 바나나
- 오렌지

2. 순서 있는 리스트

1. HTML 배우기
2. CSS 배우기
3. JavaScript 배우기

3. 설명 리스트

HTML
    웹 문서의 구조를 정의하는 마크업 언어
CSS
    웹 페이지의 스타일과 레이아웃을 지정하는 언어
JavaScript
    웹 페이지에 동적인 기능을 추가하는 프로그래밍 언어

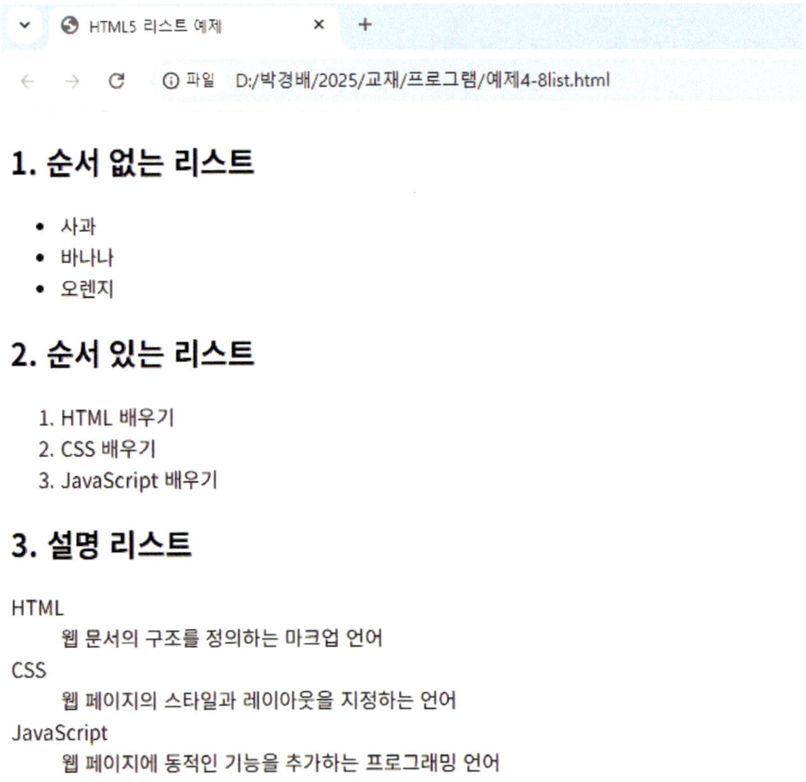

그림 4-8 〈list〉태그

4.3 웹호스팅

4.3.1 github 호스팅 서버

html 콘텐츠를 이용하여 클라이언트에게 웹서비스를 제공하기 위해서는 웹서버가 있어야 한다. 웹서버를 구축하기 위해서는 웹 사이트 주소인 도메인 네임(Domain Name)이 있어야 하며 해당 도메인에 웹 호스팅을 통해 html 콘텐츠를 제공하여야 한다.

2장에서 github.com 사이트를 통해 aiyit 이름으로 계정을 가입하였다. 이 계정 이름이 앞으로 우리가 사용해야 할 사이트가 된다. 잘 이해하지 못한다면 2장의 내용을 좀 더 깊이 살펴보기 바란다.
호스팅 주소 : https://계정이름.github.com → https://aiyit.github.io

호스팅 주소가 설정되었다면 html 파일들을 저장하고 관리하기 위한 레포지토리를 생성해야 한다. 레포지토리는 컴퓨터 안의 파일을 모아 놓은 폴더라고 생각하면 이해하기 쉽다. 2장에서 aiyit.github.io 이름의 레포지토리를 생성하였다. 인터넷을 통해 웹호스팅을 하기 위해서는 aiyit.github.io 레포지토리에 html , 그림, 오디오, 비디오 파일들을 저장하면 된다.

웹 호스팅 주소 : https://aiyit.github.io

그림 4-8은 aiyit.github.io 레포지토리에 생성한 파일들을 나타내고 있다.

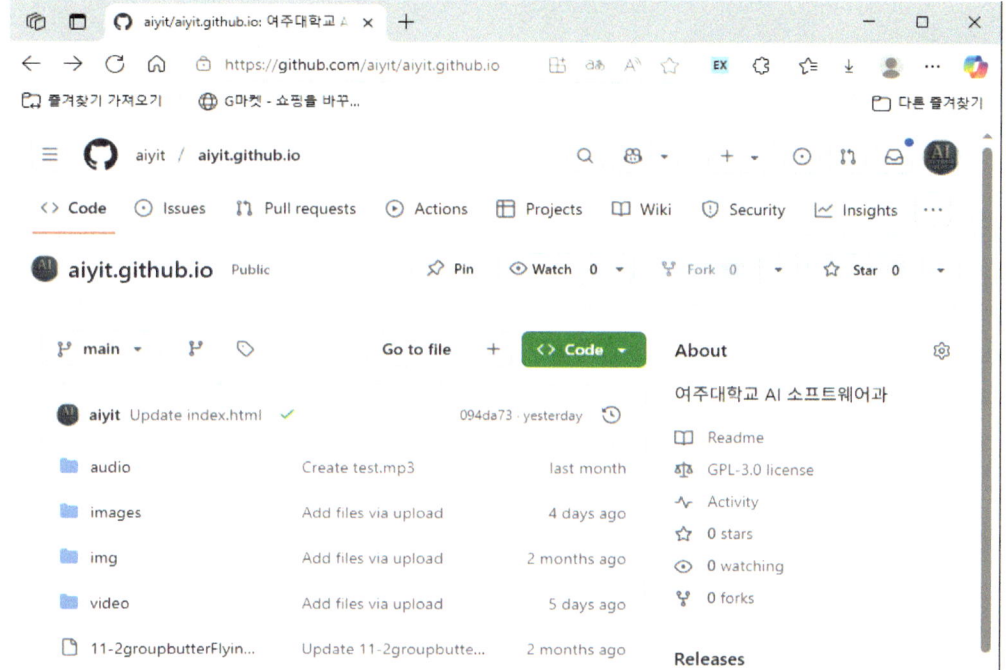

그림 4-8 github 호스팅

앞서 만든 html 파일과 이미지, 동영상 파일들을 따로 관리하기 위해 images 와 video 폴더를 만들기 위해 다음과 같은 과정을 거친다.

① ai 레포지토리에 폴더를 만들기 위해서 그림 4-9에서 같이 + 버튼을 클릭하면 "Create new file", Upload files 드롭다운 메뉴가 나타난다. Create new file을 클릭한다. Create new file은 레포지토리에 새 파일이나 폴더를 만들 경우 사용하고 Upload files는 내 컴퓨터에 저장되어 있는 파일을 업로드하기 위해 사용한다.

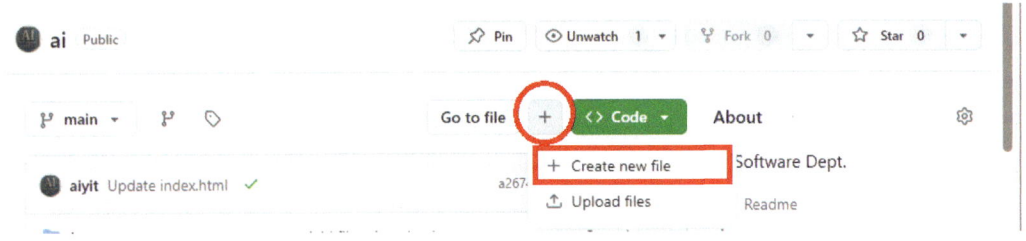

그림 4-9 레포지토리에 폴더만들기

② Create new file을 클릭하면 그림 4-10과 같이 새 파일 이름을 입력하는 창이 생긴다. 폴더를 생성하고 싶다면 폴더이름 뒤에 "/"를 붙여야 한다. "/"를 붙이지 않으면 파일로 인식한다. 그림에서와 같이 audio/를 입력하고 파일이름을 입력한 후 Commit changes 클릭하면 생성 파일이 맞는지 확인하는 창이 나타난다. 다시 Commit changes 버튼을 클릭한다.

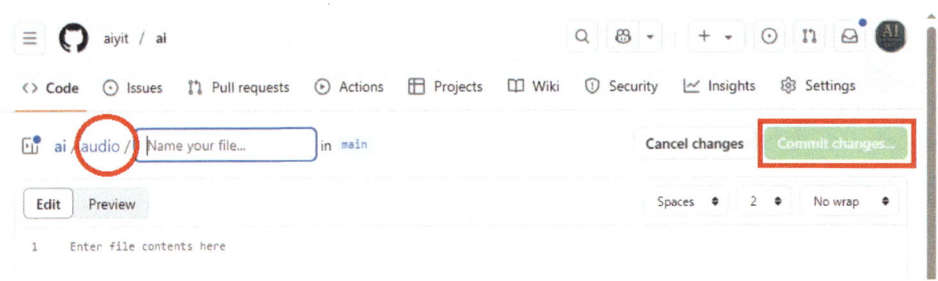

그림 4-10 새 폴더 이름 입력하기

③ 새로운 폴더 audio를 생성하였다면 그림 4-11과 같이 aiyit.github.io 레포지토리에서 audio 폴더가 생성된 것을 확인할 수 있다.

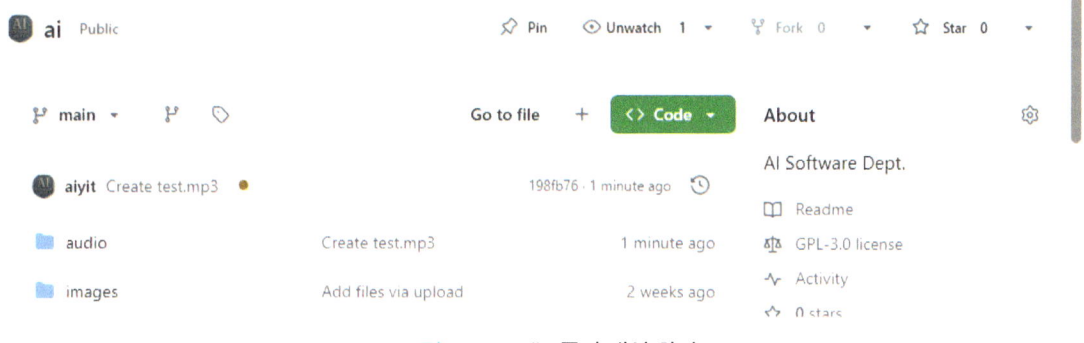

그림 4-11 audio 폴더 생성 확인

④ 이와 같은 방법으로 images, video 폴더를 생성한다.
⑤ 폴더를 생성하였다면 내 컴퓨터의 파일을 종류별로 해당 폴더에 업로드한다. audio 폴더에 mp3 파일을 업로드하기 위해 그림 4-12와 같이 audio 폴더를 클릭하고 이동한 후 Add file(+) 버튼을 누르고 "Upload file"을 선택한다.

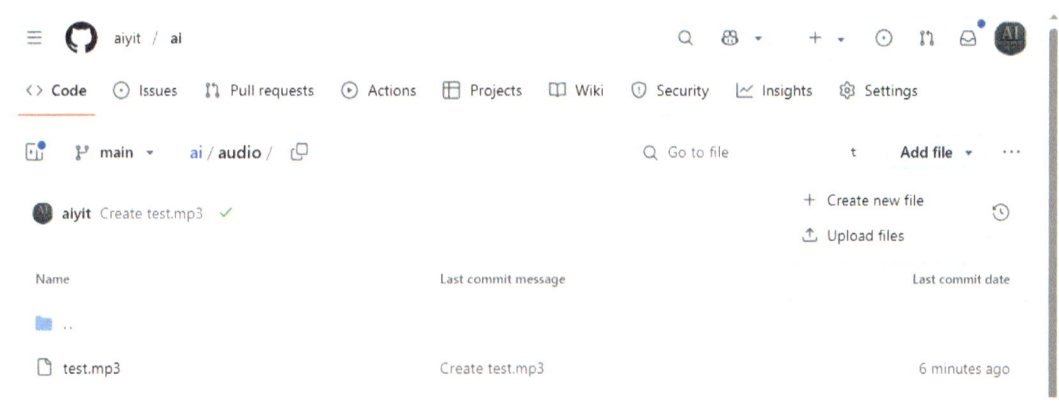

그림 4-12 파일 업로드 창

⑥ 파일을 올리는 방법은 매우 간단하다. 앞서 우리가 만든 파일들을 내 컴퓨터의 탐색기를 통해 해당 파일의 폴더로 이동하고 업로드하고자 하는 파일들을 그림 4-13과 같이 드래그하여 입력창에 올려놓기만 하면 된다. 파일들을 모두 드래그하였다면 Commit changes 버튼을 누르면 해당 파일들이 모두 내 레포지토리로 복사된다. 이미지 파일과 비디오 파일도 같은 과정을 거쳐 업로드 하면 된다.

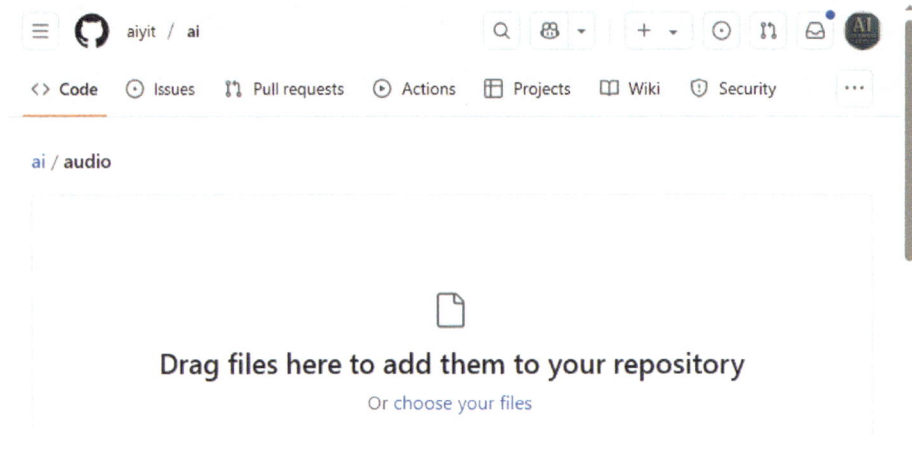

그림 4-13 파일 드래그하여 올리기

⑦ 3장에서 만들었던 모든 예제 파일은 aiyit.github.io 레포지토리 폴더에 모두 업로드하여 웹호스팅 준비를 완료한다.

4.3.2 html 문서 만들기

지금까지 만든 콘텐츠(파일)를 chap3.html 파일로 만들고 https://aiyit.github.io 에 업로드하여 웹호스팅을 한다. 웹호스팅을 위하여 chatgpt 비서의 도움을 받아 chap3.html, chap4.html 파일을 효율적으로 만들어 보자. chatgpt에 업로드 가능한 파일은 10개이다. 지금까지 만든 파일들을 10개씩 나누어 chatgpt에게 다음과 같은 요구를 한다.

▶ chatgpt
1. 첨부된 파일들을 내용에 따라 하이퍼링크된 chap3html.html과 chap4multi.html 파일을 만들어줘
2. 타이틀 제목은 3장 Html 기본문법, 4장 입력양식과 멀티미디어
3. CSS 스타일 없이 단순 html5 형식만을 사용해서 만들어줘

위와 같은 질문을 통해 만들어진 chapt3html.html와 chap4multi.html을 예제 4-9와 예제 4-10에 나타내었다. chatgpt은 투박하지만 친절하게 요구하지도 않은 리스트 구조와 설명문을 첨부하였다.

chap3html.html과 chap4.multi.html이 정상적으로 작동하는지를 먼저 확인하고 https://aiyit.github.io 에 업로드 해야 한다. 생성된 chapt3html.html을 내 컴퓨터의 다른 html 파일이 있는 폴더에 저장하고 실행한다. 그림 4-14와 4-15는 chapt3html.html과 chap4multi.html을 실행한 결과로서 하이퍼링크된 문자들을 클릭하여 모든 기능들이 제대로 동작하는지 확인해본다.

chap3html.html 파일이 정상적으로 동작하는 것을 확인한 후 https://aiyit.github.io로 업로드 한다. 웹호스팅의 결과로 언제 어느곳에서나 https://aiyit.github.io/chap3.html 로 접속하면 해당 문서를 볼

수 있다. index.html 파일은 문서 디자인을 위한 CSS를 학습한 후 만든다. 일반적으로 웹 주소를 입력할 때 index.html은 입력하지 않는다. 대부분의 서버는 기본 접속 문서를 index.html 로 지정되기 때문에 굳이 index.html 문자를 입력하지 않아도 해당 문서를 찾아 클라이언트에게 보여준다. 지금까지 호스팅한 문서들은 디자인이 결여된 단순한 텍스트로 이루어진 콘텐츠이다. 웹 콘텐츠를 원하는 형태로 디자인하는 방법을 5장에서 살펴본다.

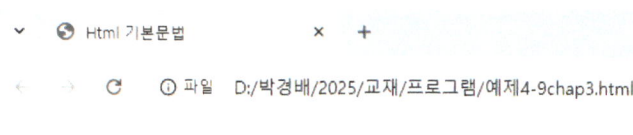

그림 4-14 chapt3html.html

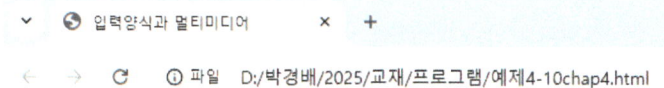

그림 4-15 chap4multi.html

예제 4-9 AI가 만든 chap3html.html

```html
<!DOCTYPE html>
<html lang="ko">
<head>
    <meta charset="UTF-8">
    <title>Html 기본문법</title>
</head>
<body>
    <h1>Html 기본문법</h1>
    <ul>
        <li><a href="예제3-1htmlFrame.html">예제3-1 htmlFrame</a> - HTML 구조</li>
        <li><a href="예제3-2meta.html">예제3-2 meta</a> - 메타태그</li>
        <li><a href="예제3-3phragraph.html">예제3-3 phragraph</a> - 문단태그</li>
        <li><a href="예제3-4character.html">예제3-4 character</a> - 다양한 텍스트 강조</li>
        <li><a href="예제3-5heading.html">예제3-5 heading</a> - h1~h6 헤딩 태그 사용 예시</li>
        <li><a href="예제3-6stext.html">예제3-6 stext</a> - 특수문자 예제</li>
        <li><a href="예제3-7table.html">예제3-7 table</a> - 테이블 셀 병합(colspan, rowspan)</li>
        <li><a href="예제3-8tableSpan.html">예제3-8 tableSpan</a> - 병합 및 셀 크기 조정 포함 테이블</li>
        <li><a href="예제3-9tableSize.html">예제3-9 tableSize</a> - 테이블 크기 설정 예제</li>
        <li><a href="예제3-10image.html">예제3-10 image</a> - 이미지 삽입 예시</li>
        <li><a href="예제3-11imageSize.html">예제3-11 imageSize</a> - 이미지 크기 예시</li>
        <li><a href="예제3-12hyperlink.html">예제3-12 hyperlink</a> - 하이퍼링크 예시</li>
        <li><a href="예제3-13hyperImg.html">예제3-13 hyperImg</a> - 하이퍼링크 이미지 입력 폼</li>
    </ul>
</body>
</html>
```

예제 4-10 AI가 만든 chap4multi.html

```html
<!DOCTYPE html>
<html lang="ko">
<head>
    <meta charset="UTF-8">
    <title>입력양식과 멀티미디어</title>
</head>
<body>
    <h1>입력양식과 멀티미디어</h1>
    <ul>
        <li><a href="예제4-1input.html">예제4-1 input</a> - 텍스트 및 패스워드 입력 필드 예시</li>
        <li><a href="예제4-2input2.html">예제4-2 input2</a> - 파일, 이미지, 검색 입력 예시</li>
        <li><a href="예제4-3select.html">예제4-3 select</a> - select와 textarea 사용 예시</li>
        <li><a href="예제4-4veryfy.html">예제4-4 veryfy</a> - 입력 검증 예시</li>
        <li><a href="예제4-5audio.html">예제4-5 audio</a> - 오디오 삽입 예시</li>
        <li><a href="예제4-6video.html">예제4-6 video</a> - 비디오 삽입 예시</li>
        <li><a href="예제4-7devIframe.html">예제4-7 devIframe</a> - div와 iframe 사용 예시</li>
        <li><a href="예제4-8list.html">예제4-8 list</a> - 목록 리스트 예시</li>
    </ul>
</body>
</html>
```

과제

1. 〈form〉 태그를 사용하여 다음과 같은 화면을 AI와 함께 설계하시오.

2. 추가된 〈form〉 태그를 사용하여 다음 웹 문서를 AI와 함께 만드시오.

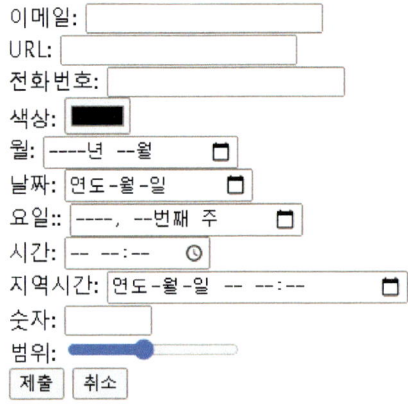

3. 오디오와 비디오가 재생되는 문서를 AI를 이용하여 생성하시오.

4. iframe과 div를 이용하여 지금까지 만들 파일을 장르별로 하이퍼링크 된 웹 문서를 AI를 이용하여 만드시오.

참고 문헌

- "HTML5 중심의 CSS3와 자바스크립트", 박경배, 21세기출판사, 2021

참고 사이트

1. https://ko.wikipedia.org/wiki/HTML5

2. https://developer.mozilla.org/ko/docs/Web/HTML/HTML5

3. https://www.w3schools.com/html/default.asp

4. https://www.w3.org/

5. https://htmlreference.io/forms/

6. https://www.w3schools.com/html/html_forms.asp

5장 CSS

5.1 CSS3의 개념

CSS(Cascading Style Sheets)는 HTML 문서를 꾸미기 위해 만들어진 스타일 시트 언어로, 1994년 CERN에서 처음 시작됐다. 팀 버너스리는 HTML을 통해 문서 구조를 정의했지만, 일반 문서처럼 스타일을 지정하는 방법은 없었다. 여기서 말하는 스타일이란 신문이나 잡지처럼 문서의 배치(layout)를 설정하는 것을 의미한다. CSS는 웹문서를 작성하던 사람들이 HTML 요소의 글꼴이나 색상을 바꾸려는 필요에서 출발했다.

▶ chatgpt : css3의 개념에 대해 설명

CSS3는 Cascading Style Sheets Level 3의 줄임말로, 웹 문서를 디자인하기 위한 스타일 시트 언어의 세 번째 주요 버전이다. HTML이 웹 문서의 구조와 내용을 정의한다면, CSS3는 그 문서의 시각적 표현—즉, 글꼴, 색상, 배경, 레이아웃, 애니메이션 등—을 담당한다.

CSS3의 주요 특징

① 모듈화(Modularization)
CSS3는 기능을 여러 모듈로 나누어 발전시킴. 예: Selectors, Box Model, Backgrounds and Borders, Animations, Media Queries 등.

② 강력한 선택자 기능
요소를 정교하게 선택할 수 있는 다양한 선택자 제공. 예: 자식 선택자(>), 속성 선택자([type="text"]), 가상 클래스(:hover, :nth-child()) 등.

③ 텍스트 및 폰트 효과
그림자(text-shadow), 사용자 정의 웹 폰트(@font-face), 줄 간격, 간격 조절 등 다양한 텍스트 스타일링 지원.

④ 박스 모델과 레이아웃
margin, padding, border, box-sizing 등을 통해 요소의 크기와 배치를 정밀하게 제어 가능.

⑤ 배경 및 테두리 효과
다중 배경 이미지, 원형 테두리(border-radius), 그림자 효과(box-shadow) 등 지원.

⑥ 애니메이션 및 전환 효과

transition, animation, keyframes를 통해 동적인 시각 효과 구현 가능.

⑦ 변형(Transform)과 3D 효과

요소 회전, 확대/축소, 기울이기 등의 2D/3D 변형 효과 지원.

⑧ 미디어 쿼리(Media Queries)

화면 크기, 해상도, 장치 유형에 따라 다른 스타일 적용 가능 → 반응형 웹 디자인(RWD) 필수 기술.

표 5-1은 CSS 개념의 등장 배경과 관련된 주요 역사적 사건들을 정리한 것이다.

표 5-1 **CSS 역사**

년도	비고
1994년	HTML 문서를 구조화 하기 위해 CERN에서 시작
1995년 말	W3C는 향후 HTML 사양을 승인하기 위해 HTML 편집 검토 위원회(HTMLERB)를 설치
1996년 8월	CSS를 지원하는 첫 번째 상용 브라우저는 1996년 8월에 출시된 마이크로소프트의 인터넷 익스플로러이며 이후 넷스케이프 내비게이터가 CSS를 지원하며 웹문서의 스타일은 풍부해지기 시작
1996년 12월	CSS레벨 1, W3C 권장 사항으로 등장
1997년 2월	W3C 내에서 자체적인 워킹그룹을 만들었고 새로운 그룹은 CSS1이 다루지 않는 기능들을 다루기 시작. CSS2를 개발하여 권고안을 발표하였으며 새로운 기능이 추가
2005년	CSS3가 표준안으로 발표되며 HTML5 문서의 스타일을 적용

CSS3는 HTML5와 함께 사용되지만, HTML5 자체는 아니다. CSS3는 문서의 스타일을 지정하는 데 사용되며, 기존 태그로 콘텐츠를 표현하는 방식을 재정의해 HTML5를 시각적으로 구성하는 데 활용된다. 이 언어는 HTML 요소들이 모니터 같은 디스플레이 장치에 어떻게 보일지를 정의한다. CSS3를 적용하면 작업 시간을 줄일 수 있고, HTML 문서를 더 효율적으로 관리할 수 있다.

그림 5-1 그림 5-1 CSS의 작동방식

CSS3의 동작 방식은 그림 5-1과 같이 4단계로 요약할 수 있다. 먼저 클라이언트가 웹사이트에 접속하면, 서버는 HTML 문서와 함께 관련된 CSS 파일을 클라이언트로 전송한다. 이후 클라이언트 브라우저는 이 HTML 문서에 CSS 스타일시트를 적용하여 최종 화면을 브라우저 창에 출력한다. 만약 CSS가 없다면, 문서는 디자인 요소 없이 단순한 문자 기반의 형태로만 나타나며, 책의 텍스트만 있는 페이지처럼 콘텐츠만 보여지게 된다.

5.2 CSS3 특징

그림 5-2는 월드 와이드 웹(WWW)이 어떤 기술들로 구성되어 있는지를 보여준다. 웹은 HTML, CSS, JavaScript 세 가지 핵심 기술이 결합 되어 만들어진다. 이 중 HTML은 웹 페이지의 구조와 내용을 담당하는 기본 요소로, CSS나 JavaScript 없이도 정보 전달 자체는 가능하다. 하지만 시각적으로 정돈된 레이아웃이나 사용자와의 상호작용 기능이 포함된 웹 사이트, 예를 들어 쇼핑몰과 같은 웹서비스는 구현이 어렵다. CSS는 이러한 HTML 콘텐츠에 시각적 스타일을 부여하는 역할을 한다. 글꼴, 색상, 여백, 배치 등의 디자인 요소는 모두 CSS를 통해 정의된다. 한편, JavaScript는 사용자와의 상호작용을 처리하고, 서버와 데이터를 주고받는 동적인 기능을 수행한다. 즉, 정적인 콘텐츠(HTML), 시각적 표현(CSS), 그리고 동적 동작(JavaScript)이 결합 되어 우리가 사용하는 현대적인 웹이 만들어진다.

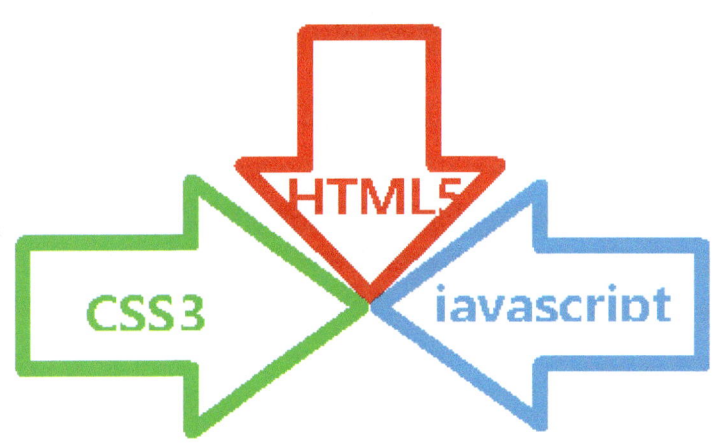

그림 5-2 html, css, javascript

CSS를 사용하면 다음과 같은 장점을 얻을 수 있으며 주요 특징은 다음과 같다.
CSS를 도입함으로써 다음과 같은 실질적인 장점을 얻을 수 있다.

① 대규모 문서 관리의 효율성

CSS는 하나의 스타일시트로 여러 HTML 문서에 동일한 디자인을 적용할 수 있게 해준다. 덕분에 스타일 변경이 필요할 때 HTML 파일마다 직접 수정할 필요 없이, CSS 파일 하나만 수정하면 전체 문서에 즉시 반영된다. 그림 5-3은 이러한 스타일 일괄 적용의 예를 보여준다.

② 추가 소프트웨어 없이 다양한 매체 지원

CSS는 플러그인이나 별도의 프로그램 설치 없이 브라우저만으로 실행된다. 이는 웹 문서에서 불필요한 태그를 줄이고, 다양한 디지털 환경에서도 안정적으로 표현할 수 있게 만든다.

③ 간단한 문법으로 접근성과 활용도 향상

CSS3는 사용법이 단순해 초보자도 쉽게 배울 수 있다. 몇 가지 선택자와 속성만 이해하면 HTML 문서에 직접 스타일을 적용할 수 있어 웹 디자인의 진입 장벽을 낮춘다.

▶ 주요 특징
- HTML5 태그를 선택하기 위한 6가지 선택자(Selector) 기능
- 콘텐츠에 대한 박스 모델(Box Model) 및 경계선(Border) 기능
- 콘텐츠 요소에 대한 레이아웃과 배치
- 메뉴에 대한 네비게이션 바 제어
- 문서의 배경(Background) 및 여백 기능
- 다양한 텍스트 효과(Text Effect) 기능
- 2/3 차원 변환(Dimension Tranformations) 기능
- 물체에 대한 애니메이션(Animation) 기능
- 다중 컬럼 레이아웃(Multiple Column Layout) 기능
- 사용자 인터페이스(User Interface)기능

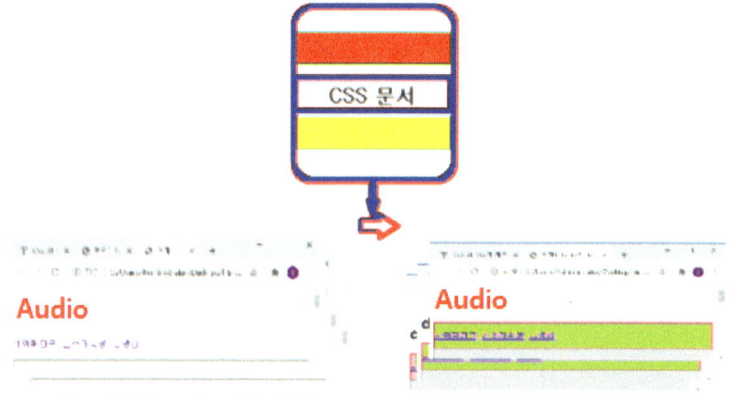

그림 5-3 CSS3 적용 문서

5.3 CSS3 사용법

5.3.1 CSS3 문법

CSS3의 문법은 매우 단순하다. 예를 들어, HTML의 h1 요소에 스타일을 적용하려면 해당 태그를 선택자로 선언하고, 중괄호 {} 안에 속성과 값을 :으로 구분하여 작성하면 된다. 그림 5-4에서처럼 하나의 선택자 안에 여러 개의 속성과 값을 사용할 수 있다. 각각의 속성 정의는 ;로 끝남을 명시해야 한다. CSS3에서 주석은 /* 주석 내용 */ 형식을 따르며, HTML에서는 <!-- 주석 내용 -->, JavaScript에서는 // 주석 내용 형식을 사용한다. 각 언어마다 주석 방식이 다르기 때문에, 이를 구분하여 기억해야 한다.

그림 5-4 CSS3 문법

```
h1      { color ; red; } /* 선택자 { 속성 : 값 ; } */
html 요소타입   { 속성   :  값 ; }
```

▶ chatgpt: css 선택자에 대해 설명

CSS 선택자(selector)는 스타일을 적용할 HTML 요소를 지정하는 역할을 한다. 즉, "어떤 HTML 요소에 어떤 스타일을 적용할지"를 결정하는 핵심 문법이다.

- 주요 CSS 선택자 종류

① 기본 선택자

선택자	설명	예시
*	전체 선택자 (모든 요소에 적용)	* { margin: 0; }
태그명	특정 태그를 선택	p { color: blue; }
.클래스명해당	클래스를 가진 모든 요소 선택	.menu { font-size: 14px; }
#아이디명	해당 ID를 가진 하나의 요소 선택	#header { background: gray; }

② 결합 선택자(Combinators)

선택자	설명	예시
A B	A 요소 내부의 B 요소 선택 (하위 선택자)	div p {} → div 안의 모든 p
A > B	A의 직계 자식인 B 선택	ul > li {}
A + B	A 바로 다음에 오는 B 선택 (형제 선택자)	h1 + p {}
A ~ B	A 이후에 등장하는 형제 B 모두 선택	h1 ~ p {}

③ 속성 선택자

선택자	설명	예시
[속성]	해당 속성이 있는 요소 선택	[disabled] {}
[속성="값"]	특정 값을 가진 속성 선택	[type="text"] {}
[속성^="값"]	특정 값으로 시작하는 속성	[href^="https"] {}
[속성$="값"]	특정 값으로 끝나는 속성	[src$=".jpg"] {}
[속성*="값"]	특정 값을 포함하는 속성	[title*="설명"] {}

④ 가상 클래스 선택자 (Pseudo-classes)

선택자	설명	예시
:hover	마우스를 올렸을 때	a:hover { color: red; }
:first-child	첫 번째 자식 요소	li:first-child {}
:last-child	마지막 자식 요소	li:last-child {}
:nth-child(n)	n번째 자식 요소	li:nth-child(2) {}
:checked	체크된 입력 요소	input:checked {}

⑤ 가상 요소 선택자 (Pseudo-elements)

선택자	설명	예시
::before	요소 앞에 내용 추가	p::before { content: "★ "; }
::after	요소 뒤에 내용 추가	p::after { content: " ✓"; }
::first-letter	첫 글자만 선택	p::first-letter { color: red; }
::first-line	첫 줄만 선택	p::first-line { font-weight: bold; }

- 타입 선택자(type selector)

html 문서에서 특정 태그 이름을 기준으로 스타일을 지정하는 선택자이다. 동일한 태그를 사용하는 모든 요소에 같은 스타일이 일괄적으로 적용된다. 예를 들어, 아래와 같이 p 요소를 선택자로 지정하면, 문서 내의 모든 <p> 태그는 파란색 글자로 표시된다. 이처럼 타입 선택자는 문서 전반에 걸쳐 특정 태그에 공통된 디자인을 적용할 때 유용하게 사용된다.

```
p { color : blue;}
```

- 아이디 선택자(id selector)

타입 선택자는 동일한 태그를 사용하는 모든 요소에 같은 스타일을 적용한다는 특징이 있지만, 이로 인해 특정 요소만 따로 꾸미기 어려운 단점이 있다. 같은 태그라 하더라도 개별 요소에만 스타일을 적용하고 싶을 때는 아이디 선택자(#id)를 사용한다. 아이디 선택자는 스타일 적용뿐만 아니라 문서 내에서 하이퍼링크 이동의 기준점으로도 활용된다. 이러한 다용도성과 명확한 지정 방식 때문에, 아이디 선택자는 실무에서 가장 자주 사용되는 선택자 중 하나다.

다음은 아이디가 name인 〈p〉 요소에만 파란색 글자 스타일을 적용하는 예시이다.

`#name { color : blue ; }`   `<p id="name">CSS ID</h1>`

- 클래스 선택자(class selector)

아이디 선택자와 마찬가지로, 동일한 태그 타입이라 하더라도 특정 요소에만 스타일을 적용할 때 사용된다. 하지만 아이디 선택자와 달리 클래스 선택자는 # 대신 .을 사용하여 정의한다. 아래 예제는 〈h2〉 태그에 class="name"을 부여하고, .name 클래스에 대해 배경색을 초록색으로 지정한 경우이다. 이 스타일은 클래스가 name으로 지정된 〈h2〉 요소에만 적용된다. 클래스 선택자는 하나의 클래스명을 여러 요소에 공통 적용할 수 있어, 재사용성과 유연성이 높은 선택자다. 반면, 아이디 선택자는 문서 내에서 한 번만 사용할 수 있다.

`.name { background-color : blue ; }`   `<h2 class="name">CSS class</h1>`

- 의사 선택자(pseudo class selector)

HTML 태그 요소 중 〈a〉 태그는 하이퍼링크 속성을 가지며, 링크의 상태에 따라 웹 문서에 표시되는 스타일이 달라진다. 예를 들어, 기본 상태에서는 파란색으로 표시되며, 사용자가 링크를 클릭하면 해당 문자의 색상이 빨간색으로 바뀌고, 한 번 방문한 링크는 다른 색(예: 보라색이나 핑크색)으로 나타난다. 이처럼 하나의 태그가 상태에 따라 다양한 스타일을 갖는 경우, 마치 클래스가 자동으로 부여된 것처럼 동작한다. 이러한 상태 기반 선택자를 의사 선택자(pseudo-class)라고 한다. 다음 예제는 하이퍼링크에 적용된 대표적인 의사 선택자를 활용한 코드이다.

```
a:link { color : blue ; }      /* 링크 속성을 가진 문자색 */
a:visited { color : pink ; }   /* 방문한 사이트 문자색 */
a:hover{ color : red ; }       /* 마우스가 문자위에 올려졌을 때의 문자색 */
```

위 스타일이 적용되면, 하이퍼링크는 처음에는 파란색으로 표시되고, 한 번 방문한 링크는 핑크색으로 바뀐다. 또한 마우스를 해당 링크 위에 올려놓으면 빨간색으로 변화된다.

- 속성 선택자(attribute selector)

태그의 이름이 아니라, 특정 속성을 가진 요소만 선택하여 스타일을 적용하는 방식이다. 속성 선택자는 대괄호[]를 사용하여 표현한다. 예를 들어, 아래 코드는 〈a〉 태그 중에서 target 속성이 정의된 요소에만 스타일을 적용한다. 이 경우, 해당 링크의 문자 색상은 초록색으로 표시된다.

`a[target]{ color : green ;}`   `<a href="#" target="_blank"></a>`

위 예시에서 첫 번째 링크는 target 속성을 포함하고 있어 초록색으로 표시되지만, 두 번째 링크는 해당 속성이 없기 때문에 스타일이 적용되지 않는다.

- 전체 선택자(universal selector)

전체 선택자는 페이지 안의 모든 요소를 선택해서 적용할 때 * 사용한다.

* { background : grey; }

5.3.2 CSS3 적용 방법

html문서에 CSS3의 스타일을 적용하기 방법은 다음과 같이 3가지 있다.

- 외부 스타일시트

외부 스타일시트를 사용하는 방식은, VS Code와 같은 편집기에서 CSS 파일을 별도로 작성한 후, HTML 문서에서 해당 CSS 파일을 링크하여 적용하는 방법이다. 외부 스타일시트 방식은 HTML 구조와 스타일을 분리하여 관리할 수 있으므로, 유지보수와 확장에 매우 유리하다.
CSS 파일을 HTML 문서에 적용하려면 〈head〉 태그 내부에 〈link〉 태그를 사용하여 외부 CSS 파일을 참조해야 한다. 아래는 HTML 문서와 CSS 파일이 같은 폴더에 위치할 경우의 예시이다:

<head><link type="text/css" rel="stylesheet" href=extern.css"></head>

CSS 파일이 상위 폴더나 하위 폴더에 위치하는 경우, href 속성에 정확한 경로를 지정해야 한다.
상위 폴더에 있을 경우: 〈link rel="stylesheet" href="../style.css"〉
하위 폴더(css라는 폴더)에 있을 경우: 〈link rel="stylesheet" href="css/style.css"〉

- 내부 스타일시트

내부 스타일시트는 HTML 문서 안에서 직접 CSS 스타일을 정의하여 적용하는 방식이다. 외부 스타일시트의 경우 〈head〉 태그 안에 외부 CSS 파일을 〈link〉 태그로 참조하지만, 내부 스타일시트는 〈head〉 태그 내부에 〈style〉 태그를 선언하고, 그 안에 CSS 선택자를 사용하여 스타일을 작성한다.

```
<head>
<style>
        h1 { color: blue; }
        p { color: red; }
</style>
</head>
```

- 인라인 스타일시트

인라인 스타일시트는 스타일 속성을 〈body〉안의 태그 요소들에 직접 **style="속성 : 값;"** 으로 표현하여 스타일을 적용한다.

```
<body>
    <h1 style="color: blue">This is Block CSS.</h1>
</body>
```

같은 요소에 여러 스타일이 적용되었을 때, 우선순위는 다음과 같다. 인라인 스타일 〉 내부 스타일시트 〉 외부 스타일시트 〉 기본 스타일 순위이며 인라인 스타일이 가장 강력하며, 외부 스타일은 우선순위가 가장 낮다. 만약 어떤 스타일도 적용하지 않았다면 브라우저는 기본 스타일(User Agent Stylesheet)을 적용한다. 예를 들어, 기본적으로 글자는 검정색, 배경은 흰색으로 표시된다.

스타일시트를 작성한다는 것은 앞에서 설명한 6가지 선택자를 활용하여 HTML 요소에 원하는 속성과 값을 지정하는 것을 의미한다. 이 스타일은 인라인, 내부, 외부 스타일시트 방식 중 하나를 통해 적용할 수 있다. HTML 문서에 스타일을 적용하기 위해 CSS에서는 다양한 속성을 제공한다. 이러한 CSS 속성은 문법이 비교적 단순해서 기본적인 규칙만 익히면 누구나 쉽게 사용할 수 있다. 이를 통해 웹 페이지에 색상, 크기, 배치 등 다양한 시각적 요소를 설정할 수 있으며, 보다 보기 좋고 미적인 웹 문서를 만들 수 있다.

표 5-1은 기본적인 CSS 속성을 정의한 것이다. CSS 속성은 단순한 문자 스타일을 넘어서, 화면 레이아웃, 메뉴 설계, 애니메이션 등 복잡한 기능까지 포함한다.

표 5-1 **CSS의 다양한 속성**

속성	기능
border	박스(box)의 경계선 설정. 선의 굵기, 색상, 종류
text-align	문자의 정렬. 왼쪽, 가운데, 오른쪽 정렬이 있다.
list-style	list의 스타일 설정(1,2,3... a,b,c, i, ii, iii)
text-decoration	문자의 효과를 설정. 밑줄 취소선, 윗줄
width, height	박스(box) 등의 크기를 설정
background-color	문자나 문서의 배경색을 설정
background-img	문자나 문서의 배경이미지 설정
color	문자 색상 설정
margin	콘텐츠 외부의 여백설정
padding	콘텐츠 내부의 여백설정
font	문자의 크기(font-size), 글자체(font-style) 등을 설정

5.3.3 외부 스타일시트

예제 5-1은 html 웹 문서에 외부 스타일시트를 적용하기 위해서 만들어진 color.css.이다.

```
p{ color:gray;}        <p>안의 문자색 빨강색으로 표시
div { border: 2px dashed red ;}<div> 굵기 2px 대쉬선 빨강색 경계선 설정
h1,p { background-color: magenta;   } <h1>과 <p>의 문자 색상 보라색
h2 { text-align : center; } <h2> 문자 정렬은 가운데
```

예제 5-1 color.css

```
/*선택자{속성:값;}*/
p    { color: gray;}
div { border: 2px dashed red ;}
h1,p { background-color: magenta;   }
h2 { text-align : center; }
```

예제 5-2는 외부에서 작성한 color.css를 적용한 html 파일이다. href를 통해 외부 color.css 파일을 참조한다.

```
<link type="text/css" rel="stylesheet" href="color.css">
```

예제 5-2에는 2개의 <h1>, 1개의 <div>와 <h2> 그리고 3개의 <p>로 이루어졌다.
프로그램을 실행시키면 외부 color.css에 의해 그림 5-5에서와 같이 h1과 p 태그는 문자의 색이 보라색으로 표현되고 div 태그는 빨강색의 결과로 나타난다. h2는 문자가 가운데 정렬된다.

예제 5-2 exCss.html

```
<!DOCTYPE html>
<html lang="ko">
<head>
    <meta charset="utf-8">
    <title>예제5-2 외부스타일시트</title>
    <link type="text/css" rel="stylesheet" href="css/color.css">
</head>
<body>
    <h1>외부 파일 연동하기</h1>
    <div id="menu">
```

```
            <p>
                <a href="예제3-12hyperlink.html" target="_blank">하이퍼링크</a>
                 <a href="예제4-2input2.html" target="_blank">추가된 폼 속성</a>
                 <a href="예제4-6video.html" target="_blank">비디오</a>
            </p>
        </div>
        <h1>HTML5와 CSS3</h1>
        <p>외부 스타일시트를 이용해 HTML 문서에 스타일을 적용할 수 있습니다.</p>
        <h2>하이퍼링크</h2>
        <p>스타일 적용 방법</p>
</body></html>
```

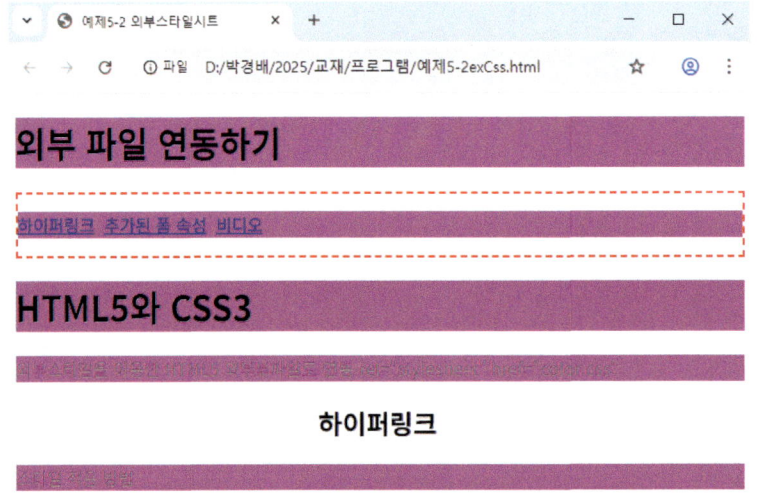

그림 5-5 외부스타일 적용

5.3.4 내부 스타일시트

내부 스타일시트는 HTML 문서의 <head> 태그 사이에 <style>...</style> 형태로 CSS 코드를 직접 작성하는 방식이다. 이 방식은 문서 안에 스타일을 포함시키기 때문에, 해당 문서에서만 적용된다. 예제에서는 외부 스타일시트 파일인 color.css도 함께 참조하고 있기 때문에, 동일한 h1, p 요소에 대해 외부 스타일과 내부 스타일이 동시에 적용되는 상황이 발생한다. 이 경우 두 스타일이 충돌하게 되는데, CSS의 우선순위 규칙에 따라 내부 스타일시트가 외부 스타일시트보다 우선적으로 적용된다. 따라서 실제로 브라우저에 표시되는 결과는 내부 스타일시트에 정의된 속성 값이 적용되며, 그림 5-6처럼 내부 스타일에 따라 요소의 스타일이 나타나게 된다.

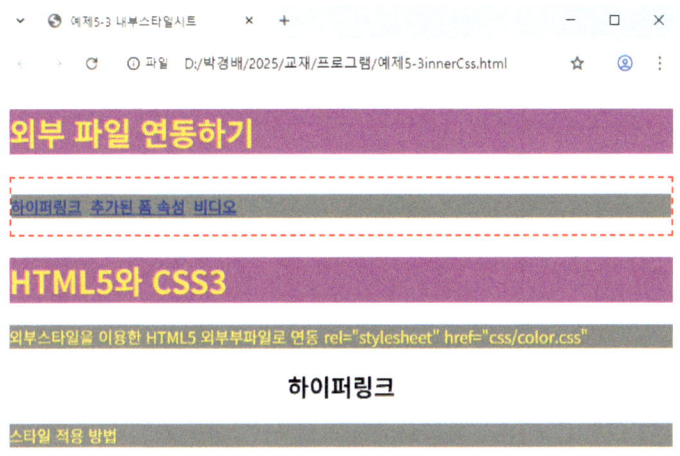

그림 5-6 내부 스타일 적용

예제 5-3 예제5-3innerCss.html

```html
<!DOCTYPE html>
<html lang="ko">
<head>
    <meta charset="utf-8">
    <title>예제5-3 내부스타일시트</title>
    <style>
        h1, p { color: gold; }
        p { background-color: gray; }
    </style>
</head>
<body>
    <h1>내부 스타일시트 예제</h1>
    <div id="menu">
        <p>
            <a href="예제3-12hyperlink.html" target="_blank">하이퍼링크</a>
             <a href="예제4-2input2.html" target="_blank">추가된 폼 속성</a>
             <a href="예제4-6video.html" target="_blank">비디오</a>
        </p>
    </div>
    <h1>HTML5와 CSS3</h1>
    <p>이 문장은 내부 스타일시트를 사용해 색상이 적용됩니다.</p>

    <h2>하이퍼링크</h2>
    <p>이 문장도 배경색과 글자색이 적용됩니다.</p>
</body>
</html>
```

5.3.5 인라인 스타일시트

인라인 스타일시트는 <body>안에 있는 태그 요소들에 직접 속성과 값을 부여한다. 외부나 내부의 문법과 다른 점은 {}대신에 이중따옴표의 쌍 " "를 사용한다.

예제에서는 첫 번째 <h1> 태그의 글자 색상을 pink로, 첫 번째 <p> 태그의 배경색을 magenta(보라색)으로 설정하였다. 예제 5-4에서는 외부 스타일시트인 color.css와 함께 HTML 문서의 <head> 영역에 내부 스타일시트를 함께 사용하고 있다. 하지만 일부 요소에는 인라인 스타일시트도 적용되어 있다. CSS는 스타일 충돌 시 우선순위에 따라 어떤 스타일을 적용할지를 결정한다. 따라서 이 예제에서는 내부 스타일시트와 외부 스타일시트가 동시에 정의되어 있어도, 중복된 속성에 대해서는 인라인 스타일시트의 속성값이 최우선적으로 적용된다. 결과적으로, 그림 5-7에서 확인할 수 있듯이 중복된 스타일 속성은 인라인 스타일의 값으로 표시되며, 내부 또는 외부 스타일은 무시된다.

```
<link type="text/css" rel="stylesheet" href="css/color.css"> // 3순위
<style> h1,p { color: gold ;} p {background-color:gray;}</style> // 2순위
```

예제 5-4 예제5-4inlineCss.html

```
<!DOCTYPE html>
<html lang="ko">
<head>
    <meta charset="utf-8">
    <title>예제5-4 인라인 스타일시트</title>
</head>
<body>
    <h1 style="color: gold;">인라인 스타일시트</h1>
    <div id="menu">
        <p style="background-color: magenta;">
            <a href="예제3-12hyperlink.html" target="_blank">하이퍼링크</a>
             <a href="예제4-2input2.html" target="_blank">추가된 폼 속성</a>
             <a href="예제4-6video.html" target="_blank">비디오</a>
        </p>
    </div>
    <h1 style="color: pink;">HTML5와 CSS3</h1>
    <p style="background-color: magenta;">
        이 문장은 인라인 스타일을 사용하여 배경색을 지정했습니다.
    </p>
    <h2>하이퍼링크</h2>
    <p>스타일 적용 방법</p>
</body>
</html>
```

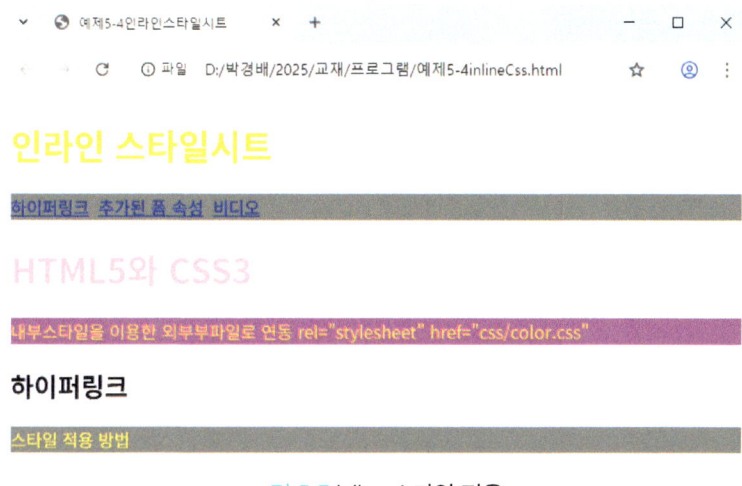

그림 5-7 inline 스타일 적용

5.3.6 선택자

① 타입 선택자

타입 선택자는 HTML 문서에서 동일한 태그 이름을 가진 요소들에 대해 동일한 스타일을 일괄적으로 적용할 때 사용하는 선택자이다. 가장 기본적이고 자주 사용되는 스타일 선택 방식으로, 작성법도 간단하다. 다음과 같이 문서 내에 ⟨p⟩, ⟨h1⟩, ⟨h2⟩ 요소에 대해 스타일을 정의했다고 가정해보자:

```
p { background-color : blue; }
h1 { color : red; font-size:20px;}
<h2 style="background-color:orange;">
```

위와 같은 내부 스타일시트를 사용하면, HTML 문서 내의 모든 ⟨p⟩ 요소는 배경색이 파랑색으로 표시되고, 모든 ⟨h1⟩ 요소는 글자색이 빨간색(red), 글자 크기가 20픽셀(20px)로 적용된다. 한편, ⟨h2⟩ 요소에 인라인 스타일이 다음과 같이 적용되어 있다면 해당 ⟨h2⟩ 요소에는 인라인 스타일이 우선 적용되어 배경색이 오랜지색으로 표시된다. 이처럼 타입 선택자는 기본적인 스타일 지정에 유용하지만, 인라인 스타일이 정의된 경우에는 우선순위에 따라 그 스타일이 우선 적용된다.

예제 5-5 typeSelector.html

```html
<!DOCTYPE html>
<html lang="ko">
<head>
    <meta charset="utf-8">
    <title>예제5-5 타입 선택자</title>
    <style>
        p { background-color: blue; }
        h1 { color: red; font-size: 20px; }
    </style>
</head>
<body>
    <h1>div와 iframe</h1>
    <div><p>하이퍼링크</p></div>

    <h1>Welcome to World Wide Web</h1>
    <p>HTML5에 CSS3를 연동하여 문서 디자인을 향상시킵니다.</p>

    <h2 style="background-color: orange;">메뉴</h2>
    <p>외부, 내부, 인라인 스타일 시트</p>
</body>
</html>
```

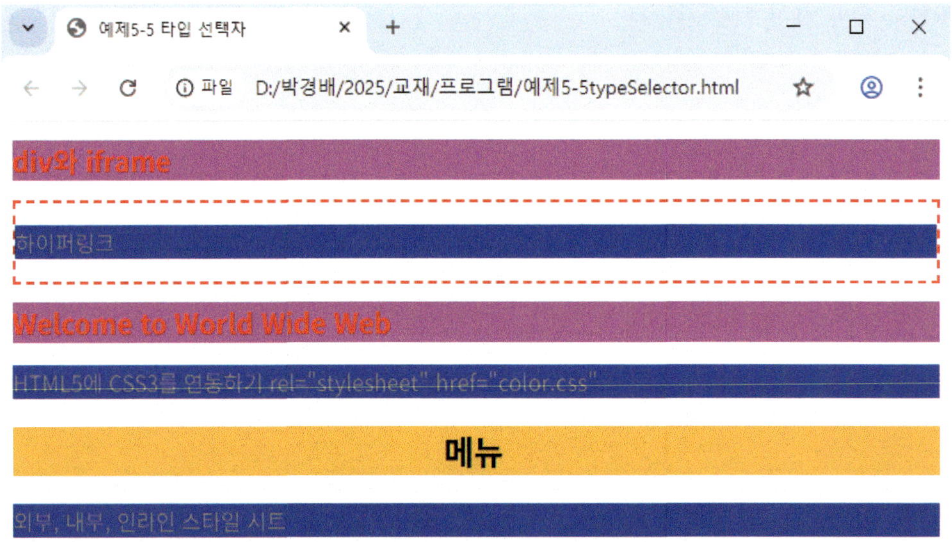

그림 5-8 **타입선택자**

② 아이디 선택자

타입 선택자는 문서 내에 존재하는 같은 태그 요소 전체에 동일한 스타일을 적용할 때 사용된다. 예를 들어 〈p〉나 〈h1〉처럼 동일한 태그가 여러 번 등장하는 경우, 타입 선택자를 사용하면 모든 해당 태그에 같은 스타일을 일괄적으로 적용할 수 있다. 하지만 같은 태그이더라도 서로 다른 스타일을 적용하고 싶을 때는 타입 선택자만으로는 부족하다. 이럴 때는 아이디 선택자(id selector)를 사용하여 특정한 요소에만 스타일을 적용할 수 있다.

예제 5-6에서는 〈hi〉, 〈div〉 그리고 〈h2〉 요소에 아이디 선택자를 사용하였다. 아이디 선택자를 사용하려면, 먼저 HTML 태그 요소에 id 속성을 부여해야 한다. 예를 들어 다음과 같이 〈div〉 태그에 id="menu"를 지정할 수 있다:

```
<div id="menu">
```

이제 이 id를 기반으로 스타일을 정의하려면 CSS에서는 #아이디명 형태로 선택자를 작성한다. 다음은 id="menu"인 요소에 배경색을 적용하는 예이다. 이렇게 하면 〈div id="menu"〉 요소에만 해당 스타일이 적용된다

```
#menu { background-color:gold; }
```

HTML에서는 서로 다른 태그라도 같은 id 값을 줄 수는 있지만, 원칙적으로 HTML 문서 내에서 같은 id는 한 번만 사용하는 것이 권장된다. 그러나 예제의 목적상, 다음처럼 서로 다른 태그에 동일한 id를 부여할 수도 있다:

```
<h1 id="type"> <p id="type"> <h2 id="type">
#type { color: blue; }
h2#type { color : red; }
```

타입이 다르더라도 같은 id를 가지면 동일한 스타일이 적용되며 동일한 아이디라 하더라도 다른 스타일을 적용하고자 한다면 h2#type와 같이 # 앞에 태그 타입을 지정해 주면 된다. 그림 5-9에 아이디 선택자를 사용하여 스타일이 적용된 결과를 확인할 수 있다.

예제 5-6 idSelector.html

```html
<!DOCTYPE html>
<html lang="ko">
<head>
    <meta charset="utf-8">
    <title>예제5-6 아이디 선택자</title>
    <style>
        #menu { background-color: gold; }
        .type { color: blue; }
        h2.type { color: red; }
    </style>
</head>
<body>
    <h1 class="type">div와 iframe</h1>
    <div id="menu">
        <p style="background-color: orange;">하이퍼링크</p>
    </div>
    <h1>Welcome to AI World</h1>
    <p class="type">HTML5에 CSS3를 연동하기</p>
    <h2 class="type">메뉴</h2>
    <p>외부, 내부, 인라인 스타일 시트</p>
</body>
</html>
```

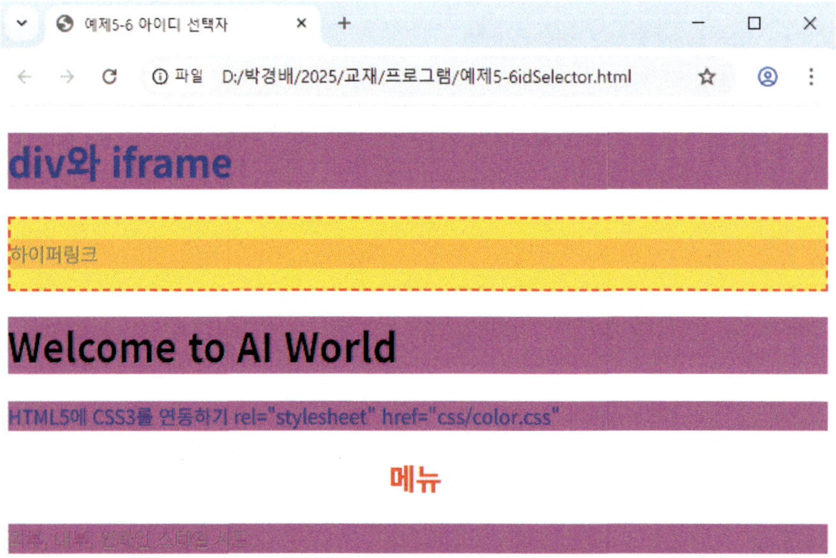

그림 5-9 예제5-6idSelector

③ 클래스 선택자

클래스 선택자(class selector)는 특정 요소에만 스타일을 적용할 때 사용하는 선택자이다. 이 점에서는 아이디 선택자와 유사하지만, 클래스 선택자는 동일한 클래스를 여러 요소에 반복해서 사용할 수 있다는 점에서 더 유연하다. 클래스 선택자는 CSS에서 .(점)을 클래스 이름 앞에 붙여 사용한다. 예를 들어 다음과 같이 정의할 수 있다:

```
.menu {background-color:pink; }
.type { color: blue;}
h2.type {color : green;}
```

예제 5-7은 아이디 선택자 대신 클래스 선택자를 사용하여 스타일을 적용한 예제이며, 그 결과는 그림 5-10에 나타나 있다.

클래스 선택자는. 기호를 사용하며, 여러 요소에 반복해서 사용할 수 있는 장점이 있다. 예를 들어, 〈h1〉, 〈p〉, 〈h2〉와 같은 서로 다른 태그라도 같은 클래스 이름을 지정하면 동일한 스타일이 적용된다. 이는 아이디 선택자와의 가장 큰 차이점 중 하나이며, 더 유연한 스타일 적용이 가능하게 한다. 또한, h2.type처럼 태그 이름과 클래스 이름을 함께 지정하면, 같은 클래스를 사용하더라도 특정 태그에만 다른 스타일을 적용할 수 있다.

예제 5-7 classSelector.html

```
<!Doctype html>
<html>
<head>
<title>예제5-6 아이디 선택자</title>
<meta charset="utf-8">
<link type="text/css" rel="stylesheet" href="css/color.css">
<style>
        .menu {background-color:pink; }
        .type { color: blue;}
        h2.type {color : green;}
 </style>
</head>
<body>
    <h1 class="type" >div와 iframe </h1>
    <div id="menu"><p style="background-color:orange;">하이퍼링크</p></div>
    <h1>Welcome to AI World</h1>
    <p class="type"> HTML5에 CSS3를 연동하기 rel="stylesheet" href="css/color.css"</p>
    <h2 class="type">메뉴</h2>
    <p> 외부, 내부, 인라인 스타일 시트</p>
</body>
</html>
```

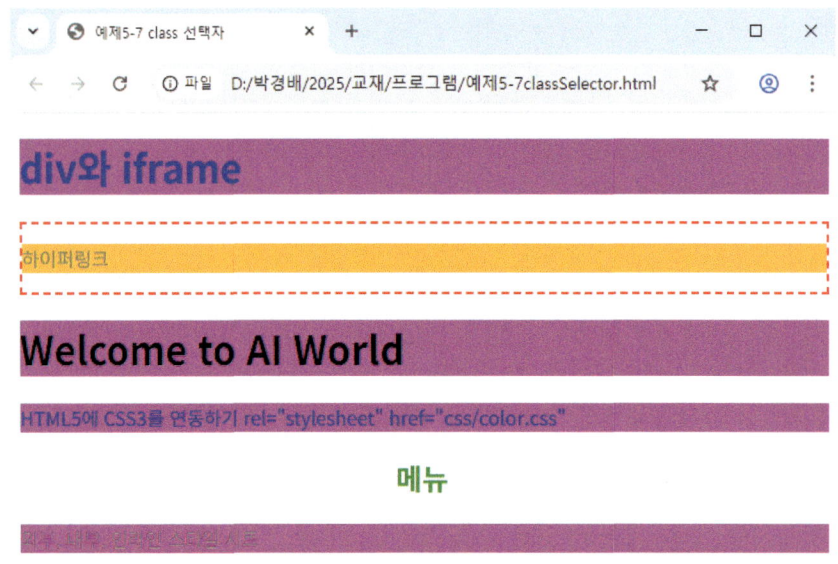

그림 5-10 class 선택자

아이디 선택자와 클래스 선택자는 **타입 선택자와 마찬가지로** HTML 요소에 스타일을 적용할 때 자주 사용되는 선택자들이다. 하지만 이 둘은 단순한 스타일 적용 외에도 **자바스크립트와 함께 사용할 때 차이**가 있다. 일반적으로 자바스크립트에서 특정 요소를 **정확하게 식별하고 조작해야 할 경우**, 클래스보다는 **아이디 선택자**를 사용하는 것이 일반적이며 아이디는 **문서 내에서 고유**해야 하므로, 특정 요소를 빠르게 식별할 수 있다는 특징이 있다.

예제 5-8에서는 타입 선택자, 아이디 선택자, 클래스 선택자를 모두 사용하여 스타일을 적용하였다. HTML 문서 안에는 〈p〉 태그가 세 번 등장하고, 문서 안의 모든 〈p〉 요소는 배경색이 회색(gray) 으로 나타난다. 그러나 첫 번째 〈p〉 태그는 인라인 스타일이 적용되어 있다. 인라인 스타일은 CSS 우선순위에서 가장 높기 때문에, 이 요소의 배경색은 회색이 아니라 청록색(cyan) 으로 표시된다. 이처럼 여러 종류의 선택자가 동시에 적용될 경우, CSS의 우선순위에 따라 어떤 스타일이 실제로 적용되는지가 결정된다.

〈h1 class="first"〉와 〈h1 class="second"〉는 동일한 〈h1〉 태그이지만, 서로 다른 클래스 이름을 부여함으로써 각기 다른 스타일을 적용할 수 있다. 이처럼 클래스 선택자를 사용하면 같은 타입의 요소라도 각기 다른 스타일을 개별적으로 적용할 수 있는 장점이 있다. 〈h1 class="first"〉 클래스는 .first {color: gold;}에 의해 문자의 색상이 금색으로 표현된다. 클래스 선택자를 CSS에서 정의할 때는 태그 이름 없이 . 기호 뒤에 클래스 이름만 적어도 된다.

두 번째 〈h1 class="second"〉 요소는 다음과 같은 CSS 선언에 의해 스타일이 적용된다. 이 선언은 .second 클래스를 가진 요소 중에서도 오직 〈h1〉 태그에만 글자색을 초록색(green)으로 적용하겠다는 의미이다. 즉, .second라는 같은 클래스 이름을 여러 요소에 사용할 수 있지만, h1.second는 〈h1〉 태그에 한정하여 스타일을 적용하므로, 만약 다음과 같이 다른 태그에도 같은 클래스를 부여하더라도 해당 스타일은 적용되지 않는다. 이처럼 태그이름. 클래스이름 형식은 스타일을 더 세밀하게 조절할 수 있는 방법으로, 여러 요소에 동일한 클래스를 사용할 때 특정 태그에만 스타일을 제한하고 싶을 때 유용하다.

`<h1 class="second">`　　　　　`h1.second { color : green; }`

〈div id="menu"〉〈/div〉는 아이디 선택자를 이용하여 스타일을 선언한 것으로 내부 스타일 요소 #menu { background-color:blue; }에 의해 파랑색 배경으로 문자가 표현된다. 예제 프로그램을 실행한 결과를 그림 5-11에서 볼 수 있다.

`<div id="menu"></div>`　　　`#menu { background-color:blue; }`

예제 5-8　IdClassS.html

```
<!Doctype html>
<html>
<head>
<title>예제5-8 Id/Class선택자</title>
<meta charset="utf-8">
<link type="text/css" rel="stylesheet" href="css/color.css">
<style>
        p {background-color:blue;}
        #menu {background-color:blue; }
        .first { color: gold;}
h1.second {color : green;}
 </style>
</head>
<body>
    <h1 class="first" >div와 iframe </h1>
    <div id="menu"><p style="background-color:gold;">하이퍼링크</p></div>
    <h1 class="second">Welcome to AI World </h1>
    <p> HTML5에 CSS3를 연동하기 rel="stylesheet" href="css/color.css"</p>
    <h2>메뉴</h2>
    <p> 외부, 내부, 인라인 스타일 시트</p>
</body>
</html>
```

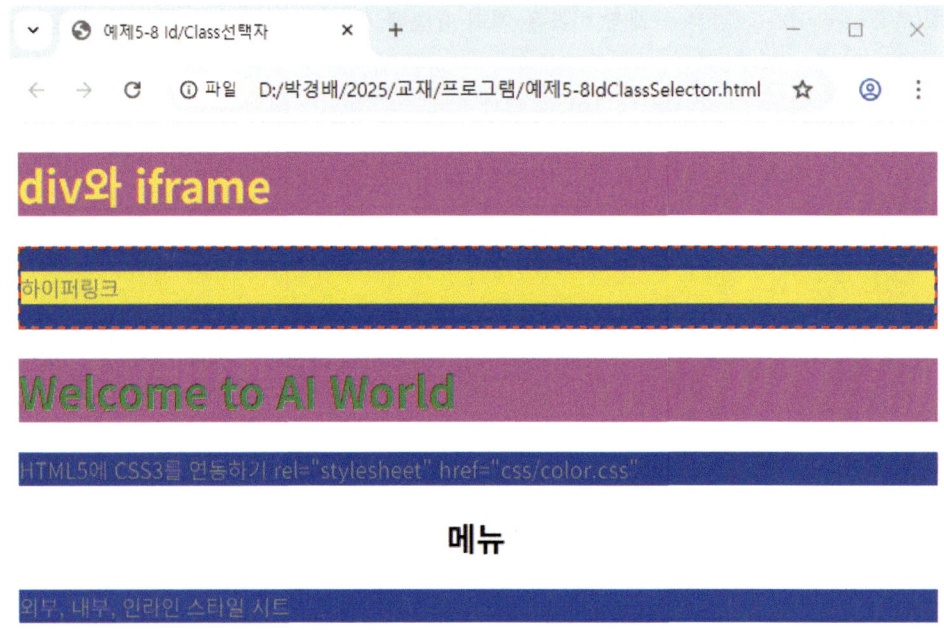

그림 5-11 id/class 선택자

5.3.7 의사 선택자

의사 선택자는 단일 요소에 대해 특정한 상태를 정의하고, 그 상태에 따라 스타일을 다르게 적용할 수 있는 선택자이다. 여기서 "특정한 상태"란 사용자의 행동이나 상호작용, 또는 문서 내에서의 위치나 조건 등을 의미한다. 예를 들어, 마우스를 어떤 요소 위에 올려놓거나, 클릭했거나, 이전에 클릭한 적이 있는 등의 상태가 여기에 해당한다. 특히 하이퍼링크(〈a〉 태그)는 사용자의 행동에 따라 상태가 달라지므로, 의사 선택자가 자주 사용되는 대표적인 예다. 다음은 주요 의사 선택자의 클래스를 나타낸 것이다.

:link — 아직 방문하지 않은 링크에 적용
:visited — 이미 방문한 링크에 적용
:hover — 마우스를 요소 위에 올렸을 때 적용
:active — 요소를 클릭하는 순간에 적용
:focus — 키보드로 포커스가 위치했을 때 적용 (입력 필드 등에서 사용)
의사 선택자의 문법은 다음과 같다.

선택자 : 의사클래스 { 속성 : 값;}

예제 5-9 프로그램을 실행하면, 하이퍼링크가 적용된 문자는 기본적으로 골드(gold) 색상으로 표시된다. 사용자가 해당 링크를 클릭하여 한 번이라도 방문하면, 그 하이퍼링크는 실버(silver) 색상으로 변경된다. 또한 사용자가 링크 위에 마우스를 올려놓으면 :hover 속성에 의해 문자의 크기가 커져 시각적인 효과가 나타난다. 이처럼 하이퍼링크에 적용되는 다양한 상태를 의사 선택자를 사용하여 표현할 수 있다. 주의해야 할 점은 a:hover는 반드시 a:link, a:visited 다음에 와야 한다. a:active는 a:hover 다음에 위치한다.

예제 5-9 pseduo.html

```html
<!Doctype html>
<html>
<head>
<title>예제 5-9 의사선택자</title>
<meta charset="utf-8">
<link type="text/css" rel="stylesheet" href="css/color.css">
<style>
        a:link { color: cyan; }
        a:visited { background-color: gray; }
        a:hover { font-size:30px; }
</style>
</head>
<body>
    <h1 class="first" >의사 선택자 </h1>
    <a href="#">CSS3</a><br>
    <a href="#">의사선택자</a><br>
    <a href="#">HTML5</a><br>
    <h1 class="second">Welcome to AI World </h1>
</body>
</html>
```

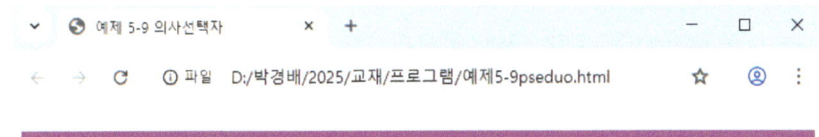

그림 5-12 **의사 선택자**

5.3.8 폰트와 텍스트 속성

HTML5에서는 문자의 모양과 표현 방식을 세밀하게 조절하기 위해 font 스타일과 text 스타일을 각각 제공한다. 이 두 가지 스타일 속성은 글자의 서체, 크기, 정렬, 장식 등을 설정할 수 있으며, 웹 페이지의 디자인에서 중요한 역할을 한다.

그림 5-13에서는 이러한 글꼴의 시각적인 차이를 비교해서 보여주고 있다. 글꼴 선택은 문서의 분위기와 가독성에 큰 영향을 미치므로, 용도에 맞게 적절히 선택해야 한다.

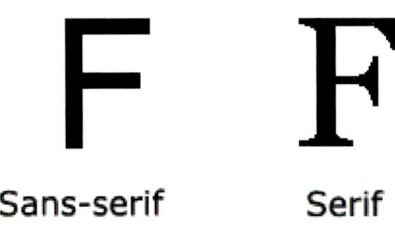

그림 5-13 font-family

표 5-2 font/text 스타일

	속성	기능
font	font-family	문자체
	font-size	문자의 크기
	font-style	문자의 스타일
	font-weight	문자의 굵기
text	color	문자의 색상
	direction	문자의 작성 방향으로 왼쪽쓰기, 오른쪽쓰기가 있다.
	letter-spacing	문자의 간격
	line-height	문자의 줄의 높이
	text-align	문자의 정렬
	text-transform	문자의 변환 lowercase, uppercase, capitalize
	text-shadow	문자의 그림자 효과 x, y, z, color
	text-indent	문자의 들여쓰기
	text-decoration	문자 장식으로 밑줄, 취소선, 윗줄이 있다.

예제 5-10은 HTML 문서에서 font와 text 관련 속성을 사용하는 방법을 보여주는 예제이다. 이 예제에서는 〈body〉 태그 전체에 스타일을 적용하였다. 즉, 문서에 포함된 모든 텍스트 요소에 동일한 font 스타일이 적용된다. 다음 코드를 통해 적용된 속성은 다음과 같다.

```
body { font : bold 12px serif; }
```

font-weight: bold → 글자를 굵게 표시
font-size: 16px → 글자의 크기를 16픽셀로 지정
font-family: sans-serif → 삐침이 없는 간결한 서체 사용

이처럼 font 속성을 한 줄로 묶어 쓰면, 글자의 굵기(weight), 크기(size), 글꼴(family)을 한꺼번에 지정할 수 있어 코드가 간결해진다.
font-size는 주로 픽셀(px) 단위로 지정하지만, W3C에서는 em 단위를 사용하는 것을 권장하고 있다. 그 이유는 em 단위가 반응형 디자인이나 접근성 측면에서 유연하기 때문이다.
1em = 현재 기준 글자 크기 (보통 웹브라우저 기본값은 16px)
2em = 2 × 16px = 32px
font의 weight, size, family 속성을 한 번에 표현할 때는 다음과 같이 font 속성만을 사용하여 나타낼 수 있다.

문자(text)의 효과는 색상을 비롯하여 문자의 장식 등 매우 다양하다. 예제 프로그램에서는 id 선택자를 사용하여 9개의 〈h1〉태그에 대해 각기 다른 text 속성을 부여하였으며 그림 5-14에 실행 결과를 나타내었다.

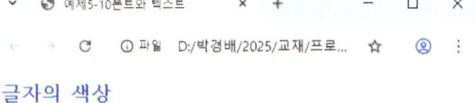

그림 5-14 **Font와 텍스트**

문자에 그림자 효과를 주고 싶다면 text-shadow 속성을 사용하면 된다. 이 속성은 텍스트에 입체감이나 강조 효과를 줄 때 유용하다. text-shadow는 다음과 같이 4개의 속성 값으로 구성된다.

항목	설명
x-offset	그림자의 가로 거리 (양수: 오른쪽, 음수: 왼쪽)
y-offset	그림자의 세로 거리 (양수: 아래, 음수: 위)
blur-radius	그림자의 흐림 정도 (값이 클수록 더 흐릿해짐)
color	그림자의 색상

#nine{ text-shadow: 6px 11px 6px gray; } 텍스트에 그림자 효과를 나타낸다. 그림자는 문자로부터 가로축 6px 세로축으로 11px 떨어져서 생긴다. 그림자의 흐림 정도를 6px로 표시하였으며 회색 계열로 나타내었다. 값이 클수록 그림자의 선명도는 흐려지고 크기는 커진다.

text-shadow: -5px -10px 10px blue;로 그림자를 설정하면 다음 그림과 같이 문자보다 왼쪽과 위쪽으로 파랑색의 그림자가 생긴다. 그림자의 흐림 정도를 10px로 하였기 때문에 크고 흐릿한 모양으로 나타난다.

예제 5-10 FontText.html

```
<!Doctype html>
<html>
<head>
<title>예제5-10폰트와 텍스트</title>
<meta charset="utf-8">
<style>
 body { font: bold 10px serif; }
 #one { color: blue; }
 #two { direction: rtl; }
 #three { letter-spacing: 15px; }
 #four { line-height: 25px; text-decoration: overline; }
 #five { text-align: center; text-decoration: line-through; }
 #six { text-decoration: underline; }
 #seven { text-indent: 10px; }
 #eight { text-transform: lowercase; }
 #nine { text-shadow: 6px 11px 3px red; }
</style>
</head>
<body>
    <h1 id="one">글자의 색상</h1>
    <h1 id="two">글자의 방향</h1>
    <h1 id="three">글자의 간격</h1>
    <h1 id="four">글자의 줄 높이, 윗줄(Overline)</h1>
    <h1 id="five">글자의 수평 정렬, 취소선(Line-through)</h1>
    <h1 id="six">글자의 장식, 밑줄(Underline)</h1>
    <h1 id="seven">글자의 들여쓰기</h1>
    <h1 id="eight">LETTER TRANSFORM</h1>
    <h1 id="nine">문자의 그림자</h1>
</body>
</html>
```

5.3.9 색상 표현

• RGB 색상 모델
TV, 컴퓨터, 스마트폰처럼 빛을 발산하는 디지털 기기에서는 색상을 표현할 때 빛의 3원색인 빨강(R), 초록(G), 파랑(B)을 사용한다. 이를 RGB 색상 모델이라고 부른다. RGB는 각 색의 밝기를 조합하여 다양한 색을 만들어내며, 이 조합은 컴퓨터 그래픽에서 색상을 표현하는 기본 방식이다.

• RGB 혼합의 기본 원리
R(빨강) + G(초록) = 노랑 계열, G(초록) + B(파랑) = 청록 계열, R(빨강) + B(파랑) = 자홍 계열
R + G + B = 흰색, 세 값 모두 0 (rgb(0,0,0)) = 검정색

RGB 값을 모두 최대로 섞으면 흰색, 모두 없는 상태는 검정색이 된다. 이런 방식은 가산 혼합(additive color mixing)이라 부르며, 빛을 기반으로 한 색 표현에서 사용된다. 컴퓨터에서는 RGB 각 색상마다 일반적으로 0~255 사이의 값을 사용한다. 이 값들을 조합하면 약 1,600만 가지 색상을 표현할 수 있지만, 이것은 자연계에 존재하는 무한한 색상에 비하면 제한된 수치이다. 이는 디지털 장치의 메모리와 처리 능력의 한계 때문이기도 하다.

• 컴퓨터의 색상 표현 방식
컴퓨터에서 색상을 정확하게 이해하려면 컴퓨터의 데이터 처리 방식을 먼저 이해할 필요가 있다. 컴퓨터는 모든 정보를 비트(bit) 단위로 처리한다. 1비트는 두 가지 상태(0과 1)를 표현할 수 있으며, 이는 2진법의 기본이다. 컴퓨터 그래픽에서는 빨강(R), 초록(G), 파랑(B) 각각의 색상에 8비트씩을 할당한다. 8비트는 2^8 = 256가지 값을 표현할 수 있으므로, 각 색상은 0부터 255까지의 강도를 가질 수 있다. RGB 세 가지 색상을 조합하면 약 1,600만 가지 색상을 만들 수 있다. 이 방식은 트루 컬러(True Color)라고 부르며, 일반적으로 웹과 디지털 그래픽에서 사용된다.

표현 방식	비트 수	설명
하이 컬러	16비트	R=5비트, G=6비트, B=5비트
트루 컬러	24비트	R, G, B 각 8비트씩
트루 컬러 + 알파	32비트	RGB(24비트) + 투명도(알파, 8비트)

HTML5에서는 다음과 같은 방식으로 색상을 표현할 수 있다.

① 색상 이름 사용 예: red, blue, green 등
   직관적이고 사용하기 쉽지만, 표현 가능한 색상 수가 제한된다.
② 16진수(Hexadecimal) 사용
   예: #FF0000 (빨강), #00FF00 (초록), #0000FF (파랑)
   16진수는 각 색상 값(R, G, B)을 두 자리로 표현하며 각 자리는 00~FF까지, 총 256단계를 나타낸다.

#FFFFFF는 흰색, #000000은 검정색을 의미한다. 예: 보라색은 #FF00FF (R=255, G=0, B=255) 16진수에서 두 자리수 10에서부터 15의 표현은 10은 A, 11은 B, ... 15는 F로 표현한다. HTML5에서도 16진수를 사용하여 색상을 표현하는 것을 권장하고 있다. 16진수 표현으로 00은 색상이 없는 것으로 표현되어 검정색이 된다. FF의 값은 순수한 rgb 자신의 색상을 나타낸다. 만약 흰색을 표현하고 싶다면 rgb 각각의 값을 모두 FFFFFF로 만들어 주면 된다. 또한 보라색을 만들고 싶다면 rb는 FF의 값으로 표현하지만 g의 값은 00이 된다. 16진수로 색상을 표현할 때 주의할 점은 색상 값 앞에 #을 붙여야 한다. #FF00FF는 보라색을 표현한다. 그 밖의 다른 색상들은 00~FF사이의 값들을 적절히 조절하여 표현할 수 있다.

표 5-3에 일반적으로 사용되는 색상을 16진수 코드로 나타내었다.

표 5-3 RGB 값과 색상 테이블(참고 사이트 : 가상현실)

RGB	색상	RGB	색상	RGB	색상
FF0000		00FF00		0000FF	
880000		008800		000088	
220000		002200		000022	
FFFF00		00FFFF		FF00FF	
888800		008888		880088	
888800		002222		220022	
FFFF88		88FFFF		FFFFFF	
888822		228888		888888	
2222FF		AA2222		222222	

예제 5-11 프로그램에서 〈h1〉에 대해 배경색을 색상이름 "blue"로 선언하였다. 클래스 선택자(p.a,p.b,p.c,p.d)와 아이디 선택자(p#a,p#b,p#c,p#d)는 16진수 표현으로 색상 값을 이용하여 각 요소의 색상을 표현하였다. 그림 5-15의 프로그램 실행 결과처럼 아이디와 클래스 선택자를 적용하여 16진수로 색상을 표현한 방법은 형형색색의 다양한 형태로 표현할 수 있다.

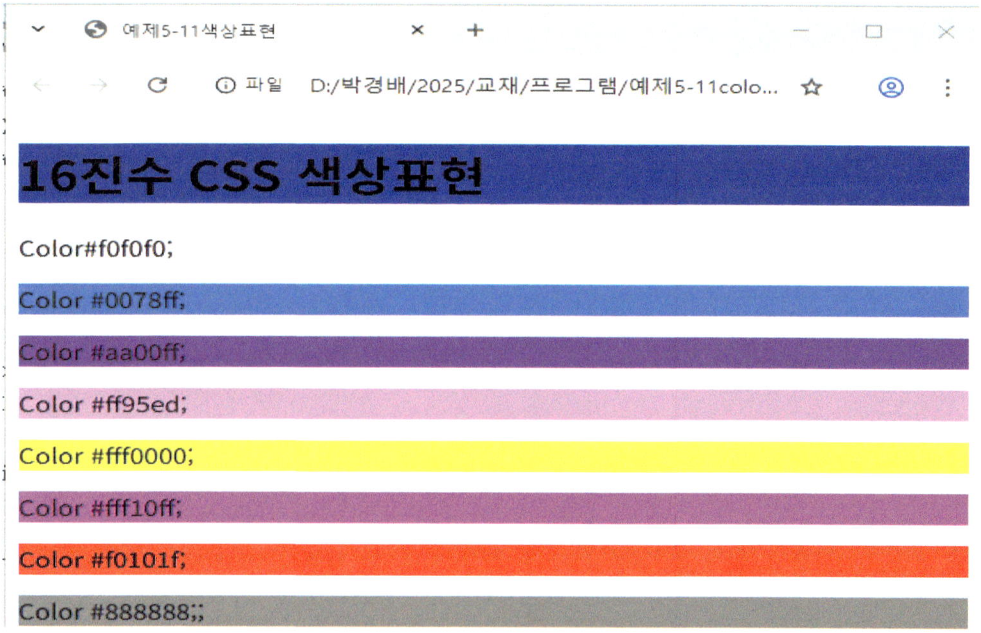

그림 5-15 색상 표현

예제 5-11 color.html

```
<!DOCTYPE html>
<html>
<head>
<meta charset="utf-8">
<title>예제5-11색상표현</title>
<style>
    h1  {background-color: blue; }
    p.a { background-color: #f0f0f0; }
    p.b { background-color: #0078ff; }
    p.c { background-color: #aa00ff; }
    p.d { background-color: #ff95ed; }
    p#a { background-color: #fff000; }    /* 6자리 올바른 색상 */
    p#b { background-color: #ff10ff; }    /* 6자리 올바른 색상 */
    p#c { background-color: #f0101f; }
    p#d { background-color: #888888; }
</style>
</head>
<body>
    <h1>16진수 CSS 색상표현</h1>
    <p class="a">Color #f0f0f0;</p>
```

```
        <p class="b">Color #0078ff;</p>
        <p class="c">Color #aa00ff;</p>
        <p class="d">Color #ff95ed;</p>
        <p id="a">Color #fff000;</p>
        <p id="b">Color #ff10ff;</p>
        <p id="c">Color #f0101f;</p>
        <p id="d">Color #888888;</p>
    </body>
</html>
```

5.3.10 경계선(border)

HTML 문서 내에서 콘텐츠 요소는 모두 경계선(border)을 사용하여 스타일을 지정할 수 있다. 경계선 스타일은 시각적으로 요소를 구분하거나 강조할 때 유용하게 활용된다. border는 폭(border-width)과 경계선의 종류(border-style) 그리고 색상(border-color)으로 이루어졌다. 각 속성은 개별적으로 설정할 수도 있고, 한 줄로 함께 설정할 수도 있다. border를 사용하여 경계선을 표현할 경우 속성의 순서는 상관없이 사용 가능하다.

경계선 스타일 굵기, 색상, 종류

```
border-width: 4px; // 경계선의 굵기
border-style: solid; // 경계선의 종류
border-color; blue; // 색상표현
border: 4px dotted blue; //경계선의 3가지 속성 모두 표현
```

경계선의 종류에는 예제에서와 같이 8가지가 있으며 경계선을 만들지 않거나 보이지 않게 하려면 border-styhle:none; 이나 border-style:hidden 으로 설정한다. <div>에 할당된 id의 #brdr 속성은 경계선이 한 줄의 문단 단위가 아니라 그룹 단위로 경계선을 설정할 수 있음을 나타내고 있다.

예제 5-12에서 모든 <p>에 경계선 스타일을 적용하여 8가지 경계선을 나타내었으며 그림 5-16에서 실행 결과를 볼 수 있다. groove, ridge, inset, outset은 선의 굵기가 너무 작으면 눈으로 확인하기 어렵다.

예제 5-12 border.html

```html
<!DOCTYPE html>
<html>
<head>
  <title>예제5-12경계선스타일(BorderStyle)</title>
  <meta charset="utf-8">
  <style>
    h1 { border: 4px solid blue; }
    #brdr { border: 2px dashed gray; padding: 10px; }
  </style>
</head>
<body>
  <div id="brdr">
    <h1>경계선 스타일 굵기, 색상, 종류</h1>
    <p style="border: none;">none.</p>
    <p style="border: 1px dotted red;">dotted</p> <!-- 점선(dotted) -->
    <p style="border: 2px dashed blue;">dashed</p> <!-- 대쉬선(dashed) -->
    <p style="border: 4px solid green;">solid</p> <!-- 실선(solid) -->
    <p style="border: 8px double cyan;">double</p> <!-- 이중실선(double) -->
    <p style="border: 16px groove orange;">groove</p> <!-- 그루브(입체양각) -->
    <p style="border: 24px ridge pink;">ridge</p> <!-- 릿지(입체양각) -->
    <p style="border: 32px inset magenta;">inset</p> <!-- 인셋(입체음각) -->
    <p style="border: 48px outset plum;">outset</p> <!-- 아웃셋(입체음각) -->
  </div>
</body>
</html>
```

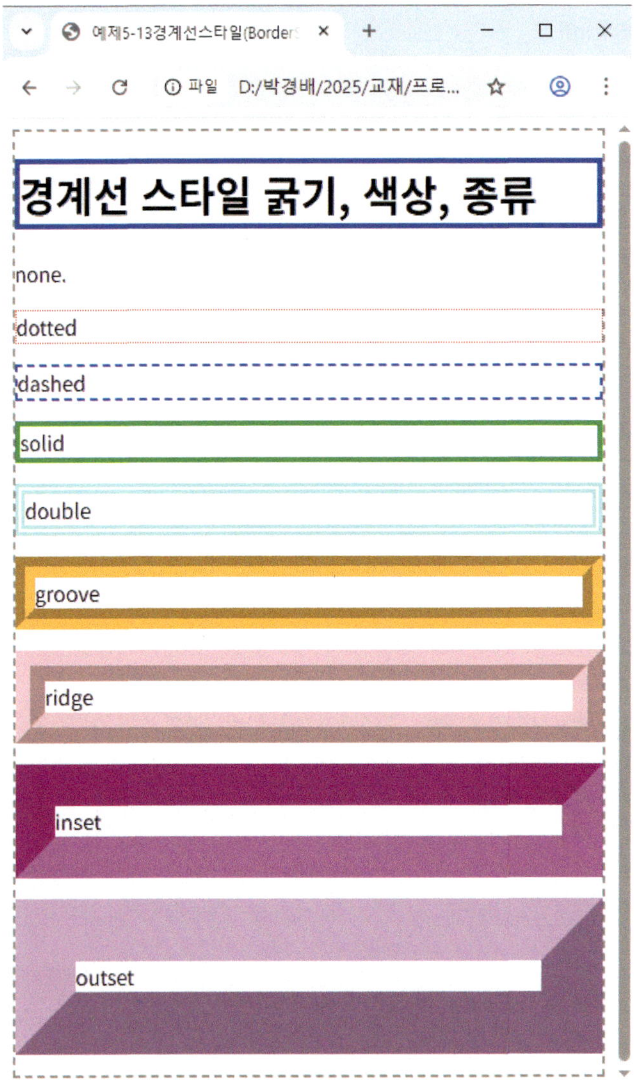

그림 5-16 경계선 속성

여러 방향의 경계선을 각각 다르게 설정하고 싶다면, border 속성을 방향별로 구체적으로 지정하면 된다. CSS에서는 4면(top, right, bottom, left)의 경계선을 시계방향으로 설정하는 방식을 사용한다.

```
<p style="border-style:dotted dashed solid double;">
```

4개의 경계선을 각기 다르게 설정할 수 있지만 border-style의 속성 값을 3개와 2개만 줄 수도 있다. 3개만 설정할 경우에는 첫 번째와 세 번째는 top과 bottom을 나타내며 두 번째 값은 right와 left의 경계선을 지정하게 된다. border-style을 2개만 설정하게 되면 첫 번째 속성 값은 top과 bottom 두 번째 속성 값은 right와 left의 경계선을 지정한다.

예제 5-13 borderMix.html

```html
<!DOCTYPE html>
<html>
<head>
        <title>예제5-13 혼합 경계선 스타일(BorderStyle)</title>
        <meta charset="utf-8">
        <style>
        #four {border-style:dotted dashed solid double; }
        #three{border-style: dashed solid double; }
        #two {border-style: dotted dashed; }
        </style>
</head>
<body>
    <h1>경계선의 속성과 혼합 스타일</h1>
    <p id="four">4개 혼합(top,right,bottom,left)</p>
    <p id="three">3개 혼합(top, right/left, bottom)</p>
    <p id="two">2개 혼합(top/bottom, right/left)</p>
</body>
</html>
```

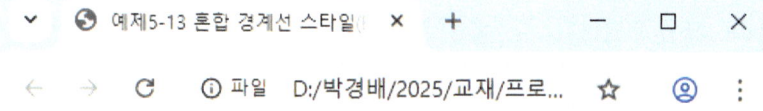

그림 5-17 혼합경계선 스타일

다음과 같이 border-radius 속성을 사용하면 요소의 모서리가 둥글게 변한다. 값이 클수록 곡률이 커져 더 둥근 모서리가 된다. 이처럼 border-radius 값만 조절해도 디자인에 다양한 곡선 효과를 쉽게 줄 수 있다.

〈p style="border:2px solid blue; border-radius:5px;"〉
〈p style="border:2px solid green; border-radius:20px;"〉

둥근 모서리 경계선

border:2px solid blue; border-radius:5px;

border:2px solid green; border-radius:20px;

5.3.11 박스(box)와 그림자(shadow)

HTML 문서에서 콘텐츠 요소는 박스(box) 모델로 구성되며, 이 박스는 그림 5-18과 같이 크게 네 부분으로 이루어진다.

▶ chatgpt : box 모델에 대해 설명해줘
- 콘텐츠(content) – 텍스트나 이미지 등 실제 표시되는 내용
- 패딩(padding) – 콘텐츠와 경계선 사이의 내부 여백. 투명하며 콘텐츠와 배경색은 이 영역까지 확장됨
- 경계선(border) – 콘텐츠를 둘러싸는 선. 두께, 스타일, 색상을 지정할 수 있음
- 마진(margin) – 박스 바깥의 외부 여백. 인접한 요소들과의 간격을 조절

margin과 padding은 모두 투명하다. 즉, 색상이 지정되지 않으면 화면에서는 공간만 차지하고 보이지 않는다. padding은 콘텐츠를 감싸는 공간이므로 배경색이 지정된 경우 패딩 영역까지 배경이 채워진다. margin은 요소 간의 간격 조절에 쓰이며, 겹치는 경우 더 큰 값이 적용된다(마진 병합 현상). 이러한 박스 모델은 웹 디자인에서 요소 간의 간격과 레이아웃을 정밀하게 제어하는 데 필수적인 개념이다.

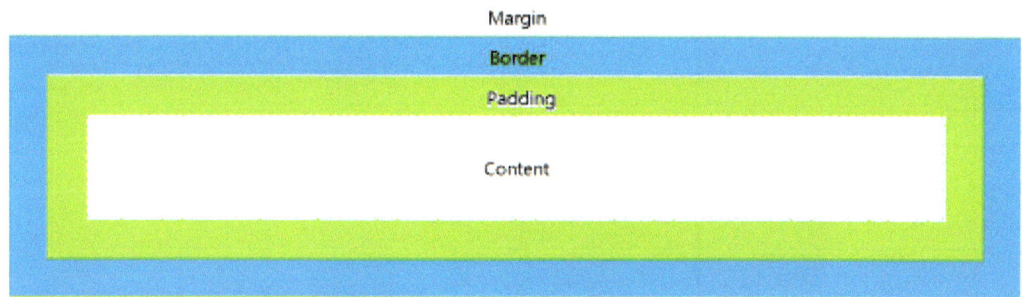

그림 5-18 Box 모델

박스의 크기는 width와 height속성을 이용하여 크기 값을 설정한다. width, height의 크기 속성은 일반적으로 px 단위를 사용하지만 다른 크기 요소들처럼 %을 사용하여 화면의 비율로 스타일 할 수 있다.

예제 5-14에서는 <p>와<div>는 id 선택자로 표현하였고 #target1과 #target2를 이용하여 박스에 둘러싸인 문자를 표현하였다.

예제에서 <h1> 태그에 설정된 박스 그림자는 박스 전체에 시각적인 입체감을 주기 위한 스타일 요소다. 이는 box-shadow 속성을 통해 구현되며 다음과 같은 각 속성 값의 의미는 다음과 같다.
5px (x축 이동) - 박스 그림자가 오른쪽으로 5픽셀 이동
5px (y축 이동) - 박스 그림자가 아래쪽으로 5픽셀 이동
3px (흐림 정도) - 그림자의 퍼짐 정도. 값이 작으면 선명하고, 값이 크면 더 흐릿하고 퍼진 그림자
gray (색상) - 그림자의 색상 지정

```
box-shadow:5px 5px 3px #aaaaaa;// x거리,y거리, 그림자 선명도, 색상
border-radius:20px;//둥근 모서리
```

그림자는 박스뿐만 아니라 텍스트(text-shadow)와는 독립적으로 동작한다. box-shadow는 여러 개의 그림자를 콤마(,)로 구분하여 동시에 적용할 수도 있으며 그림자 값에 음수를 사용하면 왼쪽이나 위쪽 방향으로 그림자를 이동시킬 수 있다. 이렇게 설정하면 그림자가 왼쪽 위로 이동하고, 흐리고 반투명한 효과를 낸다. box-shadow는 단순한 시각 효과 외에도 버튼, 카드, 섹션 등의 강조 표현에도 자주 사용된다. 경계선이나 박스의 모서리를 둥근 모양으로 만들고 싶다면 border-radius속성을 사용한다. 프로그램 실행 결과는 그림 5-19에서 나타내었으며 콘텐츠가 박스의 형태로 나타난 것을 볼 수 있다.

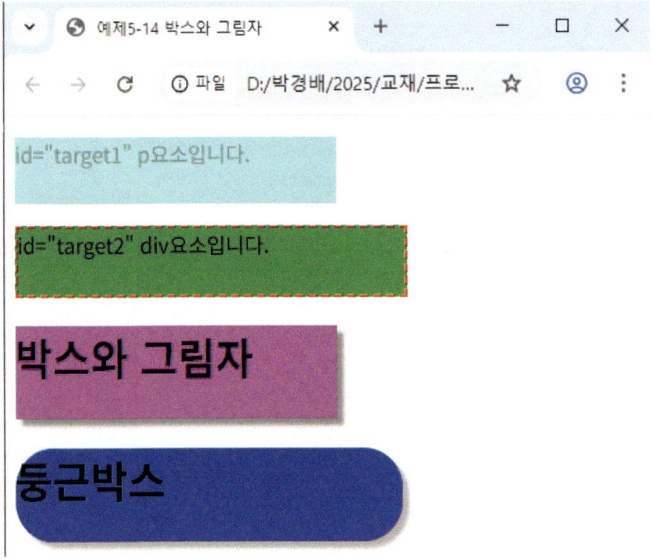

그림 5-19 박스와 그림자

예제 5-14 box&Shadoow.html

```html
<!DOCTYPE html>
<html>
<head>
        <title>예제5-14 박스와 그림자</title>
        <meta charset="utf-8">
        <link type="text/css" rel="stylesheet" href="css/color.css">
    <style>
        #target1{ width: 250px; height: 50px; background-color: cyan; }
        #target2{ width:300px; height:50px; background-color: green; }
    </style>
</head>
<body>
    <p id="target1">id="target1" p요소입니다. </p>
    <div id="target2">id="target2" div요소입니다.</div>
    <h1 style="width:250px; height:70px; box-shadow:5px 5px 3px #888888;">
        박스와 그림자</h1>
    <h1 style="width:300px; height:70px; background:blue;
               box-shadow:5px 5px 3px #aaaaaa;border-radius:30px"> 둥근박스</h1>
</body>
</html>
```

5.4 chap5css.html 만들기

▶ chatgpt :
1. 5장의 파일들을 chap5css.html 하이퍼링크로 만듦
2. 제목은 CSS 기본 문법으로 해줘
3. 가독성 있는 CSS 적용해줘

예제 5-15는 AI가 만든 chap5CSS.html 파일이며 가독성 있는 CSS가 적용된 결과를 그림 5-20에서 확인 할 수 있다. chap5CSS.html은 CSS가 적용된 결과이며 앞서 만든 chap3html.html과 chap4multi.html에도 같은 CSS를 적용한다.

예제 5-15 chap5css.html

```
<!DOCTYPE html>
<html>
<head>
    <title>CSS 기본 문법</title>
    <meta charset="utf-8">
    <style>
        body {
            font-family: Arial, sans-serif;
            margin: 20px;
            background-color: #f4f4f4;
            color: #333;
        }
        h1 {
            color: #0056b3;
            border-bottom: 2px solid #0056b3;
            padding-bottom: 10px;
            margin-bottom: 20px;
        }
        ul {
            list-style-type: none;
            padding: 0;
        }
        li {
            background-color: #ffffff;
            margin-bottom: 10px;
```

```html
            padding: 12px 15px;
            border-radius: 5px;
            box-shadow: 0 2px 4px rgba(0, 0, 0, 0.1);
        }
        a {
            text-decoration: none;
            color: #007bff;
            font-weight: bold;
        }
        a:hover {
            color: #0056b3;
            text-decoration: underline;
        }
    </style>
</head>
<body>
    <h1>CSS 기본 문법 예제</h1>
    <ul>
        <li><a href="예제5-2exCss.html" target="_blank">예제5-2 외부 스타일시트</a></li>
        <li><a href="예제5-3innerCss.html" target="_blank">예제5-3 내부 스타일시트</a></li>
        <li><a href="예제5-4inlineCss.html" target="_blank">예제5-4 인라인 스타일시트</a></li>
        <li><a href="예제5-5typeSelector.html" target="_blank">예제5-5 타입 선택자</a></li>
        <li><a href="예제5-6idSelector.html" target="_blank">예제5-6 아이디 선택자</a></li>
        <li><a href="예제5-7classSelector.html" target="_blank">예제5-7 클래스 선택자</a></li>
        <li><a href="예제5-8IdClassSelector.html" target="_blank">예제5-8 Id/Class 선택자</a></li>
        <li><a href="예제5-9pseduo.html" target="_blank">예제5-9 의사 선택자</a></li>
        <li><a href="예제5-10fontText.html" target="_blank">예제5-10 폰트와 텍스트</a></li>
        <li><a href="예제5-11color.html" target="_blank">예제5-11 색상 표현</a></li>
        <li><a href="예제5-12borderStyle.html" target="_blank">예제5-12 경계선 스타일(BorderStyle)</a></li>
        <li><a href="예제5-13mixBorder.html" target="_blank">예제5-13 혼합 경계선 스타일(BorderStyle)</a></li>
        <li><a href="예제5-14boxShadow.html" target="_blank">예제5-14 박스와 그림자</a></li>
    </ul>
</body>
</html>
```

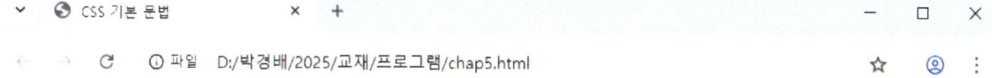

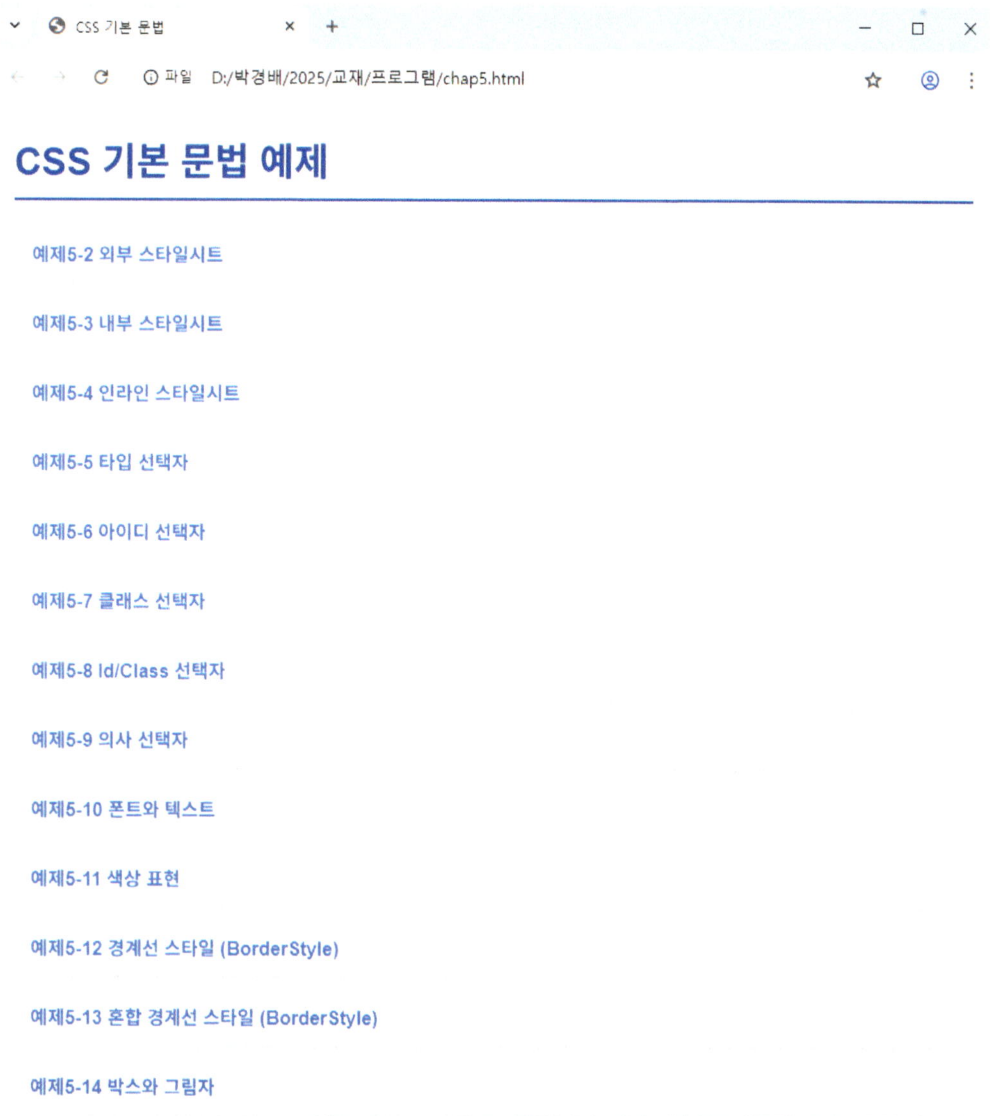

CSS 기본 문법
파일 D:/박경배/2025/교재/프로그램/chap5.html
CSS 기본 문법 예제
예제5-2 외부 스타일시트
예제5-3 내부 스타일시트
예제5-4 인라인 스타일시트
예제5-5 타입 선택자
예제5-6 아이디 선택자
예제5-7 클래스 선택자
예제5-8 Id/Class 선택자
예제5-9 의사 선택자
예제5-10 폰트와 텍스트
예제5-11 색상 표현
예제5-12 경계선 스타일 (BorderStyle)
예제5-13 혼합 경계선 스타일 (BorderStyle)
예제5-14 박스와 그림자

그림 5-20 chap5CSS.html

과 제

1. chatgpt을 이용하여 CSS의 기능에 대해 설명하시오.

2. chatgpt을 이용하여 CSS를 사용하기 위한 문법에 대해 설명하시오.

3. chatgpt을 이용하여 CSS를 html에서 사용하기 위한 3가지 방법에 대해 설명하시오.

4. chatgpt을 이용하여 CSS의 선택자 중 타입, 아이디, 클래스 선택자에 대해 설명하시오.

5. chatgpt을 이용하여 아이디 선택자를 이용하여 다음 그림과 같은 스타일을 적용하시오.

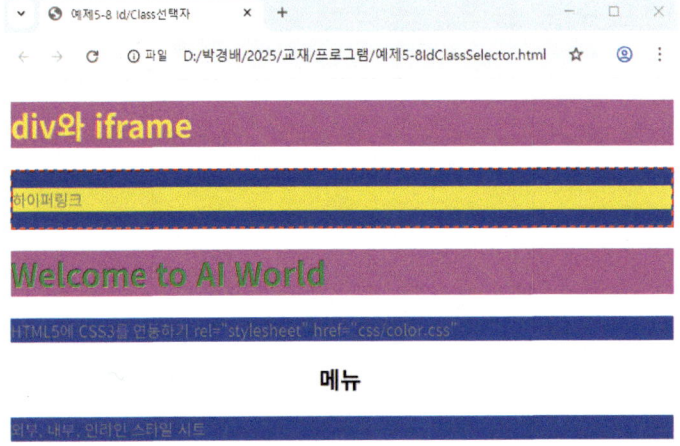

6. chatgpt을 사용하고 text 스타일을 적용하여 다음 그림을 구현하시오.

문자의 그림자

7. chatgpt을 이용하여 다음 그림과 같은 경계선을 구현하시오.

경계선 혼합

8. chatgpt을 이용하여 8가지 경계선에 대해 설명하시오.

참고 문헌

▶ "HTML5 중심의 CSS3와 자바스크립트", 박경배, 21세기출판사, 2021

참고 사이트

1. https://www.w3schools.com/css/default.asp

2. https://www.w3schools.com/css/css_syntax.asp

3. http://webberstudy.com/html-css/css-1/border/

4. https://ofcourse.kr/css-course/border-%EC%86%8D%EC%84%B1

5. https://developer.mozilla.org/ko/docs/Web/CSS

6. https://ko.wikipedia.org/wiki/종속형_시트

7. https://css.gethub.com/css/

6장 웹 화면 디자인

6.1 콘텐츠 위치

6.1.1 화면 표시(display)

▶ chatgpt :

HTML 요소는 **"블록 요소(Block element)"**와 "인라인 요소(Inline element)" 두 가지로 나뉩니다. 각각의 특성과 차이점은 다음과 같습니다.

① 블록 요소 (Block-level Element)
- ☐ 특징

    항상 새로운 줄에서 시작합니다.
    기본적으로 **가로 전체(부모의 100%)**를 차지합니다.
    너비(width), 높이(height), 여백(margin), 패딩(padding) 설정이 자유롭습니다.
    다른 블록 요소나 인라인 요소를 내부에 포함할 수 있습니다.

- ☐ 대표적인 블록 요소

    ⟨div⟩, ⟨p⟩, ⟨h1⟩ ~ ⟨h6⟩, ⟨ul⟩, ⟨ol⟩, ⟨li⟩, ⟨section⟩, ⟨article⟩, ⟨nav⟩, ⟨footer⟩, ⟨header⟩, ⟨table⟩, ⟨form⟩

② 인라인 요소 (Inline Element)
- ☐ 특징

    새 줄로 바뀌지 않고, 한 줄 안에 다른 인라인 요소와 함께 나열됩니다.
    내용의 크기만큼만 공간을 차지합니다.
    너비(width), 높이(height) 설정이 제한적입니다.
    블록 요소를 내부에 포함할 수 없습니다.

- ☐ 대표적인 인라인 요소

    ⟨span⟩, ⟨a⟩, ⟨strong⟩, ⟨em⟩, ⟨img⟩, ⟨label⟩, ⟨input⟩, ⟨abbr⟩, ⟨b⟩, ⟨i⟩

이처럼 HTML 구조를 설계할 때 블록 요소와 인라인 요소를 이해하면 문서의 레이아웃과 스타일링을 훨씬 더 효율적으로 할 수 있다. 아래 그림과 같이 블록 요소는 ⟨h⟩나⟨p⟩ 등과 같이 문단 단위로 표시되는 요소를 말하며 〈i〉,〈a〉,〈b〉와 같이 줄 바뀜 없이 사용되는 요소를 인라인 요소라 한다. CSS의 display 속성을 사용하면 요소의 블록/인라인 속성을 변경할 수 있다.

```
블록요소
1. AI
2. Software
3. Dept.
4. VR
5. Convergence
```

인라인요소 *이탤릭* 위첨자 아래첨자 링크

설정값	설명
display: block;	인라인 요소를 블록 요소처럼 변경
display: inline;	블록 요소를 인라인 요소처럼 변경
display: inline-block;	인라인처럼 나열되되, 블록처럼 너비/높이 설정 가능
display: none;	요소를 화면에서 감춤 (렌더링 안됨)

예제 6-1은 대표적인 블록 요소로 〈li〉를 인라인으로 표시하는 방법을 나타낸 것이다.
인라인 요소〈i〉,〈b〉,〈a〉요소들을 블록 요소로 표시하기 위해선 각 태그에 동일한 아이디 #block을 정의하고 display 속성을 inline로 설정하면 된다.

```
#block { display:block; border: 1px solid blue;}
<i id="block">이탤릭</i><sup id="block">위첨자</sup>
<sub id="block">아래첨자</sub>    <a id="block"href="#">링크</a>
```

그림 6-1과 같이 블록 요소는 인라인 요소로 변경되고 인라인 요소는 블록 요소로 변경되어 표시되는 것을 볼 수 있다.

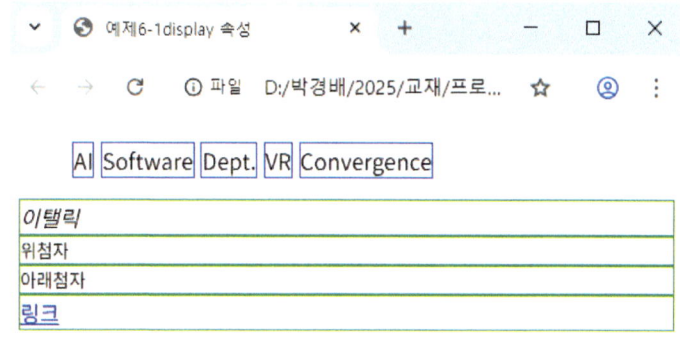

그림 6-1 display

예제 6-1 display.html

```html
<!DOCTYPE html>
<html>
<head>
        <title>예제6-1display 속성</title>
        <meta charset="utf-8">
        <link type="text/css" rel="stylesheet" href="css/color.css">
        <style>
        #OList li {display:inline;border: 1px solid blue;}
                #block {display:block; border: 1px solid green;}
        </style>
</head>
<body>
    <ol id="OList">
        <li>AI</li>
                <li>Software</li>
                <li>Dept.</li>
                <li>VR</li>
                <li>Convergence</li>   </ol>
                <i class="block">이탤릭</i>
                <sup class="block">위첨자</sup>
                <sub class="block">아래첨자</sub>
                <a class="block" href="#">링크</a>
</body>
</html>
```

6.1.2 마진(margin)과 패딩(padding)

▶ chatgpt : 마진과 패딩에 대해 설명해줘

웹 문서를 구성할 때 콘텐츠의 위치를 어떻게 배치하느냐는 매우 중요한 요소 중 하나이다. 특히 HTML5에서 제공하는 <header>, <nav>, <article>, <footer>와 같은 시맨틱 요소를 사용할 경우, 각 요소의 위치와 배치는 웹 사이트의 전체적인 디자인과 사용자 경험에 큰 영향을 준다. 이러한 레이아웃을 구성할 때 자주 사용하는 스타일 속성이 바로 margin과 padding이다.

HTML 요소 사이의 간격이나 요소 내부의 여유 공간을 설정하기 위해 CSS에서 margin과 padding 속성을 사용한다. 이 두 속성은 유사해 보이지만 기능적으로 분명한 차이가 있다. margin은 요소 바깥쪽 여백을 의미하며, 주로 콘텐츠와 콘텐츠 간의 간격을 설정할 때 사용된다. padding은 요소 안쪽 여백을 의미하며, 콘텐츠 내부의 텍스트나 이미지와 테두리(border) 사이의 간격을 설정할 때 사용한다.

margin과 padding은 다음과 같이 네 방향의 속성을 갖는다.

방향	속성명
위쪽(top)	margin-top, padding-top
오른쪽(right)	margin-right, padding-right
아래쪽(bottom)	margin-bottom, padding-bottom
왼쪽(left)	margin-left, padding-left

margin과 padding은 그림 6-2와 같이 각각 화면의 위(top), 오른쪽(right), 아래(bottom) 그리고 왼쪽(left)의 속성을 갖고 있으며 단순히 margin이나 padding이라 하면 4개의 속성을 모두 같은 값으로 지정한다. margin과 padding은 웹브라우저 화면에서의 여백뿐만 아니라 문자나 박스와 같이 단일 콘텐츠에서도 동일하게 적용된다. margin은 콘텐츠와 콘텐츠 간의 여백을 지정하고 padding은 콘텐츠 내에서 위, 오른쪽, 아래, 왼쪽의 여백을 지정하여 나타낸다.

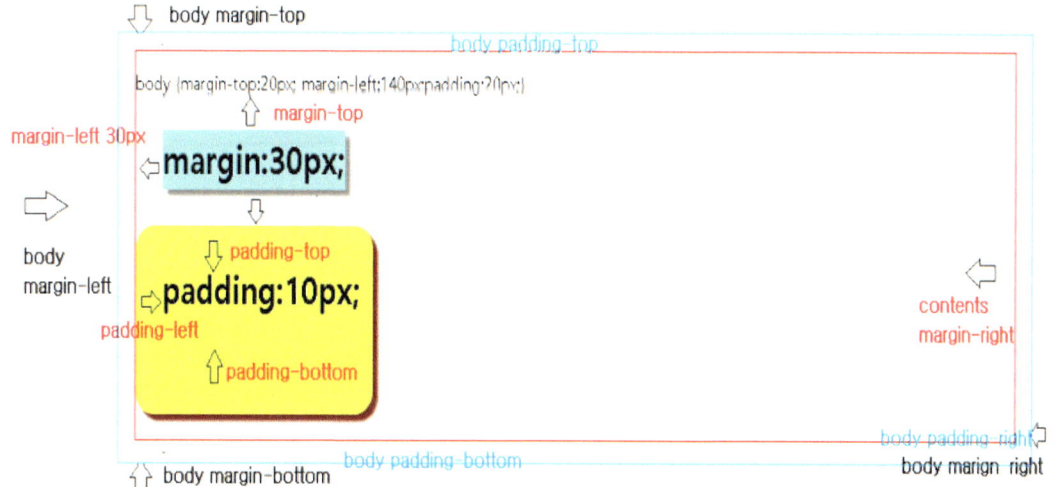

그림 6-2 margin과 padding(출처:가상현실을 위한 html5&web3d)

만약 위 부분과 왼쪽 부분의 margin을 따로 정의하고 싶다면 각각의 요소에 대해 개별적으로 margin-top:20px; margin-left:40px;으로 정의한다. 예제 6-2에서는 padding의 속성을 4개의 면에 모두 20px로 동일하게 정의되었다.

그림 6-2에서 보는 바와 같이 문서의 스타일은 브라우저 창의 화면을 기준으로 margin의 속성을 적용하였다. <body> 태그 요소는 화면의 margin-top, margin-right, margin-bottom 그리고 margin-left으로 20px로 설정하였다. 만약 마진의 스타일을 아래와 같이 정의 되었다면 순서는 위쪽, 오른쪽, 아래쪽 그리고 왼쪽의 순으로 지정된다.

```
margin : 10px 20px 20px 15px;
```

body의 padding은 눈에 보이지 않지만 그림 6-2에서 파랑색 선으로 표시된 영역이다. 예제 6-2에서는 〈div〉를 사용하여 빨강색 영역을 표시하였고 파랑색 영역은 다른 콘텐츠와의 여백을 나타낸다. padding 역시 margin과 같이 top, right, bottom 그리고 left 속성을 가진다.

body 스타일에서 padding:20px로 설정하였으면 body안의 콘텐츠들은 20px의 여백이 주어진다. body 스타일의 마진과 패딩이 문서 전체 영역의 여백을 설정하는 것이라면 인라인 스타일이 적용된 태그와 아이디는 각 콘텐츠의 여백을 설정한다. 그림 6-2에서 빨강색 영역은 콘텐츠 안의 마진과 패딩을 나타낸다.

예제 6-2 marginPadding.html

```
<!DOCTYPE html>
<html lang="ko">
<head>
  <meta charset="utf-8">
  <title>예제 6-2 마진(margin)과 패딩(padding)</title>
  <style>
    body {         margin-top: 20px;
      margin-left: 140px;
      padding: 20px;
      border: 1px solid cyan;
    }
    #container {      border: 1px solid red;      }
    .box-margin {      width: 200px;
      height: 50px;
      background: #00ffff;
      margin: 30px;
      box-shadow: 5px 5px 3px #888888;
    }
    .box-padding {      width: 200px;
      height: 100px;
      background: #ffff00;
      padding: 30px;
      box-shadow: 5px 5px 3px #770000;
      border-radius: 20px;
    }
  </style>
</head>
<body>
  <div id="container">
    <p>body { margin-top:20px; margin-left:140px; padding:20px; }</p>
```

```
    <div class="box-margin">margin:30px;</div>
    <div class="box-padding">padding:30px;</div>
  </div>
</body>
</html>
```

6.1.3 위치(position) 설정

▶ chatgpt : css3 position에 대해 설명해줘

CSS3에서 position 속성은 HTML 요소의 위치를 제어할 때 사용합니다. 이 속성은 요소가 문서 흐름에서 어떤 방식으로 배치될지를 결정하며, 다섯 가지 주요 값이 있습니다.

① static (기본값)
- 기능 : 기본적인 문서의 흐름(위에서 아래로, 왼쪽에서 오른쪽)대로 요소를 배치합니다.
- 특징 : top, right, bottom, left 속성이 무시됩니다.

② relative
- 기능 : 원래 위치를 기준으로 상대적으로 이동합니다.
- 특징 : top, left, right, bottom 값이 적용되어 요소를 이동시키지만, 공간은 원래 자리를 유지합니다.

③ absolute
- 기능 : 가장 가까운 position: relative 또는 absolute, fixed 요소를 기준으로 위치를 지정합니다. 그런 요소가 없으면 body를 기준으로 합니다.
- 특징 : 문서 흐름에서 제외되며, 해당 요소가 차지하던 공간은 사라집니다.

④ fixed
- 기능 : 브라우저의 화면(viewport)을 기준으로 위치를 고정합니다.
- 특징 : 스크롤을 해도 해당 요소는 항상 같은 위치에 고정됩니다.

⑤ sticky (CSS3 추가)
- 기능 : relative와 fixed의 혼합형.
- 특징 : 요소가 스크롤 위치에 따라 원래 위치에 있다가 특정 위치에 도달하면 고정됩니다.
- 조건 : 부모 요소에 overflow: visible이어야 하며, top, left, right, bottom 중 하나 이상을 지정해야 작동합니다.

〈비교 요약〉

값	기준 기준점	흐름 포함 여부	특징 요약
static	기본 문서 흐름	포함됨	기본값, 위치 변경 불가
relative	자기 원래 위치	포함됨	이동 가능, 공간 유지
absolute	가장 가까운 위치 지정 요소	제외됨	자유롭게 배치 가능
fixed	브라우저 창	제외됨	항상 고정 위치
sticky	스크롤 위치 + 부모 영역	포함됨	조건부 고정

html 요소들의 마진과 패딩이 콘텐츠간의 여백과 관련하여 화면을 디자인하는 것이라면 요소의 위치는 콘텐츠의 위치를 정하여 화면 설계를 디자인하는 방법이다.

CSS를 이용한 위치 설정 방법은 다음과 같이 5가지가 있다.
① 정적 위치(static position) : 웹 문서의 태그 순서에 따라 정상적인 위치로 설정(기본 값).
② 상대위치(relative position) : 주변 콘텐츠의 위치에 따라 상대적인 위치로 설정.
③ 절대위치(absolute position) : 정적 위치가 아닌 요소를 기준으로 위치 설정
④ 고정 위치(fixed position) : 윈도우 화면 크기변화(스크롤)가 되어도 고정된 위치 설정
⑤ 가변 위치(sticky position) : 정적 위치와 같지만 스크롤 상태가 한계치가 되면 고정위치를 적용하여 박스를 고정시킨다.

HTML 요소는 기본적으로 정적(static) 위치 방식으로 설정된다. 정적 위치는 웹 페이지의 자연스러운 흐름에 따라 요소를 배치하며, 이때 top, right, bottom, left와 같은 위치 속성은 적용되지 않는다.

요소에 상대(relative)위치를 지정하면, 해당 요소는 원래 위치를 기준으로 top, right, bottom, left 속성에 따라 이동한다. 이때 요소는 시각적으로 이동하지만, 원래 위치는 문서 흐름상 그대로 유지된다. 절대(absolute)위치는 가장 가까운 상위 요소 중 relative, absolute, fixed 위치가 설정된 요소를 기준으로 한다. 만약 상위 요소가 모두 정적(static) 위치로 설정되어 있다면, 문서의 〈body〉 요소를 기준으로 위치가 결정된다. 절대 위치로 설정된 요소는 문서 흐름에서 제외되며, 다른 요소에 영향을 주지 않는다. 또한, 스크롤에 따라 같이 움직인다. 고정(fixed) 위치는 브라우저 화면을 기준으로 위치가 결정되며, 페이지를 스크롤 하더라도 항상 같은 위치에 고정된다. 이 위치 방식은 상단 고정 메뉴나 하단 고정 버튼 등을 구현할 때 유용하게 사용된다.

- static

예제 6-3은 static 배치의 방법으로 나타낸 것이다. 그림 6-3에서 5개의 박스는 html 요소의 흐름으로 자연스럽게 나열된다. static 스타일의 경우 top, left, bottom, right 값은 적용되지 않는다.

그림 6-3 static 위치설정

예제 6-3 static.html

```html
<!DOCTYPE html>
<html lang="ko">
<head>
  <meta charset="utf-8">
  <title>예제 6-3 위치 설정(positioning): static</title>
  <link rel="stylesheet" href="color.css">
  <style>
    .static-box {        position: static;       width: 200px;       height: 50px;
      margin: 10px 0;      line-height: 50px;       color: white;
      text-align: center;      font-weight: bold;       }
    .box-red { background: #ff0000; }
    .box-green { background: #11ff00; color: black; }
    .box-blue { background: #0000ff; }
    .box-cyan { background: #00ffff; color: black; }
    .box-yellow { background: #ffff00; color: black; }
  </style>
</head>
<body>
  <h3>static 정적 배치</h3>
  <div class="static-box box-red">position: static</div>
  <div class="static-box box-green">position: static</div>
  <div class="static-box box-blue">position: static</div>
  <div class="static-box box-cyan">position: static</div>
  <div class="static-box box-yellow">position: static</div>
</body>
</html>
```

- relative

예제 6-4는 relative 배치에 의한 표시 방법으로 그림 6-4에서와 같이 각 요소들은 top과 left의 값에 따라 상대적으로 배치된다.

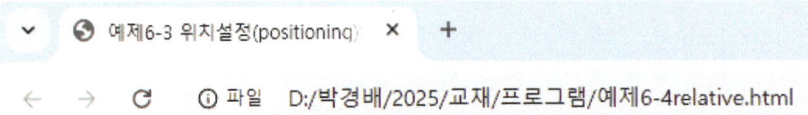

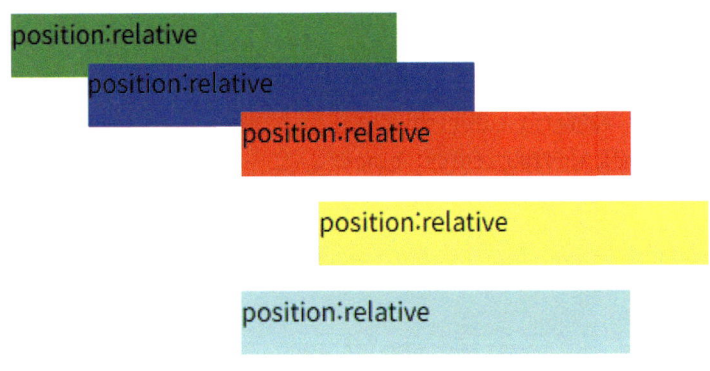

그림 6-4 relative 위치

예제 6-4 relative.html

```
<!DOCTYPE html>
<html lang="ko">
<head>
  <meta charset="utf-8">
  <title>예제 4-3 상대 위치 설정(positioning: relative)</title>
  <style>
    .relative-box {      position: relative;      width: 250px;
      height: 40px;      margin: 10px 0;      line-height: 40px;
      text-align: center;      font-weight: bold;      color: white;
    }
    .green { background: green; top: 50px; }
    .blue { background: blue; top: 25px; left: 50px; }
    .red { background: red; left: 150px; }
```

```
    .yellow { background: yellow; color: black; left: 200px; }
    .cyan { background: cyan; color: black; left: 150px; }
  </style>
</head>
<body>
  <h3>relative 상대 배치</h3>
  <div class="relative-box green">position: relative</div>
  <div class="relative-box blue">position: relative</div>
  <div class="relative-box red">position: relative</div>
  <div class="relative-box yellow">position: relative</div>
  <div class="relative-box cyan">position: relative</div>
</body>
</html>
```

- absolute

예제 6-5는 relative와 absolute 배치를 혼합하여 나타낸 것이다. 그림 6-5에서 absolute로 선언된 요소가 relative 요소와 겹쳐진 것을 확인할 수 있다.

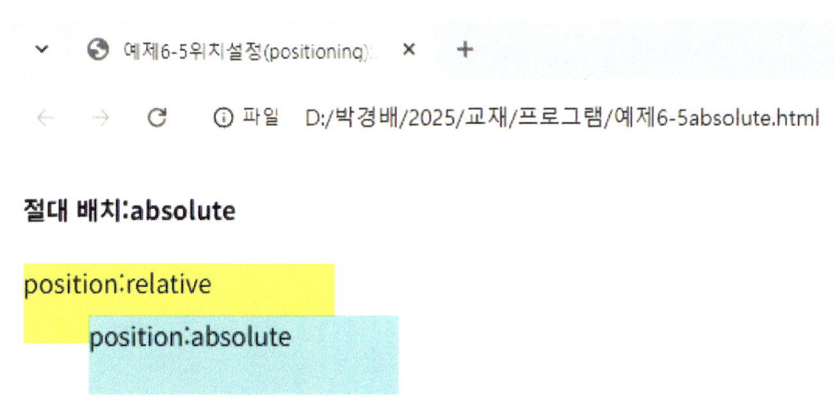

그림 6-5 absolute 절대 위치

예제 6-5 absolute.html

```
<!DOCTYPE html>
<html lang="ko">
<head>
  <meta charset="utf-8">
  <title>예제 6-5 위치 설정(positioning: absolute)</title>
  <link rel="stylesheet" href="color.css">
```

```html
<style>
    .relative-box {       position: relative;       width: 200px;       height: 50px;
      background: #ffff00;       margin-bottom: 20px;       line-height: 50px;
      text-align: center;       font-weight: bold;       color: black;       }

    .absolute-box {       position: absolute;       width: 200px;       height: 50px;
      background: #11ffff;       top: 100px;       left: 50px;       line-height: 50px;
      text-align: center;       font-weight: bold;       color: black;       }
    /* 부모에 relative를 지정하지 않으면 body를 기준으로 위치함 */
  </style>
</head>
<body>
  <h4>절대 배치: absolute</h4>
  <div class="relative-box">position: relative</div>
  <div class="absolute-box">position: absolute</div>
</body>
</html>
```

- fixed

HTML 요소에서 position 속성을 fixed로 선언하면 해당 요소는 웹 페이지 내에서 항상 고정된 위치에 머무르게 된다. 이는 웹 페이지를 스크롤 하더라도 요소의 위치가 절대적으로 변하지 않도록 설정하는 방식이다. 그림 6-6과 같이 fixed 속성의 효과는 웹브라우저의 스크롤 상태에서 더욱 뚜렷하게 확인할 수 있다. 일반적인 relative나 absolute 속성은 스크롤 시 콘텐츠와 함께 움직이지만, fixed는 브라우저 창을 기준으로 위치가 고정되므로 항상 같은 자리에 머물러 사용자에게 지속적으로 노출된다.

이러한 특성은 고정 메뉴, 퀵 버튼, 알림 배너 등 사용자의 편의성을 높이는 요소에 많이 활용된다. 예제 6-6에서는 이러한 fixed 속성의 특징을 직접 확인할 수 있도록 구성되어 있다.

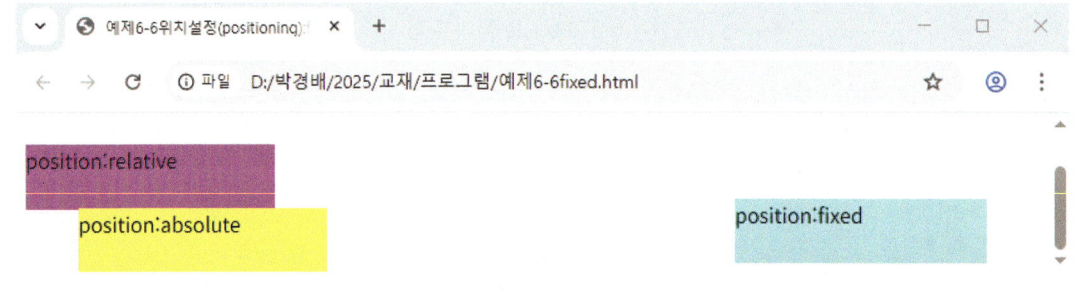

그림 6-6 fixed 고정위치

예제 6-6 fixed.html

```html
<!DOCTYPE html>
<html lang="ko">
<head>
  <meta charset="utf-8">
  <title>예제 6-6 위치 설정(positioning: fixed)</title>
  <style>
    .relative-box {     position: relative;     width: 200px;     height: 50px;
      background: #ff00ff;     margin-bottom: 20px;     line-height: 50px;
      text-align: center;     font-weight: bold;     color: white;     }

    .absolute-box {     position: absolute;     width: 200px;     height: 50px;
      background: #ffff00;     top: 100px;     left: 50px;
      line-height: 50px;     text-align: center;     font-weight: bold;
      color: black;     }

    .fixed-box {     position: fixed;     width: 200px;     height: 50px;
      background: #11ffff;     top: 50px;     right: 50px;
      line-height: 50px;     text-align: center;     font-weight: bold;
      color: black;     }
  </style>
</head>
<body>
  <h4>고정 위치: fixed</h4>
  <div class="relative-box">position: relative</div>
  <div class="absolute-box">position: absolute</div>
  <div class="fixed-box">position: fixed</div>
</body>
</html>
```

- sticky

sticky 속성은 HTML 요소의 위치를 제어할 때 사용하는 position 속성의 값 중 하나로, 스크롤 동작에 따라 위치가 동적으로 변경되는 특수한 형태이다. 이 속성은 relative와 fixed 속성의 특성을 혼합한 형태로 동작한다. 일반적으로 sticky는 스크롤바가 없는 상태에서는 relative처럼 작동한다. 즉, 요소는 문서의 흐름에 따라 자연스럽게 배치된다. 하지만 스크롤이 발생하면 지정된 기준 지점(예: top: 0)에 도달한 순간부터는 고정된(fixed) 위치처럼 동작하여 해당 위치에 일정 시간 동안 고정된다.

예제 6-7은 sticky의 속성을 나타낸 것으로 그림6-7에서 확인할 수 있듯이, fixed 속성은 스크롤과 무관하게 항상 같은 자리에 위치하지만, sticky 속성은 스크롤의 진행 상황에 따라 위치가 변하며, 특정 조건에서만 고정된 위치에 머문다. 이후 추가적인 스크롤이 진행되면 다시 문서의 흐름에 따라 움직이게 된다. 이 속성은 섹션 제목을 스크롤에 따라 상단에 고정시키거나, 특정 콘텐츠를 일정 지점까지 고정시켜 보여줄 때 유용하게 사용된다.

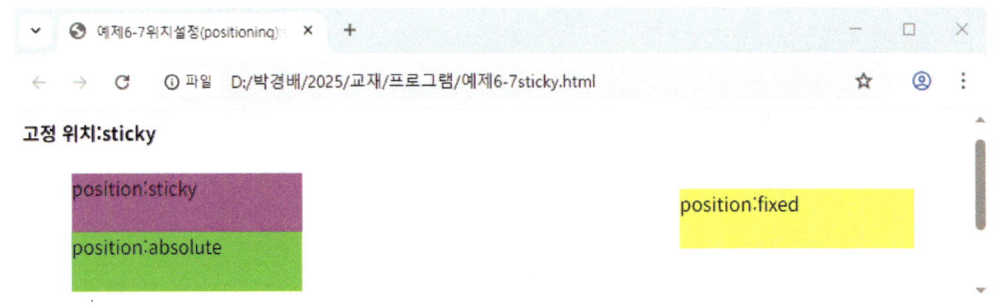

그림 6-7 sticky 고정위치

예제 6-7 sticky.html

```
<!DOCTYPE html>
<html lang="ko">
<head>
  <meta charset="utf-8">
  <title>예제 6-7 위치 설정(positioning: sticky)</title>
  <style>
    body {        height: 2000px; /* 스크롤 테스트용 */
                  padding: 20px;       }

    .absolute-box {       position: absolute;      width: 200px;        height: 50px;
      background: #11ff00;       top: 100px;      left: 50px;
      line-height: 50px;       text-align: center;       font-weight: bold;
      color: black;        }

    .fixed-box {       position: fixed;      width: 200px;        height: 50px;
      background: #ffff00;       top: 50px;      right: 50px;
      line-height: 50px;       text-align: center;       font-weight: bold;
      color: black;        }
 /* sticky 효과 테스트 */
    .sticky-box {       position: sticky;      width: 200px;        height: 50px;
      background: #ff11ff;       top: 50px;      margin-bottom: 1000px;
      line-height: 50px;       text-align: center;       font-weight: bold;      color: white;       }
  </style>
</head>
```

```
<body>
  <h4>위치 설정: sticky</h4>
  <div class="sticky-box">position: sticky</div>
  <div class="absolute-box">position: absolute</div>
  <div class="fixed-box">position: fixed</div>
</body>
</html>
```

예제 6-8은 정적(static), 상대(relative), 절대(absolut), 고정(fixed) 그리고 sticky 위치를 표현하기 위하여 5개의 #stt,#rel,#abs,#fxd,#stc 스타일로 각각 적용하였다.

```
<p id="stt" style="top:50px;">position:static</p>   //정적
<div id="rlt" style="top:25px; left:50px;">position:relative</div>   //상대
<p id="abs" style="right:150px;">position:absolute; </p>    //절대
<div id="fxd" style="right:200px;">position:fixed; </div>    //고정
<p id="stc" style="top:0px,">position:sticky; </p> //sticky
```

정적 #stt는 정상적인 위치이므로 정상적인 위치에 박스가 표시되면 #rlt의 경우 상대적인 위치이므로 #stt로 부터 top:25px 그리고 left:50px에 위치한다. #abs의 경우의 절대 위치 기준은 #rlt가 기준이 되므로 right:150px에 위치한다. #fxd는 고정된 위치 right:200px 이므로 그림 6-8과 같이 스크롤 하여도 #fxd는 해당 위치에 고정된다.
#stc와 #fxd는 sticky와 fixed 위치로 사용자가 스크롤바를 움직여도 해당 콘텐츠는 스크롤바에 의해 항상 화면에 나타난다.

예제 6-8 혼합postion.html

```
<!DOCTYPE html>
<html lang="ko">
<head>
  <meta charset="utf-8">
  <title>예제 6-8 혼합 위치 설정</title>
  <style>
    body {         height: 1500px; /* 스크롤 테스트용 */
      padding: 20px;        }
    .static-box {       position: static;      width: 200px;      height: 50px;
      background: #ff0000;     margin-bottom: 20px;      line-height: 50px;
      text-align: center;     font-weight: bold;     color: white;       }
    .relative-box {       position: relative;      width: 200px;      height: 50px;
```

```
            background: #11ffaa;        top: 25px;         left: 50px;
            margin-bottom: 20px;        line-height: 50px;        text-align: center;
            font-weight: bold;        color: black;        }
        .absolute-box {        position: absolute;        width: 200px;        height: 50px;
            background: #aa00ff;        right: 100px;        top: 200px;
            line-height: 50px;        text-align: center;        font-weight: bold;
            color: white;        }
        .fixed-box {        position: fixed;        width: 200px;        height: 50px;
            background: #00aaff;        right: 150px;        top: 50px;
            line-height: 50px;        text-align: center;        font-weight: bold;
            color: white;        }
        .sticky-box {        position: sticky;        width: 200px;        height: 50px;
            background: #333333;        top: 0px;
            margin-bottom: 1000px; /* sticky 효과용 여백 */
            line-height: 50px;    text-align: center;    font-weight: bold;    color: white;    }
    </style>
</head>
<body>
    <h4>혼합 위치 설정</h4>
    <div class="sticky-box">position: sticky</div>
    <div class="static-box">position: static</div>
    <div class="relative-box">position: relative</div>
    <div class="absolute-box">position: absolute</div>
    <div class="fixed-box">position: fixed</div>
</body>
</html>
```

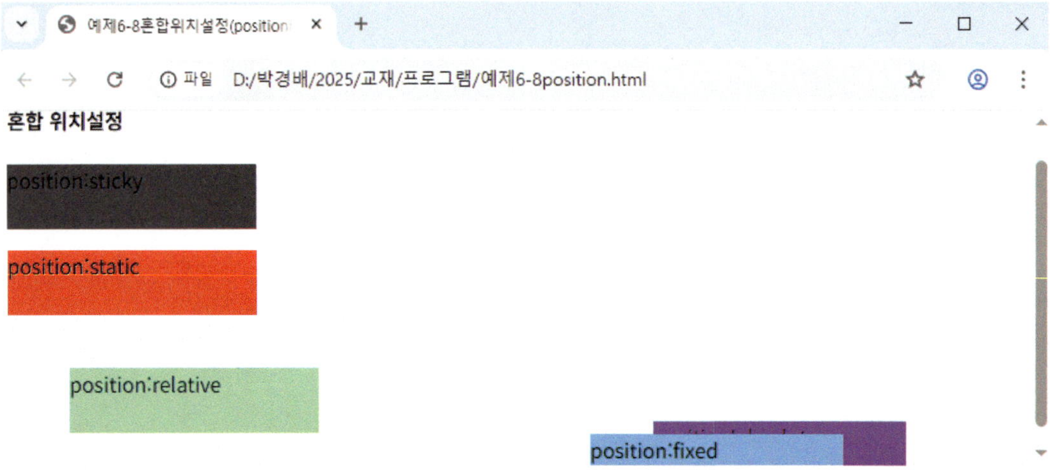

그림 6-8 혼합위치 설정

6.1.4 계층화(z-index)

▶ chatgpt : z-index에 대해 설명해줘

z-index는 HTML 요소의 쌓임 순서(Stacking Order)를 제어하는 CSS 속성입니다. 웹 페이지에서 여러 요소들이 겹쳐질 경우, 어떤 요소가 앞에 보이고, 어떤 요소가 뒤로 숨겨질지를 결정합니다.

☐ 기본 개념

z-index는 정수 값으로 지정합니다.
값이 클수록 위쪽(앞쪽)에 표시됩니다.
기본값은 auto이며, 모든 요소는 기본적으로 z-index: 0처럼 동작합니다.

☐ 사용 조건

z-index는 반드시 position 속성이 relative, absolute, fixed, sticky 중 하나로 설정된 요소에만 적용됩니다.
position: static인 경우에는 z-index가 무시됩니다.

z-index 값	우선순위
큰 값	더 앞쪽(위)
작은 값	더 뒤쪽(밑)
같은 값	HTML 작성 순서 기준

• position과 z-index를 이용한 요소 겹치기

HTML 문서 내에서 position 속성을 사용하면 각 콘텐츠 요소들을 서로 겹치도록 표현할 수 있다. 이때 겹쳐진 요소들은 문서에 나열된 태그의 순서에 따라 쌓임이 결정되므로, 기본적으로 가장 나중에 선언된 태그가 최상위에 위치하게 된다. 하지만, 태그의 나열 순서와 무관하게 원하는 순서대로 겹침을 조절하고자 할 때는 z-index 속성을 사용한다. z-index는 정수 값을 가지며, 값이 클수록 해당 요소가 화면에서 더 앞쪽, 즉 상위에 배치된다.

예제 6-9에서는 세 개의 요소에 각각 z-index 값을 20, 10, 0으로 설정하였다. 이로 인해 문서에 나열된 순서와 상관없이, z-index 값이 가장 높은 20을 가진 요소가 최상위에 표시되고, 10과 0을 가진 요소들이 그 아래에 순서대로 배치된다. 이와 같이 position과 z-index를 함께 활용하면 복잡한 레이아웃에서도 요소의 겹침 순서를 자유롭게 제어할 수 있다.

```
#box1 { position: absolute; width: 100px; height: 100px;
        background: red; z-index: 20; }
#box2 { position: absolute; top: 30px; left: 30px;
         width: 100px; height: 100px;  background: blue; z-index: 10;}
#box3 { position: absolute; top: 60px; left: 60px;
        width: 100px; height: 100px;  background: green;  z-index: 0;}
```

z-index의 값은 음의 정수도 가능하며 숫자의 크기도 상관없이 정수 값이 클수록 최상위 계층에 놓임으로써 콘텐츠를 계열화 시킨다. 프로그램의 실행 결과를 그림 6-9에서 보듯이 계층화가 반대로 이루어진 것을 알 수 있다.

예제 6-9 z-Index.html

```
<!DOCTYPE html>
<html lang="ko">
<head>
  <meta charset="utf-8">
  <title>예제 6-9 z-Index</title>
  <style>
    body {        position: relative;      height: 200px;       padding: 20px;
      font-family: sans-serif;      }
    #box1 {       position: absolute;      top: 0;       left: 0;      width: 150px;
      height: 50px;       background: red;      color: white;      z-index: 20;
      line-height: 50px;      text-align: center;      }
    #box2 {       position: absolute;      top: 30px;      left: 30px;
      width: 150px;      height: 50px;      background: blue;      color: white;
      z-index: 10;      line-height: 50px;      text-align: center;      }
    #box3 {       position: absolute;      top: 60px;      left: 60px;      width: 150px;
      height: 50px;      background: green;      color: white;      z-index: 0;
      line-height: 50px;      text-align: center;      }
  </style>
</head>
<body>
  <div id="box1">Number #1 Z-index=20</div>
  <div id="box2">Number #2 Z-index=10</div>
  <div id="box3">Number #3 Z-index=0</div>
</body>
</html>
```

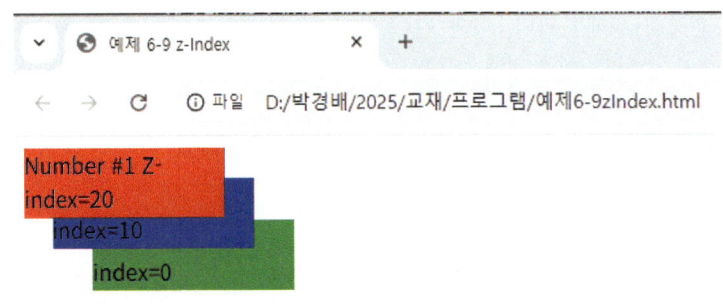

그림 6-9 z-index

6.1.5 투명성(Opacity)

opacity 속성은 박스, 이미지 등과 같은 HTML 요소의 투명도를 설정하는 데 사용된다. opacity는 요소의 불투명도를 나타내며, 0부터 1 사이의 값을 가질 수 있다. opacity 값이 1에 가까울수록 요소는 완전히 불투명하게 나타난다. 반대로 0에 가까울수록 요소가 투명해진다. 예를 들어, opacity 값이 0이면 요소가 완전히 투명하여 보이지 않게 되고, 0.5이면 반투명 상태가 된다. 또한, <div>와 같은 컨테이너 요소에 opacity를 적용하면, 해당 요소의 자식 요소들도 동일한 투명도 값이 상속되어 함께 투명해진다.

예제 6-10에서는 <div> 요소에 빨간 배경색을 지정하고, 각각의 자식 요소에 대해 id 선택자 #first, #second, #third를 사용하여 opacity 값을 각각 0.2, 0.5, 0.8로 설정하였다. 이 결과에 따라 자식 요소들은 각각 다른 투명도로 화면에 표시된다. 이와 같이 opacity 속성은 요소의 시각적 투명도를 조절할 때 유용하게 사용된다.

태그 요소들의 투명도를 설정하듯이 이미지 역시 opacity 속성을 이용하여 투명도를 조절할 수 있다. 이미지의 경우는 마우스의 hover 속성을 이용하여 마우스가 이미지 위에 위치하였을 때 투명도를 변경할 수 있다. 예제 6-10은 세 개의 이미지에 투명도를 각각 0.2, 0.5 그리고 0.8을 적용하여 그림 6-10과 같이 이미지의 투명 정도를 나타낸 것이다.

예제 6-10 Opacity.html

```
<!DOCTYPE html>
<html lang="ko">
<head>
  <meta charset="utf-8" />
  <title>예제6-10 투명성(Opacity)</title>
  <style>
    div {
      background-color: blue;
      padding: 10px;
      color: white;
      margin-bottom: 10px;
    }
    #first {      opacity: 0.2;     }
    #second {     opacity: 0.5;     }
    #third {      opacity: 0.8;     }
  </style>
</head>
<body>
  <h3>투명 Box</h3>
```

```
    <div id="first"><p>opacity 0.2</p></div>
    <div id="second"><p>opacity 0.5</p></div>
    <div id="third"><p>opacity 0.8</p></div>
    <div><p>opacity 1 (기본값)</p></div>
  </body>
</html>
```

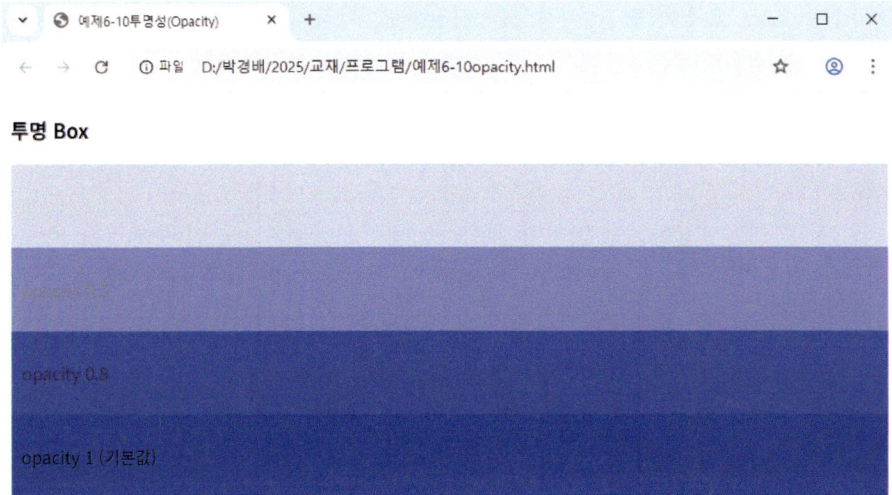

그림 6-10 투명성(Opacity) 적용 결과

6.1.6 overflow

▶ chatgpt : overflow에 대해 설명해줘

overflow 속성은 박스 요소의 크기를 벗어나는 내용(content)이 있을 때 그 처리 방식을 지정하는 데 사용된다. 웹 페이지에서 요소의 내부 콘텐츠가 지정된 영역보다 클 경우, 이 초과된 부분을 어떻게 표시할지 결정하는 것이 overflow 속성의 역할이다.

overflow 속성은 텍스트나 이미지 등 콘텐츠가 지정된 영역을 벗어날 때 레이아웃 깨짐을 방지하고, 사용자 경험을 향상시키기 위해 자주 사용된다. 필요에 따라 수평(overflow-x) 또는 수직(overflow-y) 방향에만 별도로 적용할 수도 있다. 이처럼 overflow 속성은 콘텐츠의 시각적 흐름과 사용자 인터페이스 제어에 중요한 역할을 한다. overflow는 한 영역에 표시하기에는 너무 큰 내용을 조절하기 위해 사용하는 속성이다. overflow는 영역에 대한 표시이므로 block 요소들만이 적용할 수 있다. overflow를 통해 조절할 수 있는 속성은 다음과 같다.

- visible : 기본 설정 속성으로 박스의 크기를 벗어난 내용이 잘리지 않고 표시된다. 초과된 내용이 잘리지 않고 모두 표시된다. 즉, 부모 박스 밖으로 내용이 넘쳐 보일 수 있다.
- hidden : 넘친 내용은 보이지 않도록 잘린다. 스크롤바가 나타나지 않고 넘친 부분은 완전히 숨겨진다.

- scroll : 넘친 내용이 있으면 스크롤바가 항상 표시되어 사용자가 스크롤을 통해 내용을 볼 수 있다. 내용이 넘치지 않아도 스크롤바가 항상 나타난다.
- auto : 내용이 넘칠 때만 스크롤바가 표시된다. 넘치지 않으면 스크롤바가 나타나지 않는다.

예제 6-11에서는 〈div〉 태그에 여러 줄에 걸쳐 긴 문자를 표시하고 각각의 overflow 속성을 visible, hidden, scroll 그리고 auto로 설정하였다.

```
#vis {   overflow: visible;   background: red;     width: 70%;   height: 50px;   }
#hid {   overflow: hidden;    background: blue;    width: 70%;   height: 50px;   }
#scr {   overflow: scroll;    background: cyan;    width: 70%;   height: 50px;   }
#aut {   overflow: auto;      background: orange;  width: 70%;   height: 50px;   }
```

그림 6-11에서 보는 바와 같이, overflow 속성이 hidden으로 설정된 경우 박스의 크기인 width: 70%와 height: 50px 영역을 벗어난 문자는 화면에 표시되지 않는다. 반면, scroll과 auto 속성은 문자가 박스 크기 영역을 넘어서면 스크롤바가 생성된다. 사용자가 스크롤바를 움직이면 박스 밖의 나머지 문자도 확인할 수 있다. visible 속성은 박스의 영역을 벗어난 문자라도 모두 화면에 표시한다. 그림의 마지막 회색 영역에서 이를 확인할 수 있다. 이처럼 overflow 속성은 박스 내에서 콘텐츠가 넘칠 때 어떻게 처리할지를 결정하며, 레이아웃 구성에 중요한 역할을 한다.

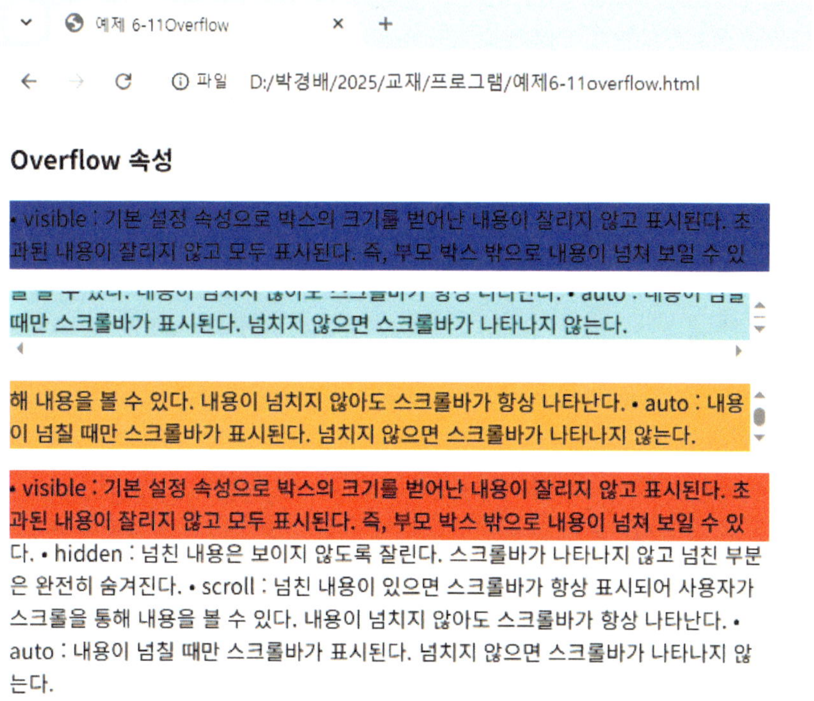

그림 6-11 overflow

예제 6-11 overflow.html

```html
<!DOCTYPE html>
<html>
<head>
  <meta charset="utf-8" />
  <title>예제 6-11 Overflow</title>
  <style>
    div {        width: 70%;        height: 50px;        margin-bottom: 20px;
      padding: 5px;        color: white;        font-size: 14px;
      line-height: 1.2em;        overflow-wrap: break-word;        }
    #vis {        overflow: visible;        background: red;        }
    #hid {        overflow: hidden;        background: blue;        }
    #scr {        overflow: scroll;        background: cyan;        color: black;        }
    #aut {        overflow: auto;        background: orange;        }
  </style>
</head>
<body>
<h3>Overflow 속성</h3>
<div id="hid">• visible : 기본 설정 속성으로 박스의 크기를 벗어난 내용이 잘리지 않고 표시된다. 초과된 내용이 잘리지 않고 모두 표시된다. 즉, 부모 박스 밖으로 내용이 넘쳐 보일 수 있다.
• hidden : 넘친 내용은 보이지 않도록 잘린다. 스크롤바가 나타나지 않고 넘친 부분은 완전히 숨겨진다.</div><p></p>
<div id="scr">• scroll : 넘친 내용이 있으면 스크롤바가 항상 표시되어 사용자가 스크롤을 통해 내용을 볼 수 있다. 내용이 넘치지 않아도 스크롤바가 항상 나타난다.
• auto : 내용이 넘칠 때만 스크롤바가 표시된다. 넘치지 않으면 스크롤바가 나타나지 않는다.</div><p></p>
<div id="aut">• visible : 기본 설정 속성으로 박스의 크기를 벗어난 내용이 잘리지 않고 표시된다. 초과된 내용이 잘리지 않고 모두 표시된다. 즉, 부모 박스 밖으로 내용이 넘쳐 보일 수 있다.
• scroll : 넘친 내용이 있으면 스크롤바가 항상 표시되어 사용자가 스크롤을 통해 내용을 볼 수 있다. 내용이 넘치지 않아도 스크롤바가 항상 나타난다.
• auto : 내용이 넘칠 때만 스크롤바가 표시된다. 넘치지 않으면 스크롤바가 나타나지 않는다.</div><p></p>
<div id="vis">• visible : 기본 설정 속성으로 박스의 크기를 벗어난 내용이 잘리지 않고 표시된다. 초과된 내용이 잘리지 않고 모두 표시된다. 즉, 부모 박스 밖으로 내용이 넘쳐 보일 수 있다.
• hidden : 넘친 내용은 보이지 않도록 잘린다. 스크롤바가 나타나지 않고 넘친 부분은 완전히 숨겨진다.
• scroll : 넘친 내용이 있으면 스크롤바가 항상 표시되어 사용자가 스크롤을 통해 내용을 볼 수 있다. 내용이 넘치지 않아도 스크롤바가 항상 나타난다.
• auto : 내용이 넘칠 때만 스크롤바가 표시된다. 넘치지 않으면 스크롤바가 나타나지 않는다.</div>
</body>
</html>
```

6.2 웹 화면 배치(Layout)

HTML 문서의 콘텐츠를 웹 화면에 보여주기 위해서는 화면에 대한 디자인이 반드시 필요하다. HTML 요소의 배치에 따라 화면에 표현되는 구성이 달라지므로, 적절한 배치가 요구된다. 과거에는 대부분의 웹 화면이 PC 모니터를 기준으로 제작되었으며, ⟨header⟩, ⟨nav⟩, ⟨footer⟩ 등의 레이아웃 요소를 이용해 화면을 구성하였다. 그러나 스마트폰의 활용도가 높아지면서, PC 모니터 중심의 웹 화면 구성은 스마트폰에서는 적절하지 않게 되었다. PC 모니터는 가로 비율이 세로보다 크지만, 스마트폰은 세로 비율이 가로보다 크기 때문이다. 이로 인해 PC용 웹 화면과 스마트폰 전용 웹 화면을 따로 만들어야 하는 상황이 발생하였다. 하지만 태블릿을 포함한 다양한 장치가 존재하기 때문에, 각 장치별로 웹 화면을 따로 구성하는 것은 매우 비효율적이다.

이 문제를 해결하기 위해 CSS에서는 @media 속성을 도입하였다. 이를 통해 각 매체의 특성에 따라 웹 화면의 배치를 다르게 설정할 수 있으며, 하나의 웹 문서로 다양한 장치에 대응할 수 있도록 하였다. @media 속성을 이용하여 장치에 따라 효율적으로 웹 화면이 구성되도록 하는 방법에 대해 알아보자.

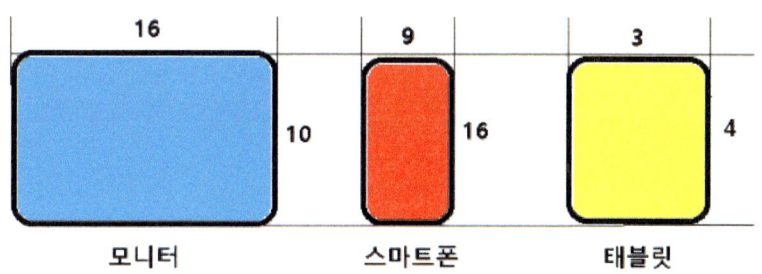

그림 6-12 장치에 따른 화면 비율

6.2.1 float와 clear 속성

HTML에서 콘텐츠 간의 위치와 형식을 지정하기 위해 사용하는 속성이 바로 float이다. float 속성은 하나의 콘텐츠를 기준으로 주변의 다른 콘텐츠가 어떻게 배치될지를 결정한다. 특히 이미지를 기준으로 문자를 물이 흐르듯 좌우에 배치할 수 있게 한다. 이와 같은 float 속성을 사용할 경우, 해당 요소 이후의 콘텐츠 배치가 영향을 받을 수 있기 때문에, clear 속성을 사용하여 float의 효과를 해제할 수 있다.

float는 간단한 레이아웃을 구성할 때 유용하게 사용되지만, 복잡한 레이아웃을 구성할 경우 flexbox나 grid 같은 최신 레이아웃 기술이 더 권장된다. clear 속성은 float로 인해 레이아웃이 무너지는 문제를 방지하기 위해 필수적으로 함께 고려해야 한다.

● float 속성값

속성값	설명
left	콘텐츠를 컨테이너의 왼쪽에 물 흐르듯 배치한다.
right	콘텐츠를 컨테이너의 오른쪽에 물 흐르듯 배치한다.
none	기본값으로, float를 사용하지 않는다.
inherit	부모 요소의 float 속성 값을 상속받는다.

● clear 속성값

속성값	설명
none	기본값으로, 양쪽 모두 float 요소를 허용한다.
both	왼쪽과 오른쪽의 float 요소 모두를 허용하지 않는다.
left	왼쪽에 float 요소가 있을 경우 그 아래부터 콘텐츠를 배치한다.
right	오른쪽에 float 요소가 있을 경우 그 아래부터 콘텐츠를 배치한다.
inherit	부모 요소의 clear 속성값을 상속받는다.

float와 clear 속성은 HTML 요소의 위치를 조정할 때 간단하면서도 효과적으로 사용된다. 예제 6-12에서는 4개의 이미지에 각각 float 속성값으로 none, left, right를 사용하였으며 마지막 이미지에는 clear 속성값으로 right를 사용하였다. 이처럼 각각의 이미지에 float 속성을 달리 적용하면, 이미지의 배치 위치가 달라지게 된다. 마지막 이미지에는 clear: right; 속성을 사용하여, 앞선 float: right; 이미지의 오른쪽 배치 효과를 제거하고 새로운 줄에서 콘텐츠를 시작하도록 만든다. 프로그램의 실행 결과는 그림 6-13에 나타내었으며 float:none과 clear:right는 float를 사용하지 않을 때와 같은 결과를 나타낸다.

img#no {　float: none; }　img#left {　float: left; }
img#right {　float:right; }　img#clr {　clear:right; }

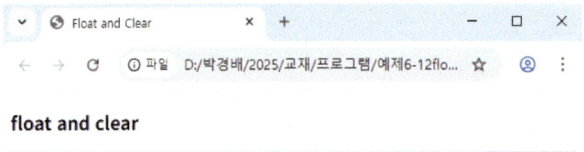

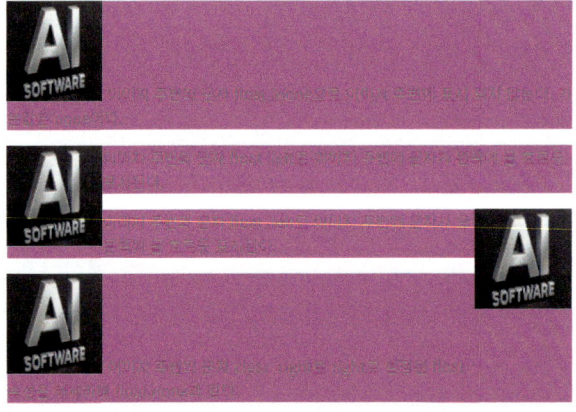

그림 6-13 float와 clear

예제 6-12 floatClear.html

```html
<!DOCTYPE html>
<html>
<head>
  <meta charset="utf-8" />
  <title>예제6-12Float and Clear</title>
  <link rel="stylesheet" href="css/color.css" />
  <style>
    img#no {        float: none;       margin-right: 10px;    }
    img#left {       float: left;       margin-right: 10px;    }
    img#right {      float: right;      margin-left: 10px;     }
    img#clr {        clear: right;      display: block;
      margin-top: 120px; } /* float 해제 효과 명확히 */
    p {       overflow: hidden;    }/* float 된 이미지 주변 텍스트 정상 표시 */
  </style>
</head>>
<body>
<h3>float and clear</h3>
<p><img id="no" src="images/ai.png" alt="none" style="width:100px; height:100px; ">
이미지 주변의 문자 float :none으로 이미지 주변에 표시 되지 않는다. 기본값은 none이다.</p>
<p ><img id="left" src="img/Logo.png" alt="left" style="width:100px; height:100px;">
이미지 주변의 문자 float :left로 이미지 주변에 문자가 왼쪽에 물 흐르듯 표시된다. </p>
<p ><img id="right" src="img/Logo.png" alt="right" style="width:100px; height:100px;">
이미지 주변의 문자 float :left로 이미지 주변에 문자가 오른쪽에 물 흐르듯 표시된다. </p>
<p ><img id="clr" src="img/Logo.png" alt="right" style="width:100px; height:100px;">
이미지 주변의 문자 clear :right로 right로 설정된 float 속성을 해제하며 float:none과 같다.
</p>
</body>
</html>
```

6.2.2 배치(layout)

▶ **chatgpt : layout에 대해 설명해줘**

웹 페이지에서 **레이아웃(layout)**은 콘텐츠가 화면에 어떻게 배치되고 정렬되는지를 결정하는 구조적인 설계 방식입니다. 좋은 레이아웃은 콘텐츠를 사용자에게 명확하고 효율적으로 전달할 수 있도록 돕습니다. 웹 페이지는 여러 요소들로 구성됩니다. 이 요소들을 어디에, 어떻게 배치할지 결정하는 것이 바로 레이아웃입니다. HTML 구조와 CSS 스타일을 이용해 다양한 레이아웃을 만들 수 있습니다.

- 현대적인 레이아웃 방식

① Flexbox (Flexible Box)
　1차원 레이아웃(수평 또는 수직 정렬에 유리)
　주요 속성: display: flex, justify-content, align-items 등

② CSS Grid
　2차원 레이아웃(행과 열 모두 정렬 가능)
　주요 속성: display: grid, grid-template-columns, grid-template-rows 등

- 레이아웃 구성 요소 예시

요소	설명
⟨header⟩	상단 영역 (로고, 메뉴 등)
⟨nav⟩	내비게이션 영역
⟨main⟩	주요 콘텐츠 영역
⟨aside⟩	부가 정보 (광고, 링크 등)
⟨footer⟩	하단 정보 (저작권, 연락처 등)

모니터 전용의 웹사이트 화면의 구조는 일반적으로 그림 6-14와 같은 배치(layout)로 구성한다.

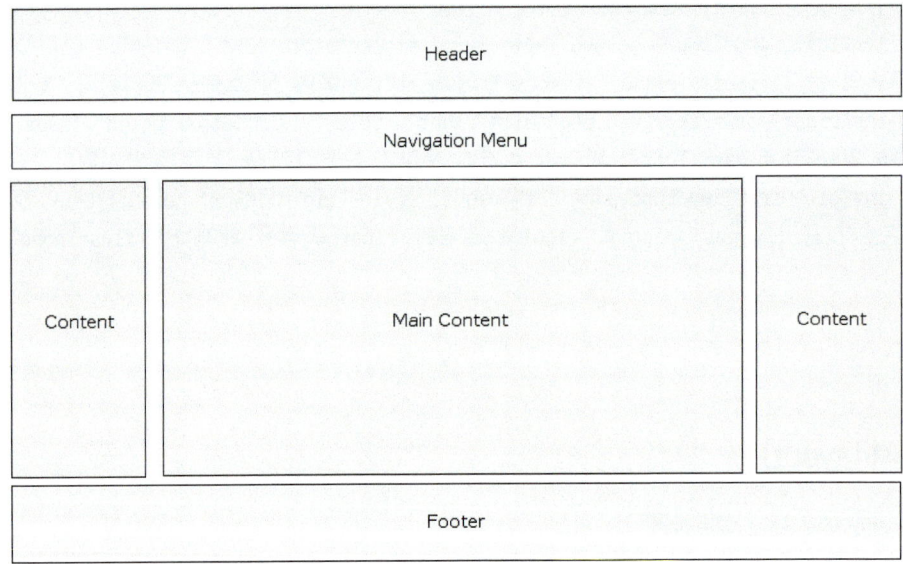

그림 6-14 웹 사이트 화면 구조(참조: W3C)

화면의 배치를 위해서 html의 시멘틱 요소 〈header〉, 〈footer〉, 〈nav〉 그리고 〈content〉를 사용한다.

- 〈header〉

  〈header〉 요소는 웹 페이지의 상단 영역을 구성할 때 사용되며, 주로 사이트의 제목, 로고, 네비게이션 링크 등을 포함한다. 이 요소는 문서나 섹션의 머리말로써, 사용자에게 사이트의 주제를 직관적으로 전달하는 역할을 한다. 〈header〉의 스타일은 다음과 같이 id 선택자를 사용하여 margin과 여백 그리고 가운데 정렬로 지정한다.

```
#header { margin: 5px; padding:10px; text-align:center ; }
```

예제 6-13은 웹사이트의 타이틀을 #header 스타일을 적용한 프로그램으로 그림 6-15에 결과를 표시하였다.

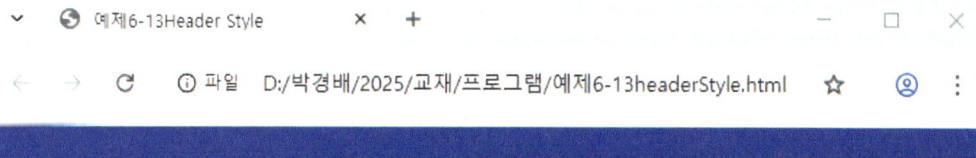

그림 6-15 header 스타일

예제 6-13 headerStyle.html

```
<!DOCTYPE html>
<html>
<head>
        <title>Header Style</title>
        <meta charset="utf-8">
        <link type="text/css" rel="stylesheet" href="css/color.css">
        <meta name="viewport" content="width=device-width, initial-scale=1">
        <style>
        * { box-sizing: border-box; }      body {  margin: 0; }
        /* header 스타일 */
        #header { margin: 5px; padding: 5px; text-align: center ; background-color: blue;}
        </style>
</head>
<body>
<header id="header">
```

```
    <h2>AI 비서와 함께하는 웹호스팅</h2>
</header>
</body>
</html>
```

- ⟨nav⟩

⟨nav⟩ 요소는 웹 사이트의 내비게이션 영역을 정의할 때 사용되며, 일반적으로 메뉴 목록이나 링크들을 포함한다. 사용자가 사이트 내 여러 페이지로 쉽게 이동할 수 있도록 하이퍼링크를 그룹화하는 용도로 활용한다. 메뉴 항목에 대한 스타일은 overflow: hidden으로 설정하고 메뉴의 위(top)와 아래(bottom)에 경계선 2px solid blue로 설정하고 메뉴 항목과의 여백은 15px로 설정한다. 메뉴 항목은 가운데 정렬시킨다. 예제 6-14는 navigation 메뉴에 대한 스타일을 지정한 것으로 그림 6-16에 결과를 나타내었다.

메뉴 항목의 하이퍼링크 #nav a는 각 메뉴의 여백을 20px로 설정하고 하이퍼링크 특징인 밑줄 표시는 하지 않는다. 메뉴 항목에 마우스를 올려놓으면 굵은 문자로 표시하며 문자 색이 red로 변한다.

그림 6-16 navigation

예제 6-14   navigation.html

```
<!DOCTYPE html>
<html lang="ko">
<head>
        <meta charset="utf-8">
        <title>예제6-14navigation</title>
        <link rel="stylesheet" href="css/color.css" />
        <meta name="viewport" content="width=device-width, initial-scale=1" />
        <style>
                /* navigation 항목 */
                #nav {   overflow: hidden; border-top: 2px solid blue;
                         border-bottom: 2px solid blue;    text-align: center;
                         padding: 15px 0; background: #f9f9f9;            }
                #nav a { display: inline-block;    padding: 10px 20px;
```

```
                        text-align: center;      text-decoration: none;
                        color: black;       transition: color 0.3s, font-weight 0.3s; }
            #nav a:hover, #nav a:focus {        font-weight: bold;
                        color: red; outline: none; }
        </style>
</head>
<body>
        <nav id="nav" aria-label="주요 내비게이션">
                <a href="#">AI</a>
                <a href="#">HTML5</a>
                <a href="#">CSS3</a>
        </nav>
</body>
</html>
```

- ⟨content⟩

⟨content⟩ 요소는 사용자에게 보여지는 실제 콘텐츠 영역을 구성하는 부분이다. HTML5에서 ⟨content⟩는 표준 요소가 아니므로 일반적으로는 ⟨section⟩, ⟨article⟩, ⟨div⟩ 등의 태그를 사용하여 콘텐츠를 구성한다. 여기서는 설명의 흐름에 따라 ⟨content⟩라는 이름을 사용하지만, 실제로는 적절한 의미의 태그를 사용하는 것이 좋다. 이와 같이 CSS의 미디어 쿼리(@media)를 활용하면, 하나의 HTML 문서로도 다양한 장치에 맞춘 레이아웃을 효율적으로 구성할 수 있다. 이는 반응형 웹 디자인(Responsive Web Design)의 핵심 개념 중 하나이다.

스마트폰이나 태블릿의 경우는 장치의 특성상 세로의 길이가 가로보다 길기 때문에 ⟨content⟩ 항목은 가로로 여러 개의 콘텐츠를 보여주는 것이 하나의 콘텐츠만 보여 지도록 배치해야 한다. 미디어의 특성에 따라 스타일을 지정하는 방법으로 장치의 최대 폭이 400px 이하일 경우 콘텐츠의 넓이를 100%로 설정하면 하나의 콘텐츠만이 보이게 된다.

```
@media screen and (max-width: 400px) {      #content { width :100% ; }   }
```

- ⟨footer⟩

⟨footer⟩ 요소는 웹 페이지의 하단 영역을 구성하는 HTML5의 시맨틱 태그이다. 보통 사이트 전체의 부가 정보나 연락처, 저작권 정보, 주소, 약관 링크 등을 포함한다. CSS로 배경색, 정렬, 테두리 등을 조정해 디자인 요소로 활용할 수 있다.

위치	역할 설명
페이지 하단	사이트의 전반적인 정보 또는 특정 섹션의 요약 제공
반복 가능	각 ⟨section⟩, ⟨article⟩에도 사용할 수 있음
시맨틱 의미 부여	검색 엔진 최적화(SEO)에 도움을 줌

```
#footer { text-align : center ; padding :10px; }
```

6.2.3 메뉴 바(menu-bar)

웹사이트의 메뉴는 사용자의 편의성을 높이기 위해 쉽고 효율적으로 구성되어야 한다. 사용자가 웹사이트를 직관적으로 탐색할 수 있도록 메뉴 구조는 명확하고 간결해야 하며, 접근성이 우수한 형태로 설계하는 것이 중요하다. 웹 페이지의 메뉴는 크게 수평(horizontal)과 수직(vertical)의 두 가지 형태로 배치할 수 있으며, 사용 장치의 특성에 따라 적절한 형태를 선택해야 한다.

메뉴 항목을 만들 경우 순서 없는 리스트 〈ul〉을 사용하면 편리하다. 〈ul〉의 리스트로서 각 메뉴를 설정하게 되면 순서 없는 리스트로서 •이 표시되는데 이를 방지하기 위해서는 리스트의 스타일 타입을 none을 설정하면 된다. 〈ul〉의 margin과 padding은 0으로 설정한다. 〈ul〉의 박스 크기는 메뉴항목에 따라 적절하게 설정한다.

● 수평 메뉴(Horizontal Menu)

수평 메뉴의 특징의 메뉴 항목들이 가로 방향으로 나열되며 PC, 노트북 등 화면의 가로 길이가 넓은 장치에서 사용되며 헤더 영역이나 상단 네비게이션 바에 자주 사용한다. 장점으로는 한 눈에 메뉴 항목을 파악할 수 있으며, 공간 활용이 효율적이다. 수평 메뉴 형식으로 메뉴를 구성하기 위해서는 display:inline 속성으로 변경하여 수평 방향의 메뉴를 구성할 수 있다.

예제 6-15에서 〈ul〉은 block 요소이기 때문에 〈li〉를 inline 요소로 변경해야 한다. inline 요소로 변경되었을 경우 메뉴를 중앙에 정렬해야 하고 위와 아래의 padding은 10px 만큼 간격을 유지해야 한다. 하이퍼링크된 메뉴에 대해 속성을 변경하고 마우스를 올려놓았을 경우(hover) 배경색을 변경한 결과를 그림 6-17에 결과를 나타내었다.

그림 6-17 **수평 메뉴 설정**

예제 6-15 horizontalNav.html

```
<!DOCTYPE html>
<html>
<head>
    <title>예제6-15수평 메뉴 </title>
    <meta charset="utf-8">
    <link type="text/css" rel="stylesheet" href="css/color.css">
    <meta name="viewport" content="width=device-width, initial-scale=1">
    <style>
```

```
        ul    {   list-style-type:none;    margin:0;    padding:0;    text-align:center;
overflow:hidden;         background-color:#222222;   padding-top :10px;padding-bottom:10px;
}
        li { display : inline; }
        li a { color: white; text-align: center; padding: 14px 16px;
                text-decoration: none; }
        li a:hover { background-color: rgb(80, 79, 79); }
    </style>
</head>
<body>
<ul>
  <li><a href="#">Home</a></li>    <li><a href="#">AI</a></li>
  <li><a href="#">HTML5</a></li>   <li><a href="#">CSS3</a></li>
</ul>
</body>
</html>
```

- 수직 메뉴

예제 6-16에서는 <ul>을 사용하여 수직 방향의 메뉴를 만든 예제로서 그림 6-18에서 실행결과를 보면 수직으로 배치된 메뉴를 확인할 수 있다. 4개의 메뉴 항목을 설정하였기 때문에 박스의 크기를 width:200px로 설정하였다.

<ul>의 <li>로 설정된 <a> 요소들은 하이퍼링크 속성이기 때문에 기본적으로 글자색은 파랑색이고 밑줄로 표현된다. 메뉴 항목에서는 밑줄을 표시하지 않는 것이 좋기 때문에 문자의 text-decoration :none으로 설정한다. 여백과 색상은 다음과 같이 설정한다.

각 메뉴에 마우스를 올려놓았을 때의 효과를 li a:hover를 사용하여 디자인한다. 마우스를 올려놓으면 문자의 배경색은 회색 계열로 문자 색은 흰색으로 변하게 된다.

예제 6-16 verticalNav.html

```
<!DOCTYPE html>
<html>
<head>
<title>예제6-16수직 메뉴 </title>
<meta charset="utf-8">
<meta name="viewport" content="width=device-width, initial-scale=1">
<style>
        ul { list-style-type: none;  margin: 0; padding: 0; width: 200px; }
        li a { display: block; background-color: #00000a;
                padding: 8px 16px; color :rgb(248, 246, 246) ;  text-decoration: none; }
```

```
          li a:hover { background-color: #444444; color: white; }
</style>
</head>
<body>
<ul align="center">
   <li><a href="#">Home</a></li>
   <li><a href="#">AI</a></li>
   <li><a href="#">HTML5</a></li>
   <li><a href="#">CSS3</a></li>
   <li><a href="#">javascript</a></li>
</ul>
</body>
</html>
```

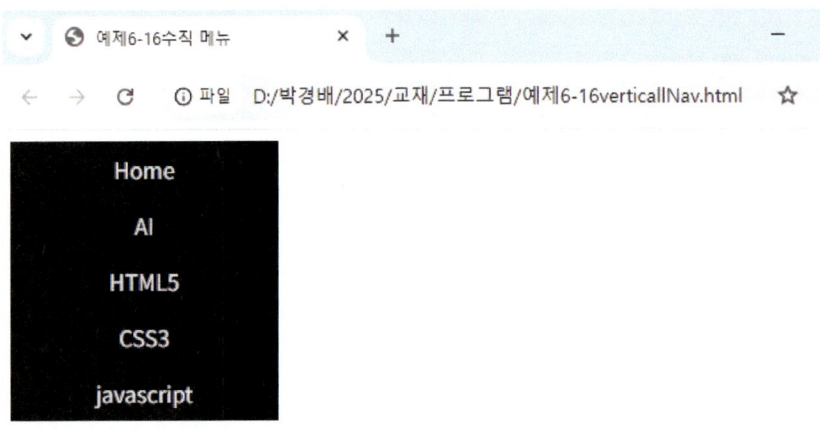

그림 6-18 **수직메뉴**

- dropdown 메뉴

웹 사이트에서는 주 메뉴 외에도 세부 항목을 포함하는 하위 메뉴가 필요한 경우가 많다. 예를 들어, "서비스"라는 주 메뉴를 클릭하거나 마우스를 올리면 "상품 소개", "가격 안내", "고객 지원" 등과 같은 하위 항목을 사용자에게 보여줄 수 있어야 한다. 이러한 하위 메뉴를 효율적으로 구현하기 위한 방법이 바로 dropdown 메뉴 방식이다. 드롭다운 메뉴는 다음과 같은 구조와 동작 방식을 갖는다.

dropdown된 하위 메뉴는 평상시는 보이지 않아야 하므로 display:none 속성값을 갖는다. 만약 주 메뉴 위에 마우스가 위치할 경우에는 하위 메뉴가 block 이든 inline 형태로 나타나야 한다.

dropdown 속성을 부여하기 위해서 해당 문자를 <div id="dropdown">..</div>에 포함한다. 예제에서는 <h4>Dropdown 메뉴</h4> 문자에 마우스가 위치하면 하위 메뉴가 나타난다. <div id="dropdownMenu">...</div>안의 하이퍼링크된 문자들은 하위 메뉴로서 평상시에는 보이지 않도록 display:none으로 설정한다.

예제 6-17은 dropdown 기능을 구현한 예제로서 그림 6-19에 hover의 경우 하위 메뉴가 나타난 결과를 볼 수 있다.

예제 6-17 dropdown.html

```html
<!DOCTYPE html>
<html lang="ko">
<head>
	<meta charset="utf-8">
	<title>예제6-17 수직 메뉴</title>
	<link rel="stylesheet" href="css/color.css">
	<meta name="viewport" content="width=device-width, initial-scale=1">
	<style>
		#dropdown {	position: relative; display: inline-block;	}
		#dropdown h4 { text-align: center; margin: 0;	cursor: pointer; }
		#dropdownMenu { display: none; position: absolute;
				background-color: #f9f9f9;	min-width: 320px;
				z-index: 1;	box-shadow: 0 2px 5px rgba(0,0,0,0.2);
				padding: 0;	margin-top: 5px;	}
		#dropdown:hover #dropdownMenu {	display: block;	}
		#dropdownMenu a {		display: block;	padding: 10px 15px;
			color: black;	text-decoration: none;	}
		#dropdownMenu a:hover {	background-color: #ddd;	}
	</style>
</head>
<body>
	<div id="dropdown">
		<h4>DropDown 메뉴</h4>
		<div id="dropdownMenu">
			<a href="#">AI 역사</a>
			<a href="#">html과 CSS3</a>
		</div>
	</div>
</body>
</html>
```

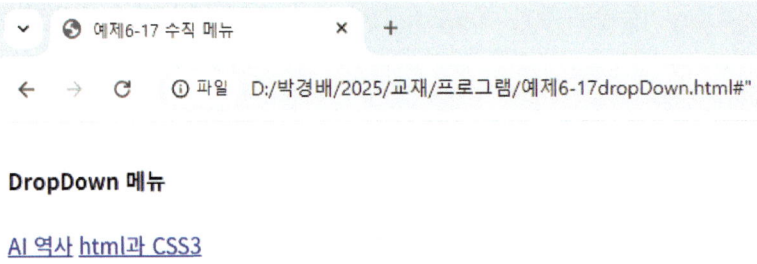

그림 6-19 dropdown 메뉴

6.3 디자인이 적용된 chap6Dsgn.html 만들기

▶ chatgpt : 모바일 전용으로 다음의 파일들을 하이퍼링크된 chap6Dsgn.html 파일 만들어줘

예제 6-18 chap6Dsgn.html

```
<!DOCTYPE html>
<html lang="ko">
<head>
    <meta charset="utf-8">
    <meta name="viewport" content="width=device-width, initial-scale=1.0">
    <title>CSS 디자인 기본 - 모바일</title>
    <style>
        body {
            font-family: 'Segoe UI', Tahoma, Geneva, Verdana, sans-serif;
            margin: 0;
            padding: 15px;
            background-color: #eef2f7;
            color: #333;
            line-height: 1.6;
        }
        h1 {
            color: #2c3e50;
            text-align: center;
            margin-bottom: 25px;
            font-size: 1.8em;
            padding-bottom: 10px;
            border-bottom: 2px solid #3498db;
```

```css
        }
        ul {
            list-style: none;
            padding: 0;
            margin: 0;
        }
        li {
            background-color: #ffffff;
            border: 1px solid #ddd;
            border-radius: 8px;
            margin-bottom: 12px;
            box-shadow: 0 2px 5px rgba(0, 0, 0, 0.08);
            overflow: hidden; /* Ensure no overflow on smaller screens */
        }
        li a {
            display: block;
            padding: 15px 20px;
            text-decoration: none;
            color: #007bff;
            font-size: 1.1em;
            transition: background-color 0.3s ease, color 0.3s ease;
        }
        li a:hover,
        li a:focus {
            background-color: #f0f8ff;
            color: #0056b3;
        }
        /* Small adjustments for very narrow screens if needed */
        @media (max-width: 480px) {
            h1 {         font-size: 1.5em;             }
            li a {       font-size: 1em;    padding: 12px 15px;           }
        }
    </style>
</head>
<body>
    <h1>CSS 디자인 기본 예제 (모바일)</h1>
    <ul>
        <li><a href="예제6-1display.html" target="_blank">예제6-1 display 속성</a></li>
        <li><a href="예제6-2marginPadding.html" target="_blank">예제6-2 margin과 padding</a></li>
        <li><a href="예제6-3static.html" target="_blank">예제6-3 position: static</a></li>
        <li><a href="예제6-4relative.html" target="_blank">예제6-4 position: relative</a></li>
```

```
            <li><a href="예제6-5absolute.html" target="_blank">예제6-5 position: absolute</a></li>
            <li><a href="예제6-6fixed.html" target="_blank">예제6-6 position: fixed</a></li>
            <li><a href="예제6-7sticky.html" target="_blank">예제6-7 position: sticky</a></li>
            <li><a href="예제6-8position.html" target="_blank">예제6-8 다양한 position 속성</a></li>
            <li><a href="예제6-9zIndex.html" target="_blank">예제6-9 z-Index</a></li>
            <li><a href="예제6-10opacity.html" target="_blank">예제6-10 투명성 (Opacity)</a></li>
    </ul>
</body>
</html>
```

CSS 디자인 기본 예제 (모바일)

예제6-1 display 속성

예제6-2 margin과 padding

예제6-3 position: static

예제6-4 position: relative

예제6-5 position: absolute

예제6-6 position: fixed

예제6-7 position: sticky

예제6-8 다양한 position 속성

예제6-9 z-Index

예제6-10 투명성 (Opacity)

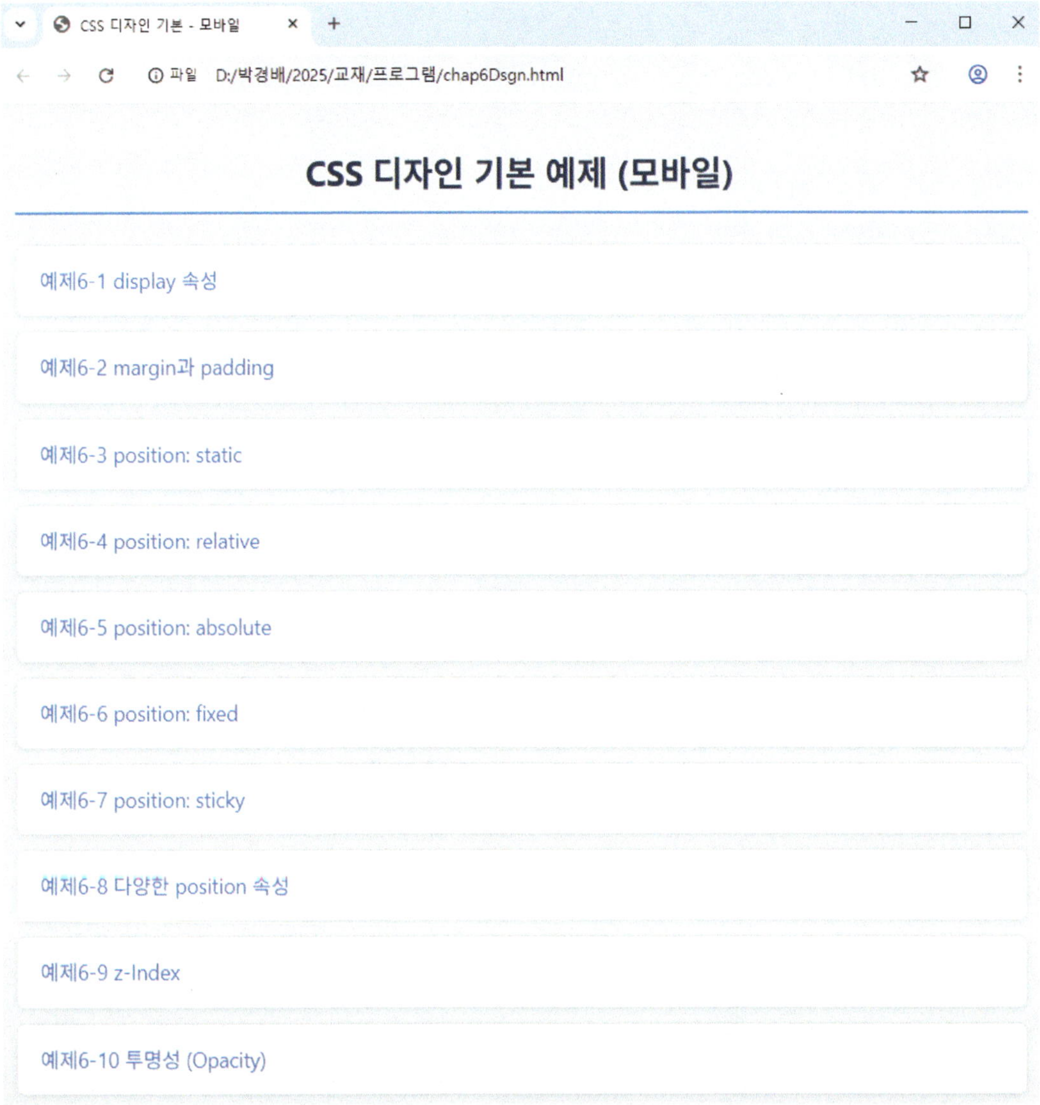

그림 6-20 chap6Dsgn.html

과제

1. chatgpt을 사용하여 다음 그림과 같이 display 속성을 사용하여 인라인 요소와 블록 요소가 서로 바뀐 결과가 나오도록 구현하시오.

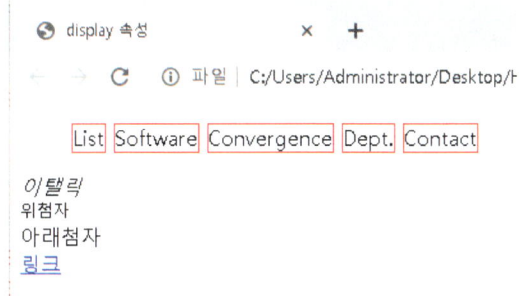

2. chatgpt을 이용하여 마진과 패딩에 대해 설명하시오.

3. chatgpt을 이용하여 요소를 배치하기 위한 5가지 방법에 대해 설명하시오.

4. chatgpt을 이용하여 relative 위치를 사용하여 다음 그림과 같이 박스가 배치되도록 구현하시오.

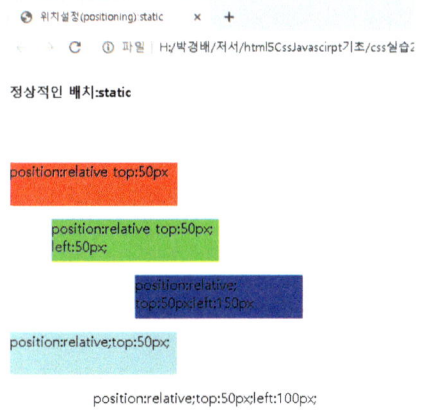

5. chatgpt을 이용하여 z-Index에 대해 설명하시오.

6. chatgpt을 사용하여 overflow의 4가지 속성에 대해 설명하시오.

7. 다음 코드에 대해 설명하시오.

```
@media screen and (max-width: 400px) {    #content { width :100% ; } }
```

 참고 문헌

- "HTML5 중심의 CSS3와 자바스크립트", 박경배, 21세기출판사, 2021

 참고 사이트

1. https://www.w3schools.com/css/css_website_layout.asp

2. https://developer.mozilla.org/ko/docs/Learn/CSS/CSS_layout/Introduction

3. https://csslayout.io/

4. https://www.w3schools.com/CSSref/pr_class_display.asp

5. https://developer.mozilla.org/ko/docs/Web/CSS/display

6. https://ofcourse.kr/css-course/display-%EC%86%8D%EC%84%B1

7장 물체의 변형과 애니메이션

7.1 2D 변형(Transform)

▶ chatgpt : 2D 변형(Transform)이란?

2D 변형은 요소의 시각적 배치와 표현을 풍부하게 만들 수 있는 강력한 CSS 기능입니다. 사용자와의 인터랙션이나 콘텐츠의 주목도를 높이고자 할 때 매우 유용하게 활용됩니다.

CSS를 사용하여 html 태그 요소 콘텐츠의 2차원 변화을 할 수 있다. 각 콘테츠에 대해 이동(translate), 회전(rotate), 크기변환(scale) 그리고 찌그러짐(skew) 등이 가능하다.

CSS의 변형 Transform은 표 7-1과 같이 속성과 메소드를 지원한다.

표 7-1 Transform 속성과 메소드

속성	설명
transform	html 요소에 2D, 3D 변형을 적용한다.
transform-orignin	html 요소에 변형된 요소의 위치를 적용한다.
메소드	설명
matrix(n,n,n,n,n,n)	6개의 matrix 값을 적용하여 2D 변형 정의
translate(x,y)	x,y 축에 대한 2차원 이동 정의
traaslateX(n)	x축에 대한 2차원 이동 정의
translateY(n)	y축에 대한 2차원 이동 정의
scale(x,y)	x,y 축에 대한 2차원 크기변환 정의
scaleX(n)	x축에 대한 2차원 크기변환 정의
sclaeY(n)	y축에 대한 2차원 크기변환 정의
rotate(angle)	angle에 의한 회전 정의
skew(x-angle,y-angle)	x,y축에 대한 크기 변환
skewX(angle)	x축에 대한 크기 변환
skewY(angle)	y축에 대한 크기 변환

- translate()

그림 7-1은 Transform 요소의 translate 속성을 이용하여 빨강, 초록 그리고 파랑색 콘텐츠의 x, y 축의 이동을 나타낸 것이다. 첫 번째 빨강 박스의 경우 x, y 축으로 각각 50px씩 이동하였고 두 번째 초록 박스는 x축으로만 150px 이동하였다. 세 번째 파랑 박스의 경우는 y축으로만 -50px 이동한 결과를 나타내었으며 예제 7-1에 프로그램을 나타내었다.

```
transform: translate(50px,50px);   //빨강 박스
transform: translateX(150px);      //초록 박스
transform: translateY(-50px);      //파랑 박스
```

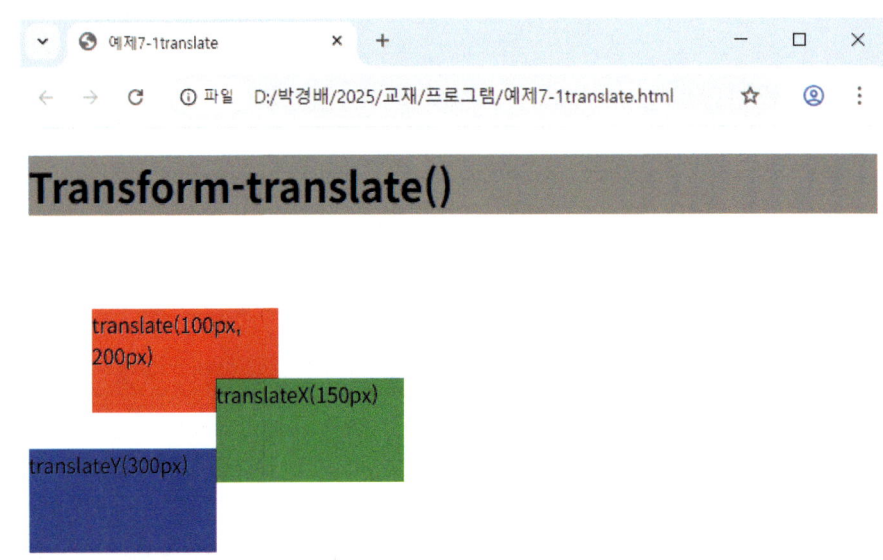

그림 7-1 translation()

예제 7-1 translate.html

```
<!DOCTYPE html>
<html>
<head>
        <title>예제7-1 translate</title>
        <meta charset="utf-8">
        <link type="text/css" rel="stylesheet" href="css/color.css">
        <style>
                div#trnsXY {    width: 150px;    height: 80px;    background-color: red;
                        transform: translate(100px, 200px);             }
                div#trnsX {     width: 150px;    height: 80px;    background-color: green;
```

```
                              transform: translateX(150px);       }
                  div#trnsY {        width: 150px;      height: 80px;       background-color: blue;
                              transform: translateY(-50px);       }
        </style>
</head>
<body>
        <h1>Transform - translate()</h1>
        <div id="trnsXY">translate(100px, 200px)</div><br>
        <div id="trnsX">translateX(150px)</div><br>
        <div id="trnsY">translateY(-50px)</div>
</body>
</html>
```

● scale()

Transform요소의 transform: scale() 메소드는 HTML 콘텐츠 요소의 x축과 y축 방향으로 크기를 변형하는 데 사용된다. 이 속성은 콘텐츠의 원래 크기를 기준으로 확대 또는 축소할 수 있도록 해주며, 디자인과 애니메이션 효과를 표현할 때 매우 유용하게 활용된다.

transform: scale(x, y);
x: 가로 방향 크기 배율, y: 세로 방향 크기 배율, 생략 시 y는 x와 같은 값으로 자동 적용됨

그림 7-2에서 첫 번째 박스는 x, y가 각각 0.5로서 축소되었고 두 번째 초록색 박스는 x축 방향으로 1.5배 그리고 세 번째 파랑색 박스는 y축으로 1.5배 크기가 변형되었으며 예제 7-2에 프로그램으로 나타내었다.

예제 7-2 scale.html

```
<!DOCTYPE html>
<html>
<head>
        <title>2D Transform-rotate()</title>
        <meta charset="utf-8">
        <link type="text/css" rel="stylesheet" href="css/color.css">
        <style>
        div#scaleXY {   width: 150px;    height: 80px;   background-color: blue;
                transform :scale(0.5, 0.5); }
        div#scaleX {   width: 150px;    height: 80px;  background-color: green;
                transform: scaleX(1.5); }
```

```
            div#scaleY { width: 150px;  height: 80px;  background-color: red;
                    transform:scaleY(1.5);  }
</style>
</head>
<body>
<h1>Transform-scale()</h1>
<div id="scaleXY">scaleXY(0.5, 0.5)</div><br>
<div id="scaleX">scaleX(1.5)</div><br>
<div id="scaleY">scaleY(1.5)</div>
</body>
</html>
```

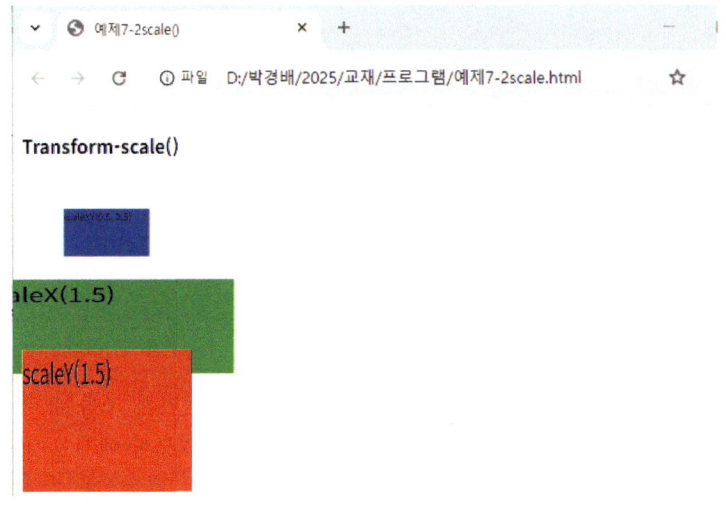

그림 7-2 scale()

- skew()

transform 속성 중 skew()는 요소를 기울이는 변형을 할 때 사용된다. 기울이는 방향은 x축, y축, 또는 두 축 모두에 적용할 수 있으며, 각도 단위(degree)로 지정한다.

transform: skew(x각도, y각도);

x각도 : x축 방향으로의 기울기 (예: skew(20deg, 0) → x축으로 20도 기울임)
y각도 : y축 방향으로의 기울기 (예: skew(0, 20deg) → y축으로 20도 기울임)
하나만 입력하면 y값은 기본값 0deg로 처리된다.

그림 7-3에서 보는 바와 같이 물체는 x, y축으로 동시에 비틀 수 있으며 x, y 축의 방향으로 각각 비틀 수도 있다 예제 7-3에서는 세 개의 콘텐츠에 대해 세 번째 박스는 x, y축으로 20deg 비틀었으며 두 번째와 세 번째 박스는 x, y축으로 각각 20deg를 반영하였다.

Transform-skew()

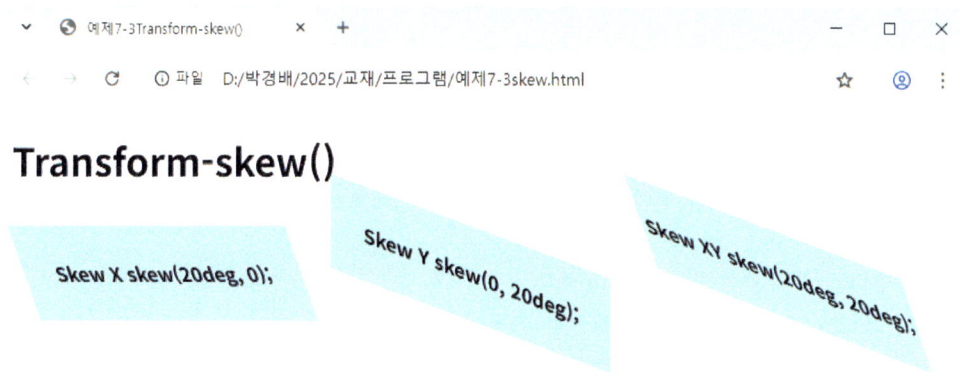

그림 7-3 skew()

예제 7-3 skew.html

```
<!DOCTYPE html>
<html>
<head>
<title>예제7-3Transform-skew()</title>
<meta charset="utf-8">
<style>
    .box {
       width: 120px;      height: 80px;
       margin: 10px;      background-color: lightblue;
       line-height: 80px; text-align: center;
       font-weight: bold; display: inline-block;
    }
    .skewX { transform: skew(20deg, 0); }
    .skewY { transform: skew(0, 20deg); }
    .skewXY { transform: skew(20deg, 20deg); }
  </style>
</head>
<body>
<h1>Transform-skew()</h1>
<div class="box skewX">Skew Xskew(20deg, 0);</div>
<div class="box skewY">Skew Yskew(0, 20deg);</div>
<div class="box skewXY">Skew XYskew(20deg, 20deg);</div>
</body>
</html>
```

- rotate()

transform 속성의 rotate() 함수는 요소를 회전시키는 2차원(2D) 변형 함수이다. 이 함수를 사용하면 HTML 콘텐츠를 지정된 각도만큼 회전시킬 수 있으며, 회전의 기준은 요소의 중심점 0deg~360deg로 표현되며 양의 deg 값은 시계방향의 회전을 나타내고 음의 deg 값은 반시계 방향으로 회전의 결과가 나타난다. 예제 7-4에서 첫 번째 빨강 박스는 시계방향으로 45deg를 적용하였고 두 번째 파랑박스는 음의 방향으로 -60deg를 적용하였다. 프로그램의 결과를 그림 7-4에서 확인할 수 있다.

```
transform : rotate(각도);
transform : rotate(-45deg);    //반시계방향 45도
transform : rotate(60deg);     //시계방향 60도
```

예제 7-4 rotate.html

```
<!DOCTYPE html>
<html>
<head>
<title>예제7-4Transform-rotate()</title>
<meta charset="utf-8">
<style>
div#rotate01 {
  width: 150px;   height: 80px;   background-color: red;
  transform :rotate(-15deg); }
div#rotate02 {
  width: 150px;   height: 80px;   background-color: green;
  transform :rotate(30deg); }
</style>
</head>
<body>
<h1>Transform-rotate()</h1>
<div id="rotate01">rotate(-15deg)</div><br>
<div id="rotate02">rotate(30deg)</div><br>
</body>
</html>
```

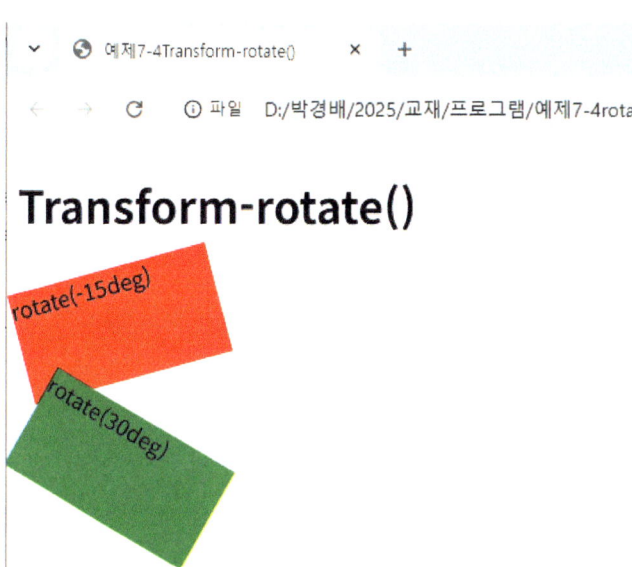

그림 7-4 rotate()

- matrix (scaleX,skewY,skewX,scaleY,translateX,translateY)

transform 속성에서 사용되는 matrix() 함수는 2D 변형 함수들(scale, skew, translate)을 하나의 함수로 통합하여 표현할 수 있는 고급 기능이다. 각 요소의 인자 값 순서는 scaleX, skewY, skewX, scaleY, translateX, translateY의 순으로 적용된다.

예제 7-5의 프로그램에서 첫 번째 박스는 matrix(1, 0.4, 0, 1, 0, 0)로 적용한 결과 scaleX=1, skewY=0.4, skewX=0, scaleY=1, translateX=0, translateY=0으로 적용되어 그림 7-5에서와 같이 표현되며 두 번째, 세 번째 박스도 같은 순서로 적용되어 표현된다.

matrix에서는 skew가 각도(deg)로 표현되지 않고 라디안(radian) 값으로 표현된다. 180도의 경우 3.14이므로 이를 활용해 45deg, 90deg 등을 표현할 수 있다.

```
matrix(1, 0.4, 0, 1, 0, 0);
matrix(1, -0.4, 0, 1.2, 50, 0);
matrix(1.5, 0.57, 0, 0.9, 100, 0);
```

그림 7-5 matrix()

예제 7-5 matrix.html

```
<!DOCTYPE html>
<html>
<head>
<title>2D Transform-matrix()</title>
<meta charset="utf-8">
<style>
        div#matrixScale {
          width: 150px;   height: 80px;  background-color: red;
          transform :matrix(1, 0.4, 0, 1, 0, 0);
        }
        div#matrixSkew {
          width: 150px;   height: 80px;  background-color: blue;
          transform :matrix(1, -0.4, 0, 1.2, 50, 0);
        }
        div#matrixTranslate {
          width: 150px;   height: 80px;  background-color: green;
          transform :matrix(1.5, 0.57, 0, 0.9, 100, 0);
        }
</style>
</head>
<body>
<div><h1>Transform-matrix()</h1></div>
<div id="matrixScale">matrix(1, 0.4, 0, 1, 0, 0)</div>
<div id="matrixSkew">matrix(1, -0.4, 0, 1.2, 50, 0)</div>
<div id="matrixTranslate">matrix(1.5, 0.57, 0, 0.9, 100, 0);</div>
</body>
</html>
```

7.2 3D 변환(Transform)

CSS3에서는 2D 변형에 이어 3차원 공간에서의 변형(3D Transform) 기능도 제공하여, 보다 입체적이고 역동적인 웹 콘텐츠 표현이 가능해졌다. 기존의 2D 변형은 웹 콘텐츠를 x축(좌우), y축(상하)으로만 조작할 수 있었지만 3D 변형은 여기에 z축(깊이, 원근)을 추가하여 입체적인 효과를 만들어 낸다. 모니터는 x, y 축의 크기만을 갖고 있기 때문에 2차원 요소로 이루어져 있다. 실제 존재하지는 않지만 물체의 원근감을 표현하도록 가상의 z축을 추가하여 마치 3차원의 변형이 이루어지도록 할 수 있다. 애니메이션과 결합하면 역동적인 UI/UX를 제공할 수 있다.

표 7-2는 Transform3D 요소의 속성과 메소드를 나타내었다. 2D에서의 matrix는 사용자의 관점을 나타내는 perspective로 변화되었으며 translate, rotate, scale 요소에 z축이 적용되어 3차원 변환된다.

표 7-2 **Transform3D 속성과 메소드**

속성	설명
transform	html 요소에 2D, 3D 변형을 적용한다.
transform-orignin	html 요소에 변형된 요소의 위치를 적용한다.
transform-style	3D 공간에서 각 요소들의 랜더링(rendering) 방법을 기술
perspective	3D 요소들을 보는 위치에 대한 기술
perspective-origin	3D 요소의 bottom 위치를 기술
backface-visibility	3D 공간과 화면의 정면과 일치 여부를 정의
메소드	설명
matrix(n,n,n,n,n,n~n16)	16개의 matrix 값을 적용하여 3D 변형 정의
translate3d(x,y,z)	x,y,z 축에 대한 3D 이동 정의
traaslateX(n)	x축에 대한 3D 이동 정의
translateY(n)	y축에 대한 3D 이동 정의
translateZ(n)	z축에 대한 3D 이동 정의
scale3D(x,y,z)	x,y,z 축에 대한 3D 크기변환 정의
scaleX(n)	x축에 대한 3D 크기변환 정의
sclaeY(n)	y축에 대한 3D 크기변환 정의
sclaeZ(n)	z축에 대한 3D 크기변환 정의
rotate3d(x,y,zangle)	x,y,z angle에 의한 회전 정의
rotateX(angle)	x축에 대한 회전 정의
rotateY(angle)	y축에 대한 회전 정의
rotateZ(angle)	z축에 대한 회전 정의
perspective(n)	3D 변환된 요소에 대한 사용자 관점 정의

- translate3d()

CSS3에서는 웹 요소를 3차원 공간에서 이동시키는 기능을 제공한다. 이를 위해 사용하는 주요 속성은 translate3d()와 perspective()이다.

perspecive()는 3D 공간에서 사용자가 어느 위치에서 물체를 바라보는지를 정의하는 것이다. 사용자가 3D 콘텐츠를 바라보는 시점의 거리를 정의하는 함수로서 이 값은 원근감의 강도에 영향을 미치며 작은 값은 사용자와 가까운 시점 → 원근감이 강하게 표현되며 큰 값은 사용자와 먼 시점 → 원근감이 약하게 표현된다. 3D 변환은 웹 콘텐츠에 현대적이고 몰입감 있는 시각 효과를 제공할 수 있으며, 사용자 경험을 향상시키는 중요한 요소로 활용된다.

그림 7-6은 예제 7-6의 결과로서 perspective 값과 z 값에 따라 콘텐츠 요소의 크기가 다르게 보이는 것을 나타내고 있다. 첫 번째 초록색 박스의 perspective 값은 100px이고 z 값이 50으로 다른 박스보다 상대적으로 크게 나타난다. 세 번째와 네 번째 파랑 박스는 같은 값을 perspective(300px)를 갖지만 세 번째 박스의 z 값은 -50px로서 사용자로부터 상대적으로 더 멀기 때문에 네 번째 박스보다 작아 보인다. 두 번째 박스는 z=0인 값이지만 perspective 값이 첫 번째 박스의 두 배의 크기를 갖는다.

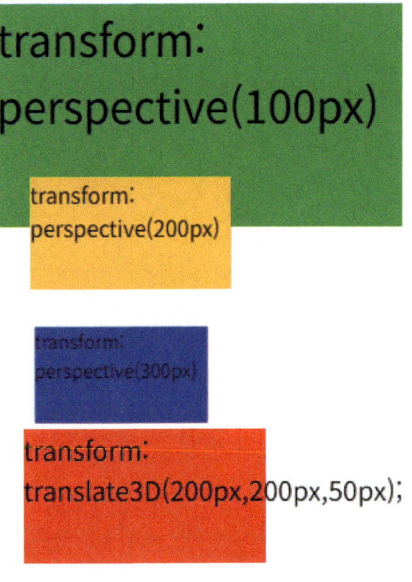

그림 7-6 translate3d

예제 7-6 translate3d.html

```
<!DOCTYPE html>
<html>
<head>
<title>3D Transform</title>
<meta charset="utf-8">
<style>
        div#trns01 {
            width: 150px;   height: 80px;   background-color: green;
            transform: perspective(100px) translate3D(50px,20px,50px);
        }
        div#trns02 {
            width: 150px;   height: 80px;   background-color: orange ;
            transform: perspective(200px) translate3D(50px,20px,0px);
        }
        div#trns03 {
            width: 150px;   height: 80px;   background-color: blue;
            transform: perspective(300px) translate3D(50px,20px,-50px);
        }
        div#trns04 {
            width: 150px;   height: 80px;   background-color: red;
            transform: perspective(300px) translate3D(50px,20px,50px);
        }
</style>
</head>
<body>
<h1>Transform3D-translate()</h1>
<div id="trns01">transform: perspective(100px) </div>
<div id="trns02"> transform: perspective(200px) </div>
<div id="trns03">transform: perspective(300px) </div>
<div id="trns04">transform: translate3D(200px,200px,50px)</div>
</body>
</html>
```

- scale3d
▶ chatgpt : scale3d에 설명하고 예제 만들어줘

scale3d()는 HTML 요소를 x, y, z 축 방향으로 각각 다르게 확대 또는 축소할 수 있도록 해주는 CSS 3D 변형 함수이다. scale3d(sx, sy, sz) 형태로 사용되며, sx: x축 방향의 확대/축소비율, sy: y축 방향의 확대/축소비율, sz: z축 방향의 확대/축소비율 (시각적으로는 원근감과 관련됨) 값이 1이면 원래 크

기, >1이면 확대, <1이면 축소된다. 예제 7-7에서 각 박스의 크기를 x, y 방향에 따라 축소, 확대된 모습을 그림 7-7을 통해 볼 수 있다.

예제 7-7 scale3D.html

```
<!DOCTYPE html>
<html lang="ko">
<head>
  <meta charset="UTF-8">
  <title>예제7-7scale3d()</title>
  <style>
    .container {       perspective: 500px;      margin: 50px;      }
    .box {     width: 100px;      height: 100px;      margin: 30px;
      display: inline-block;      line-height: 100px;      text-align: center;
      color: white;      font-weight: bold;      transition: transform 0.5s;      }
    .box1 {     background-color: red;      transform: scale3d(0.5, 0.5, 1);      }
    .box2 {     background-color: green;    transform: scale3d(1.5, 1, 1);      }
    .box3 {     background-color: blue;     transform: scale3d(1, 1.5, 1);      }
    .box4 {     background-color: purple;   transform: scale3d(1, 1, 2);      }
  </style>
</head>
<body>
  <h2>scale3d() 3차원 크기 조절 예제</h2>
  <div class="container">
    <div class="box box1">0.5x, 0.5y</div>
    <div class="box box2">1.5x</div>
    <div class="box box3">1.5y</div>
    <div class="box box4">z=2</div>
  </div>
</body>
</html>
```

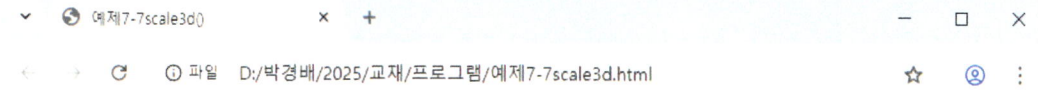

scale3d() 3차원 크기 조절 예제

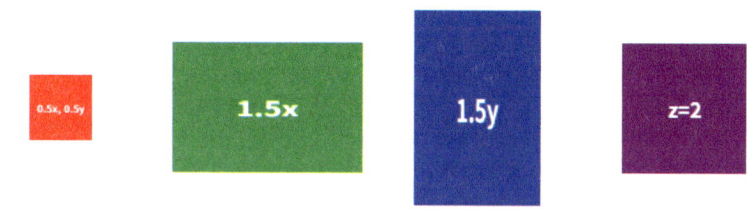

그림 7-7 scale3d

- rotate3d

rotate3d()는 CSS의 3D 변형 함수 중 하나로, HTML 요소를 임의의 3차원 벡터 축을 중심으로 회전시키는 기능을 제공한다. 이를 통해 사용자는 요소를 x축, y축, z축 중 하나 또는 이들을 조합한 임의의 축을 기준으로 회전할 수 있다.

transform: rotate3d(x, y, z, angle);
x, y, z: 회전 축의 방향을 나타내는 3차원 벡터 (벡터의 비율로 회전 방향 설정)
angle: 회전 각도 (deg 단위 사용)

2D 회전(rotate())과는 달리, 3D 공간에서 입체적인 회전 표현 가능하고 perspective 속성과 함께 사용할 때 회전 효과가 더욱 입체적으로 나타난다. 예제 7-8은 4개의 박스에 대해 각각 아래와 같은 회전 값을 주었으며 그림 7-8에서 결과를 볼 수 있다.

회전 종류	구문 예시	설명
X축 회전	rotate3d(1, 0, 0, 45deg)	요소가 x축을 기준으로 회전
Y축 회전	rotate3d(0, 1, 0, 45deg)	요소가 y축을 기준으로 회전
Z축 회전	rotate3d(0, 0, 1, 45deg)	2D rotate와 동일한 z축 회전
임의의 축 회전	rotate3d(1, 1, 0, 60deg)	x와 y축 조합으로 회전

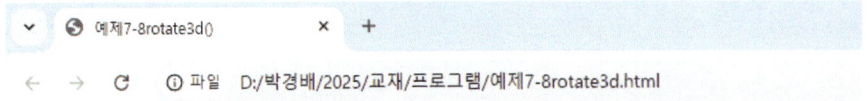

rotate3d() 3차원 회전 예제

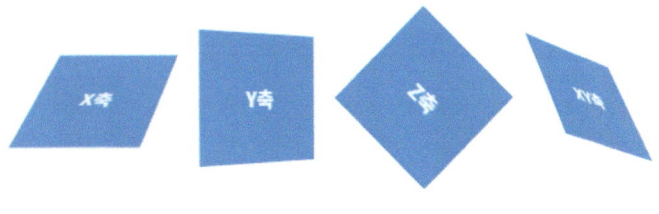

그림 7-8 rotate3d

예제 7-8 rotate3D.html

```
<!DOCTYPE html>
<html lang="ko">
<head>
  <meta charset="UTF-8">
  <title>예제7-8rotate3d()</title>
  <style>
    .container { perspective: 600px; margin: 50px;  display: flex;  gap: 30px;  }
    .box { width:100px; height:100px; background-color:#3498db; color:white;
        text-align: center; line-height: 100px; font-weight: bold; transition: transform 0.6s; }
    .x-rotate {     transform: rotate3d(1, 0, 0, 45deg);   }
    .y-rotate {     transform: rotate3d(0, 1, 0, 45deg);   }
    .z-rotate {     transform: rotate3d(0, 0, 1, 45deg);   }
    .xy-rotate {    transform: rotate3d(1, 1, 0, 60deg);   }
  </style>
</head>
<body>
  <h2>rotate3d() 3차원 회전 예제</h2>
  <div class="container">
    <div class="box x-rotate">X축</div>
    <div class="box y-rotate">Y축</div>
    <div class="box z-rotate">Z축</div>
    <div class="box xy-rotate">XY축</div>
  </div>
</body>
</html>
```

- transition

transition은 HTML 요소의 스타일이 변경될 때, 그 변경 과정을 부드럽게 애니메이션 효과로 보여주는 CSS 속성이다. 사용자가 어떤 요소에 마우스를 올리거나 클릭했을 때 스타일이 바뀌는 경우, 순간적으로 변화하는 것이 아니라 일정 시간 동안 서서히 바뀌도록 만들어 사용자 경험을 향상시킨다.

transition: property duration timing-function delay

항목	설명
property	변화시킬 CSS 속성 (예: width, color, background-color 등)
duration	애니메이션이 진행되는 시간 (단위: s 또는 ms)
timing-function	속도의 곡선 (기본값: ease, 그 외 linear, ease-in, ease-out 등)
delay	애니메이션 시작 전 지연 시간

물체의 전이효과를 알아보기 위해 예제 7-9에서 transition의 background-color의 전이 시간을 2sec로 설정하였으며 scale 변형 시간 역시 2sec로 설정하였다. 그림 7-9에서처럼 사용자가 파랑색 박스에 마우스를 올리면 hover 스타일이 적용되어 배경 색상이 #2ecc71, scale이 2배 변화한다. 이때 크기가 변하는 시간은 각각 2s가 소요된다.

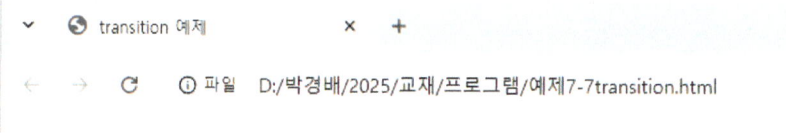

그림 7-9 물체의 전이효과

예제 7-9 transition.html

```
<!DOCTYPE html>
<html lang="ko">
<head>
  <meta charset="UTF-8">
  <title>예제7-9transition 예제</title>
  <style>
    .btn {
      background-color: #3498db;
      color: white;
      padding: 15px 30px;
      border: none;
      border-radius: 5px;
      font-size: 16px;
      transition: background-color 2s, transform 2s;
      cursor: pointer;
    }
    .btn:hover {     background-color: #2ecc71;     transform: scale(1.1);     }
  </style>
</head>
<body>
  <h2>Transition 효과 버튼</h2>
  <button class="btn">마우스를 올리면 물체가 변합니다.</button>
</body>
</html>
```

- transition-timing-function

transition-timing-function은 CSS transition의 속도 곡선(속도 변화 방식)을 제어하는 속성이다. 즉, 애니메이션이 시작해서 끝날 때까지 어떤 속도로 변화할 것인지를 설정한다.

값	설 명
linear	시작부터 끝까지 일정한 속도로 진행
ease	기본값, 느리게 시작 → 빠르게 진행 → 느리게 끝남
ease-in	느리게 시작, 끝은 빠름
ease-out	빠르게 시작, 느리게 끝남
ease-in-out	느리게 시작하고 느리게 끝남
cubic-bezier(n,n,n,n)	사용자가 직접 속도 곡선을 정의

7장 물체의 변형과 애니메이션

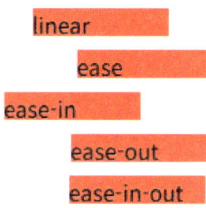

그림 7-10 transition-timing-function

예제 7-10 transition-timing-function.html

```html
<!DOCTYPE html>
<html lang="ko">
<head>
  <meta charset="UTF-8">
  <title>예제7-10transition-timing-function </title>
  <style>
    .box {     width: 100px;    height: 20px;    background-color: tomato;
      margin: 10px;      transition: transform 1s;    }
    .container:hover .linear { transform: translateX(300px); }
    .container:hover .ease { transform: translateX(300px); }
    .container:hover .ease-in { transform: translateX(300px); }
    .container:hover .ease-out { transform: translateX(300px); }
    .container:hover .ease-in-out { transform: translateX(300px); }
    .linear { transition-timing-function: linear; }
    .ease { transition-timing-function: ease; }
    .ease-in { transition-timing-function: ease-in; }
    .ease-out { transition-timing-function: ease-out; }
    .ease-in-out { transition-timing-function: ease-in-out; }
  </style>
</head>
<body>
  <h3>마우스를 아래 박스 위에 올려보세요</h3>
  <div class="container">
    <div class="box linear">linear</div>
```

```
        <div class="box ease">ease</div>
        <div class="box ease-in">ease-in</div>
        <div class="box ease-out">ease-out</div>
        <div class="box ease-in-out">ease-in-out</div>
    </div>
</body>
</html>
```

7.3 애니메이션(Animation)

7.3.1 키 프레임(Key frame)

현실 세계에서는 물체의 움직임을 연속된 이미지, 즉 프레임(frame)으로 표현함으로써 애니메이션처럼 느껴지게 만들 수 있다. 인간의 눈은 1초에 약 24장의 정지 이미지를 연속해서 보면 이를 연속된 움직임으로 인식하기 때문에, 전통적인 애니메이션에서는 이 기준을 따라 영상을 구성했다. 하지만, 이 방식대로라면 1초의 움직임을 만들기 위해 매번 24장의 그림을 손으로 그려야 하며, 이는 시간과 노력이 많이 들어가는 작업이다.

이 문제를 해결하기 위해 키 프레임(key frame) 기법이 등장했다.
- Key Frame (키 프레임)은 사용자가 직접 정의한 주요 장면을 의미한다. 예를 들어 시작 위치, 중간 포즈, 종료 위치 등을 키 프레임으로 정한다.
- Frame (프레임)은 하나의 정지 화면. 애니메이션을 구성하는 기본 단위가 된다.
- 중간 프레임(intermediate frames 또는 in-between): 사용자가 지정한 키 프레임 사이를 자동으로 계산하여 만들어낸 정지 이미지들이다.

컴퓨터 애니메이션에서 시간 축(Timeline)은 매우 중요한 개념이다. 예를 들어, 다음과 같은 방식으로 애니메이션을 구성할 수 있다.

시작 키 프레임   →   중간 프레임(자동 생성)   →   종료 키 프레임
    [A]   [B]   [C]

컴퓨터는 A에서 C로 가는 움직임을 자연스럽게 보이도록, A와 B 사이, B와 C 사이에 자동으로 프레임을 삽입한다. 이 기술을 인터폴레이션(interpolation) 또는 tweening이라고 부른다.

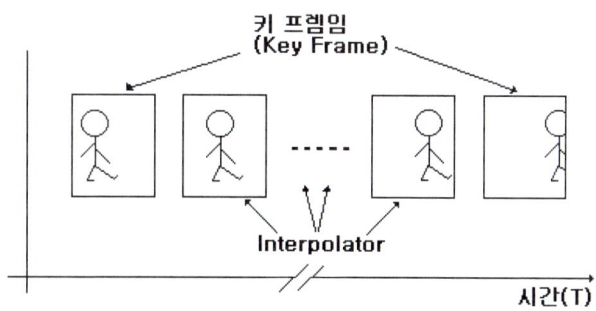

그림 7-11 키 프레임을 이용한 애니메이션
(출처: 가상현실 증강현실과 VRML)

표 7-3은 CSS3를 이용하여 애니메이션을 구현하기 위한 속성들을 나타내었다.

표 7-3 애니메이션 속성

속성	설명
@keyframes	애니메이션 코드 부분
animation	애니메이션 속성 모두 포함
animation-delay	애니메이션의 지연 시간
animation-direction	애니메이션의 동작 방향. forwards, backwards
animation-duration	애니메이션의 한 주기 시간
animation-fill-mode	애니메이션이 동작하지 않을 때의 스타일
animation-iteration-count	애니메이션의 반복 횟수
animation-name	애니메이션 @keyframes의 이름
animation-play-state	애니메이션이 동작 중 인지 멈춘 상태인지 표시
animation-timing-funcion	애니메이션의 속도

7.3.2 경계선 변화 애니메이션

예제 7-11은 경계선이 시간에 따라 변화하는 애니메이션을 만든 것으로써 애니메이션의 이름은 "color"로 설정하고 애니메이션이 발생하는 시간은 5s로 정의하였으며 1회 애니메이션이 이루어진 결과를 그림 7-12를 통해 확인할 수 있다.

5초 동안 이루어지는 애니메이션을 @keyframes color로 정의한다. 5초 동안의 간격은 0%에서 시작하여 25% 간격으로 dotted에서 inset 경계선까지 변화한다. 만약 경계선이 아니라 배경색을 변화시키고 싶다면 border-color 속성을 적용하면 된다. 예제 7-11에서는 5단계로 keyframes을 설정하였는데 만약 두 단계만 keyframes을 설정한다면 from{} to{}를 사용하면 된다.

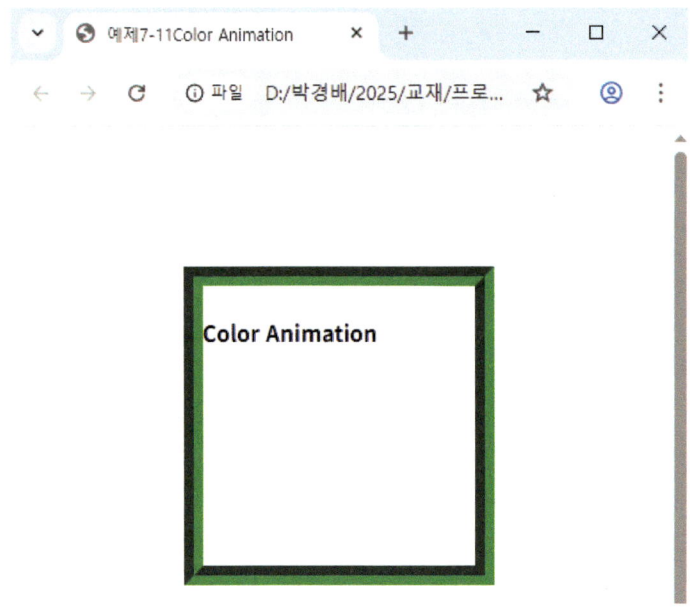

그림 7-12 색상 크기변화 애니메이션

예제 7-11 ColorAnimation.html

```
<!DOCTYPE html>
<html>
<head>
<title>예제7-11Color Animation</title>
<style>
  .box {      width: 200px;      height: 200px;       border: 5px solid red;
       animation: borderColorChange 4s infinite;     margin: 100px auto;     }
  div:hover { width: 400px;}
  @keyframes color{ 0% {border:2px dotted red ;}
                25% {border:5px dashed blue ;}
                50%  {border:15px groove green ;}
                75%  {border:5px inset orange ;}
                100%  {border:2px solid cyan ;}}
</style>
</head>
<body>
<div class="box"><h4>Color Animation</h4></div>
</body>
</html>
```

7.3.3 이동 애니메이션

예제 7-12는 경계선 색상의 변화와 함께 콘텐츠가 좌측에서 우측으로 이동하는 애니메이션 효과를 보여준다. 이와 같은 이동 애니메이션을 구현하기 위해서는 해당 콘텐츠의 위치 지정 방식을 position: relative로 설정해야 한다. 이는 요소의 원래 위치를 기준으로 좌표(top, left 등)를 조정할 수 있도록 하기 위한 필수 조건이다. 애니메이션을 적용하기 위해 animation-name과 animation-duration 속성을 동일하게 설정하였으며, 시간의 흐름에 따라 left와 top 값이 변경되어 콘텐츠가 이동하는 효과가 자연스럽게 표현된다.

애니메이션의 정의는 0%에서 25%의 간격으로 정의하였으며 초기 위치는 left:0px과 top:0px;이다 25%에서는 left:200px과 top:0px로 변화하여 오른쪽으로 이동한 효과가 나타난다. 50%에서는 left:200px, top:200px로 위치하여 오른쪽 하단으로 이동하게 되며 100%일때는 초기 위치 값으로 돌아오게 된다.

예제 7-12 translationAnimation.html

```html
<!DOCTYPE html>
<html>
<head>
<title>예제7-12이동 Animation</title>
<style>
        div {  width: 100px;    height: 50px;
               background: cyan;    position: relative;
               animation-name : color ; animation-duration : 5s ;  }
        @keyframes color{
        0% {border:2px dotted red ;left:0px; top:0px;}
        25% {border:5px dashed green ;left:200px; top:0px;}
        50%  {border:15px groove blue ;left:200px; top:200px;}
        75%   {border:5px inset cyan ;left:0px; top:200px;}
        100%  {border:2px solid orange ;left:0px; top:0px;}
        }
</style>
</head>
<body>
<div>
<h4 style="color:gray;">translation Animation</h4>
</div>
</body>
</html>
```

7.3.4 반복 애니메이션

애니메이션의 반복 횟수를 지정할 때는 animation-iteration-count 속성을 사용한다. 이 속성은 애니메이션이 몇 번 반복될지를 설정하며, 숫자를 명시하면 해당 횟수만큼 애니메이션이 반복된다. 예를 들어 animation-iteration-count: 3;으로 설정하면 애니메이션은 3번 반복된다.

예제 7-13에서는 애니메이션을 무한대로 반복하기 위해 "infinite" 값을 사용하였다. 즉, animation-iteration-count: infinite;로 설정하면 애니메이션은 중단 없이 계속 반복된다. 또한 애니메이션의 시작을 지연시키고 싶을 경우 animation-delay 속성을 사용한다. 예를 들어 animation-delay: 2s;로 지정하면, 요소는 페이지가 로드된 후 2초가 지나야 애니메이션이 시작된다.

예제 7-13 iterationAnimation.html

```html
<!DOCTYPE html>
<html>
<head>
<title>예제7-13이동 Animation</title>
<style>
    div {  width: 100px;   height: 50px;
           background: cyan;    position: relative;
           animation-name : color ; animation-duration : 5s ;
           animation-iteration-count: infinite ; animation-delay:1s;      }
    @keyframes color {
           0% {background-color: red ;left:0px; top:0px;}
           25% {background-color:green ;left:200px; top:0px;}
           50%  {background-color:blue ;left:200px; top:200px;}
           75%   {background-color:cyan ;left:0px; top:200px;}
           100%  {background-color:orange ;left:0px; top:0px;}
    }
</style>
</head>
<body>
<div><h4 style="color:gray;">iteration Animation</h4></div>
</body>
</html>
```

7.4 디자인이 적용된 chap7Animation.html 만들기

▶ chatgpt : 모바일 전용으로 다음의 파일들을 하이퍼링크된 chap7Animation.html 파일 만들기

예제 7-14 chap7Animation.html

```
<!DOCTYPE html>
<html lang="ko">
<head>
    <meta charset="utf-8">
    <meta name="viewport" content="width=device-width, initial-scale=1.0">
    <title>CSS 디자인 기본 - 모바일</title>
    <style>
        body {
            font-family: 'Segoe UI', Tahoma, Geneva, Verdana, sans-serif;
            margin: 0;
            padding: 15px;
            background-color: #eef2f7;
            color: #333;
            line-height: 1.6;
        }
        h1 {
            color: #2c3e50;
            text-align: center;
            margin-bottom: 25px;
            font-size: 1.8em;
            padding-bottom: 10px;
            border-bottom: 2px solid #3498db;
        }
        ul {
            list-style: none;
            padding: 0;
            margin: 0;
        }
        li {
            background-color: #ffffff;
            border: 1px solid #ddd;
            border-radius: 8px;
            margin-bottom: 12px;
```

```css
            box-shadow: 0 2px 5px rgba(0, 0, 0, 0.08);
            overflow: hidden; /* Ensure no overflow on smaller screens */
        }
         li a {   display: block;   padding: 15px 20px;
            text-decoration: none;  color: #007bff;   font-size: 1.1em;
            transition: background-color 0.3s ease, color 0.3s ease;   }
        li a:hover,
         li a:focus {     ackground-color: #eaf4fd;  color: #0056b3;    }
        /* Small adjustments for very narrow screens if needed */
        @media (max-width: 480px) {
            h1 {  font-size: 1.5em; }
            li a {         font-size: 1em;  padding: 12px 15px;          }
        }
    </style>
</head>
<body>
    <h1>CSS 애니메이션 및 트랜스폼 예제 (모바일)</h1>
    <ul>
        <li><a href="예제7-1transform2D.html" target="_blank">예제7-1 2D Transform (rotate, scale, skew, translate)</a></li>
        <li><a href="예제7-2transform3D.html" target="_blank">예제7-2 3D Transform (rotateX, rotateY, perspective)</a></li>
        <li><a href="예제7-3transition.html" target="_blank">예제7-3 Transition (속성 변화 애니메이션)</a></li>
        <li><a href="예제7-4animationKeyframes.html" target="_blank">예제7-4 Animation (keyframes)</a></li>
        <li><a href="예제7-5animationProperties.html" target="_blank">예제7-5 Animation 속성들</a></li>
        <li><a href="예제7-6translate3d.html" target="_blank">scale3d() 3차원 크기 조절 예제</a></li>
        <li><a href="예제7-7scale3d.html" target="_blank">rotate3d() 3차원 회전 예제</a></li>
        <li><a href="예제7-7transition.html" target="_blank">transition-timing-function 예제</a></li>
        <li><a href="예제7-8rotate3d.html" target="_blank">Transition 효과 버튼</a></li>
        <li><a href="예제7-9transition.html" target="_blank">경계선 색상 애니메이션</a></li>
        <li><a href="예제7-10transitionFunc.html" target="_blank">Transition 효과 버튼</a></li>
        <li><a href="예제7-11keyFrameBorder.html" target="_blank">translation Animation</a></li>
```

```
        <li><a       href="예제7-12translationAni.html"       target="_blank">iteration
Animation</a></li>
        <li><a    href="예제7-13iterationAni.html"    target="_blank">iteration    Animation
(Duplicate Example)</a></li>
    </ul>
</body></html>
```

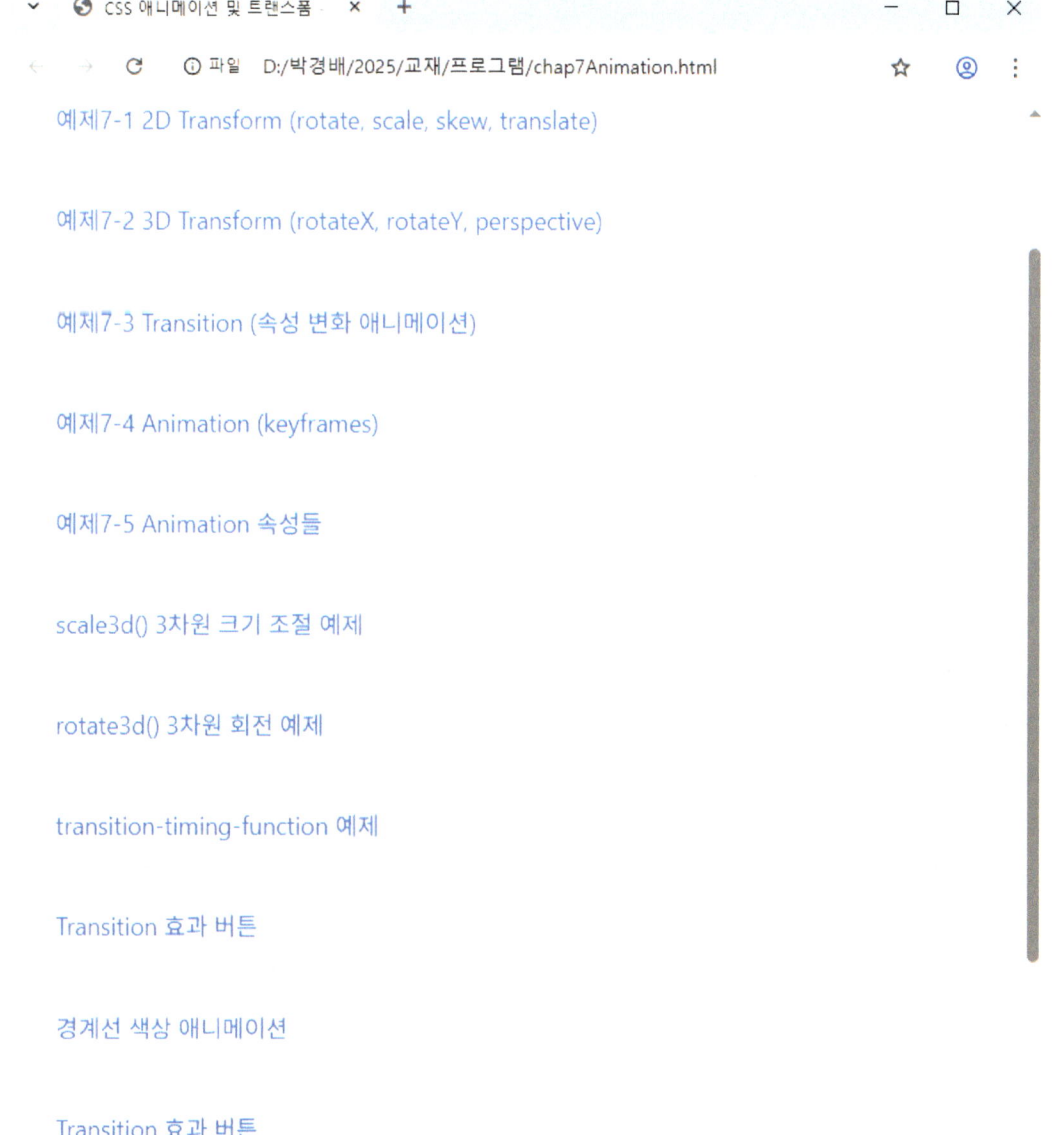

그림 7-13 chap7Animation.html

과 제

1. chatgpt을 이용하여 translate() 메소드를 이용하여 박스의 위치와 크기를 변형하시오.

2. chatgpt을 이용하여 3차원 크기 변환 scale3d()를 사용하여 박스의 크기를 변형하시오.

3. 3초 동안 다음 그림과 같이 박스의 크기가 변형되는 프로그램을 구현하시오.

4. 키프레임 애니메이션에 대해 설명하시오.

5. @keyframes을 사용하여 박스의 경계선이 8가지 형태로 변화하도록 구현하시오.

6. 다음 키값으로 박스가 이동하는 애니메이션을 구현하시오.
   @keyframes color{
   0% {border:2px dotted red ; left:0px; top:0px;}
   25% {border:5px dashed green ;left:100px; top:0px;}
   50% {border:15px groove blue ;left:200px; top:100px;}
   75%   {border:5px inset cyan ;left:0px; top:200px;}
   100% {border:2px solid orange ;left:50px; top:50px;} }

7. 5번 애니메이션이 무한 반복되도록 프로그램을 구현하시오.

 참고 문헌

▶ "HTML5 중심의 CSS3와 자바스크립트", 박경배, 21세기출판사, 2021

 참고 사이트

1. 가상현실 증강현실과 VRML, 21세기사

2. https://www.w3schools.com/css/css_intro.asp

3. https://developer.mozilla.org/ko/docs/Web/CSS

4. https://namu.wiki/w/CSS

5. https://ko.wikipedia.org/wiki/종속성시트

6. https://medium.com/@erwinousy/css-개선을위한방법

7. https://developer.mozilla.org/ko/docs/Web/CSS/CSS_Animations/Using_CSS_animations

8. https://code.tutsplus.com/ko/tutorials/20-best-css-animations--cms-27561

8장 자바스크립트

8.1 자바스크립트 소개

자바스크립트(JavaScript)는 HTML 문서를 능동적인 웹 페이지로 만들어주는 프로그래밍 언어이다. HTML이 웹 페이지의 내용을, CSS가 디자인과 구조를 담당한다면, 자바스크립트는 페이지의 동작과 반응을 담당한다. 따라서 자바스크립트를 활용하기 위해서는 먼저 HTML과 CSS에 대한 기본 이해가 필요하다.

자바스크립트는 처음에는 라이브스크립트(LiveScript)라는 이름으로 시작되었으며, 이는 넷스케이프(Netscape)사의 브렌던 아이크(Brendan Eich)에 의해 개발되었다. 이후 이름이 자바스크립트로 변경되었고, 마이크로소프트는 자체 브라우저인 인터넷 익스플로러에서 이를 액티브스크립트(ActiveScript)로 명명하였다. 현재는 ECMA(European Computer Manufacturers Association)에서 정의한 ECMAScript가 표준 스펙으로 사용된다.

자바스크립트의 주요 특징은 다음과 같다:
- 문법이 C언어나 Java와 유사하지만, 상대적으로 배우기 쉽고 간단하다.
- 별도의 컴파일 과정 없이, 웹브라우저에서 바로 실행 가능한 인터프리터 언어이다.
- 객체기반(object-based) 언어로 내장 객체를 활용하거나 사용자 정의 객체를 생성할 수 있다.
- 함수형 프로그래밍을 지원하여 구조적인 프로그램 작성이 가능하다.

HTML과 CSS는 기본적으로 수동적인(passive) 콘텐츠를 제공하며, 사용자의 행동에 반응하지 않는다. 반면 자바스크립트는 사용자의 행위나 이벤트(event)에 반응하여 문서의 내용이나 스타일을 변경할 수 있다. 이를 통해 웹 페이지는 더욱 인터랙티브하고 흥미로운 콘텐츠를 제공할 수 있다.

자바스크립트를 HTML 문서에 삽입하기 위해서는 아래 예제와 같이 〈head〉태그 사이에 〈script〉..〈/scirpt〉 태그를 삽입하여 사용한다.

```
<head>
        <script>
                    document.write("My First JavaScript");
        </script>
</head>
```

⟨script⟩태그 내에 작성된 HTML 코드는 적용하는 방법에 따라 .js 파일로 만들어 외부에서 적용하는 방법, ⟨head⟩..⟨/head⟩사이에 위치시키는 내부 자바스크립트 방법 그리고 ⟨body⟩..⟨/body⟩에서 적용하는 인라인(inline) 방법이 있다.

① 외부 자바스크립트
외부 파일로 자바스크립트를 작성하여 HTML 문서에 표시하기 위해서 Vs code 편집기를 이용하여 언어를 javascript로 선택한 후 예제8-1과 같이 작성하고 js 폴더내에 예제8-1jscode.js로 저장하자. 자바스크립트 코드의 파일 확장자는 .js이며 예제8-1jscode.js 파일에는 ⟨script⟩ 태그가 포함되지 않는다.

예제 8-1 외부 자바스크립트 파일(예제8-1jscode.js)

```
document.write("My First JavaScript Using AI");
```

jscode.js를 Html 코드에 삽입하는 방법은 ⟨head⟩태그 사이에 ⟨script⟩태그 속성 src를 사용하여 js 파일의 위치를 지정하면 된다.

```
<head>
        <script src="js/예제8-1jscode.js"></script>
</head>
```

만약 js파일이 다른 경로에 있다면 예를 들어 하위폴더(js)에 있다면 src="js/예제8-1jscode.js"로 지정해야 하며 상위폴더(jscript) 라면 src="../jscript/예제8-1jscode.js"로 지정해야 한다. 만약 지정된 경로에 파일이 없다면 자바스크립트는 실행되지 않는다. 그림 8-1은 예제 8-2를 실행한 결과로 예제 8-1jscode.js 파일의 "My First JavaScript Using AI" 문자가 출력된 결과를 볼 수 있다.

외부 파일로 자바스크립트를 지정할 경우 장점은 다음과 같다.
- HTML 코드와 자바스크립트 코드를 분리하여 구분하기 쉽다.
- 분리된 코드로 편집이 용이하다.
- 분리된 자바스크립트 코드는 메모리에 캐쉬(Cached)되어 html 문서 페이지가 빠르게 로딩(loading)된다.

예제 8-2   외부 자바스크립트 파일(예제8-2extern.html)

```
<!DOCTYPE html>
<html>
<head>
        <title>예제8-2외부 자바스크립트</title>
        <script src="js/예제8-1jscode.js"></script>
</head>
<body>
        <h1>AI JavaScript Page</h1>
</body>
</html>
```

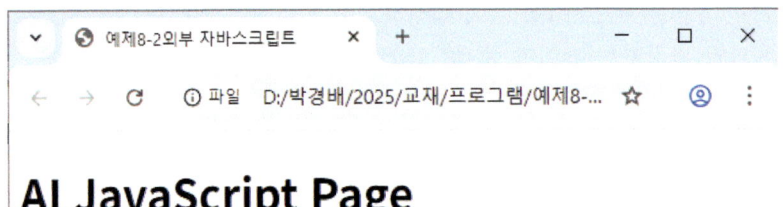

그림 8-1 외부 자바스크립트 연동

② 내부 자바스크립트

내부에서 자바스크립트를 실행하는 방법은 매우 간단하다. 예제 8-3처럼 html 문서의 〈head〉 태그 사이에 자바스크립트 코드가 삽입된 〈script〉태그를 위치하면 된다. 실행 결과는 그림 8-2와 같다.

```
<script>
        document.write("My First JavaScript Using AI");//자바스크립트 코드
</script>
```

예제 8-3 내부 자바스크립트(예제8-3innerjs.html)

```
<!DOCTYPE html>
<html>
<head>
        <title>예제8-3내부 자바스크립트</title>
        <script>
            document.write("My First JavaScript Using AI");
        </script>
</head>
<body>
        <h1>AI JavaScript Page</h1>
</body>
</html>
```

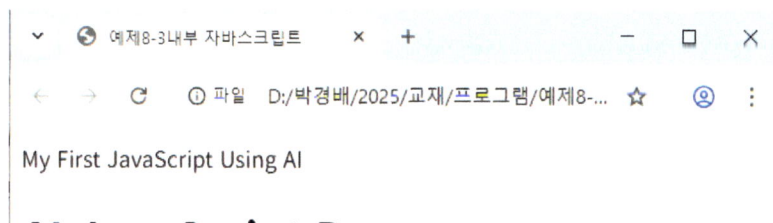

그림 8-2 내부자바스크립트

③ 인라인 자바스크립트

인라인 자바스크립트는 <body>안에 <script>코드를 위치하는 방법이다. 예제 8-4처럼 html 문서의 <body> 태그에 자바스크립트 코드가 삽입된 <script>태그를 위치하면 된다. 실행 결과는 그림 8-3과 같다.

```
<body>
        <script>
                document.write("My First JavaScript Using AI");  //자바스크립트 코드
        </script>
</body>
```

예제 8-4 인라인 자바스크립트 (예제8-4inlinejs.html)

```
<!DOCTYPE html>
<html>
<head><title>인라인 자바스크립트</title></head>
<body>
        <script>
                document.write("My First JavaScript Using AI");
        </script>
<h1>AI JavaScript Page</h1>
</body>
</html>
```

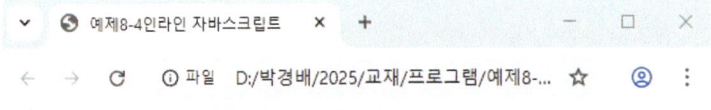

My First JavaScript Using AI

AI JavaScript Page

그림 8-3 인라인 자바스크립트

8.2 자바스크립트 문법

8.2.1 선언문(statement)

프로그래밍 언어는 컴퓨터가 실행할 수 있는 명령어들의 집합으로 구성된 언어이다. 이러한 명령어 단위를 선언문(statement)이라고 하며, 자바스크립트 역시 이러한 선언문들로 프로그램이 구성된다. 자바스크립트에서의 선언문은 다음과 같은 요소들로 이루어진다. 이러한 요소들을 조합하여 자바스크립트 프로그램은 특정한 동작을 수행하게 된다. 따라서 자바스크립트를 학습할 때는 이들 구성 요소를 정확히 이해하고 적절히 사용하는 것이 중요하다.

- 변수(variable): 데이터를 저장하기 위한 이름이 지정된 공간
- 연산자(operator): 변수나 값에 대해 연산을 수행하는 기호
- 표현식(expression): 하나의 결과 값으로 평가될 수 있는 코드
- 키워드(keyword): 자바스크립트에서 특별한 의미를 가지는 예약어
- 설명문(comments): 코드에 대한 설명이나 메모로서 실행에는 영향을 주지 않음

자바스크립트 코드를 예제 8-5와 같이 <body>안에 인라인 방법으로 선언하였으며 프로그램을 실행시키면 그림 8-4와 같이 x+y 문자열과 z값 11이 출력된다.

자바스크립트에서 설명문(주석)은 코드의 이해를 돕기 위한 설명을 작성할 때 사용되며, 실행에는 전혀 영향을 주지 않는다. 프로그램을 구성할 때 코드의 목적이나 사용법 등을 메모 형태로 남길 수 있어 협업이나 유지보수에 매우 유용하다. 자바스크립트에서 설명문은 // 또는 /* */로 나타낸다. 설명문은 프로그램을 실행할 경우 실행되지 않는 부분이며 작성자가 프로그램 코드에 대한 설명문을 나타내는 용도로 사용한다. //는 줄 단위로 설명문을 나타낼 때 사용하며 /* .... */ 은 여러줄에 걸쳐 블록(block) 단위로 설명문을 나타낼 때 사용하는 방법이다. 위의 예는 // 설명문을 이용하여 줄 단위로 설명문을 나타낸 경우이다. 또한, 자바스크립트에서는 각 선언문(statement)을 구분하기 위해 세미콜론(;)을 사용한다. 세미콜론을 사용하면 한 줄에 여러 개의 선언문을 나열해도 각각의 문장이 독립적으로 인식된다.

예제 8-5 자바스크립트 선언문

```
<!DOCTYPE html>
<html>
<head>
        <title>예제8-5설명문</title>
</head>
<body>
<h1>JavaScript 설명문</h1>
    <script>
        var x, y, z;    //  변수 x, y, z의 선언
        x = 6;          // 표현식으로 변수 x에 5를 대입
        y = 6;          // 표현식으로 변수 y에 6을 대입
        z = x + y;      // 표현식과 더하기 연산자( +)를 통해 변수 z에 x+y 값을 대입
        document.write("x+y=",z); //x+y 문자열과 z값 출력
    </script>
</body>
</html>
```

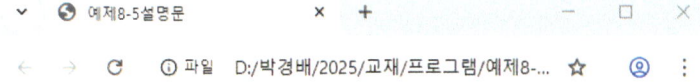

JavaScript 설명문

x+y=12

그림 8-4 **설명문**

8.2.2 문자 출력

자바스크립트 프로그램의 실행 결과를 사용자에게 보여주는 방법은 다양하게 제공된다. 실행 결과를 모니터 상에 출력하는 대표적인 방법은 다음의 네 가지가 있다. 자바스크립트는 다양한 출력 방법을 제공하므로, 상황에 따라 적절한 방식을 선택하여 사용할 수 있다. 학습이나 디버깅 과정에서는 console.log()가, 사용자 인터페이스에는 innerHTML이나 alert()이 유용하게 사용된다.

- document.write()

이 메소드는 자바스크립트 실행 결과를 웹 페이지에 바로 작성하는 방법이다. 자바스크립트는 객체기반 언어로, 객체는 속성(properties)과 메소드(methods)로 구성된다. document.write("outPut");은 document 객체의 메소드로써, HTML 문서에 직접 출력할 수 있다.

- innerHTML

HTML 요소 내부의 콘텐츠를 변경하여 출력하는 방식이다. HTML 요소에 접근하기 위해 document.getElementById() 메소드를 사용하며, innerHTML 속성을 통해 해당 요소의 내용을 변경할 수 있다.

```
<p id="output"></p>
document.getElementById("outp ut").innerHTML = " 2outPut:innerHTML";
```

- window.alert()

경고창을 통해 사용자에게 메시지를 보여주는 방식이다. alert()은 window 객체의 메소드이며, 사용자가 확인을 누르기 전까지 화면에 메시지를 고정시킨다.

```
window.alert("3outPut:alert");
```

- console.log()

개발자 도구의 콘솔(console)을 통해 출력을 확인할 수 있는 방식이다. 이 방법은 사용자가 직접 화면에서 결과를 확인할 수는 없지만, 디버깅을 위해 자주 사용된다.

```
console.log("4outPut:console");
```

예제 8-6 프로그램을 실행시켰을 경우 alert() 메소드가 세 번째 있음에도 불구하고 가장 먼저 나타난다. 경고창의 확인을 누른 후에야 그림 8-5의 결과 화면이 나타나며 <p id="output">의 위치에 "outPut:2innerHTML" 문자가 생성되었다. console.log의 결과는 F12 키를 눌러야만 확인 가능함을 알 수 있다.

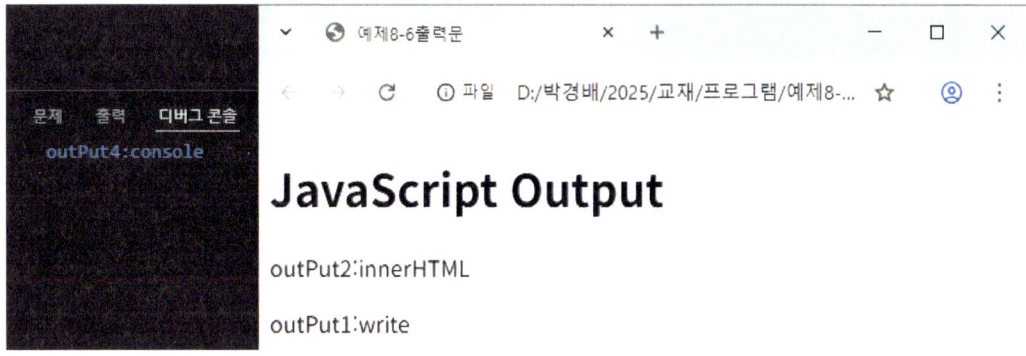

그림 8-5 출력문

예제 8-6 자바스크립트 출력문

```
<!DOCTYPE html>
<html>
<head>
        <title>예제8-6출력문</title>
</head>
<body>
<h1>JavaScript Output</h1>
<p id="output"></p>
    <script>
        document.write("outPut1:write");
        document.getElementById("output").innerHTML = "outPut2:innerHTML";
        window.alert("outPut3:alert");
        console.log("outPut4:console");
    </script>
</body>
</html>
```

8.2.3 변수(Variable)와 키워드(Keyword)

프로그래밍을 하기 위해서는 데이터를 저장하고 관리할 공간이 필요하다. 이때 사용하는 것이 변수(Variable)이다. 변수는 데이터를 저장하는 장소로서, 예를 들어 다음과 같이 사용할 수 있다. 여기서 x, y, z는 모두 변수이며, 이 변수들에 저장된 값을 이용하여 프로그램은 다양한 동작을 수행하게 된다.
x = 5; , y = 6; , z = 11;

변수는 마치 데이터를 담는 상자와 같다고 이해하면 된다. 이 상자에는 언제든지 데이터를 넣고 꺼낼 수 있으며, 그에 따라 프로그램의 결과가 달라질 수 있다. 이러한 역할은 컴퓨터의 메모리(RAM)가 담당한다. 자바스크립트에서 변수를 선언하기 위해서는 식별자(identifier)를 정해야 하며, 다음과 같은 규칙을 따라야 한다.

- 변수 이름은 문자, 숫자, 밑줄(underscores) 그리고 달러($) 표시를 포함할 수 있다.
  예) var name, x, x_y, x$13;
- 변수 이름은 반드시 문자로 시작해야 한다. 숫자로 시작할 수 없다.
  예) var letter ; var 123;(X)
- 두 단어 이상일 경우는 낙타 표기법(camelCase)을 권장한다. 낙타는 등에 나 있는 혹 모양을 본떠 변수명을 지정한다. 두 단어의 합성의 경우 첫 번째 단어는 소문자를 사용하고 두 번째 단어의 첫 문자는 대문자를 사용한다.
  예) var outPut ; var firstName ;
- 변수 이름은 대소문자를 구분한다.
  예) var lastName, Lastname, LastName; // 모두 다른 변수 선언
- 자바스크립트에는 특정 기능을 위해 이미 정의된 예약어(reserved words)가 있으며, 이들은 변수로 사용할 수 없다. 표 8-1에 예약 키워드를 나타내었다.
  예) var break, continue, for, return; // 예약어로서 사용할 수 없다.

표 8-1 예약 키워드(출처:https://www.w3schools.com/js/js_reserved.asp)

abstract	arguments	await*	boolean
break	byte	case	catch
char	class*	const	continue
debugger	default	delete	do
double	else	enum*	eval
export*	extends*	false	final
finally	float	for	function
goto	if	implements	import*
in	instanceof	int	interface
let*	long	native	new
null	package	private	protected
public	return	short	static
super*	switch	synchronized	this
throw	throws	transient	true
try	typeof	var	void
volatile	while	with	yield

예제 8-7은 변수 선언을 이용하여 프로그램한 것으로 변수 선언 방법에 따라 변수를 선언하고 실행한 결과를 그림 8-6에 나타내었다. 변수의 선언은 중복되지 않도록 유일한 이름을 가져야 하며 예약어와 숫자는 사용할 수 없다. 예제에는 나타나지 않았지만 두 단어가 합성된 경우는 카멜기법을 사용하여 변수를 선언하면 가독성이 좋으며 다양한 변수들을 효율적으로 선언할 수 있는 장점이 있다.

예제 8-7 자바스크립트 변수선언

```
<!DOCTYPE html>
<html>
<head>
        <title>예제8-7변수</title>
</head>
<body>
<h3>JavaScript 변수선언</h3>
    <script>
        var x = 5, y = 6, z;        //  변수 x, y, z의 선언
        z = x + y;    // 표현식과 더하기 연산자( +)를 통해 변수 z에 x+y 값을 대입
        document.write("x+y=",z +"<br/>");
        var $$, _x4, x123, xyz; //$,- 사용가능
        $$=3; _x4=4;  x123=5;  xyz=6;
        document.write($$+"$사용    "+_x4+"_ 밑줄사용   " + x123
     + " x123    "+xyz+"<br/>");
         // 예약어 및 숫자로 시작하는 변수는 사용할 수 없음
        document.write("예약어는 사용할 수 없음:    var break=5; 1x3y=6 ;<br/>");
    </script>
</body>
</html>
```

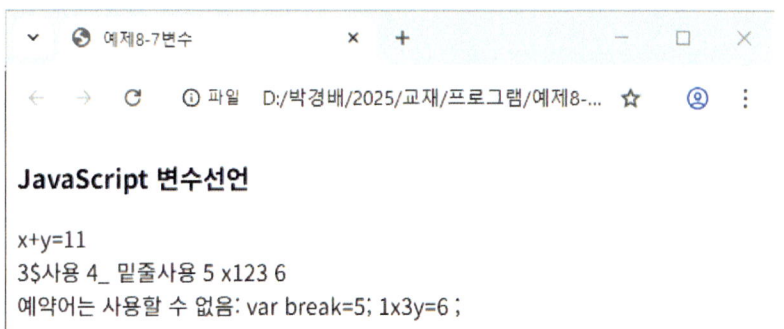

그림 8-6 변수선언

8.2.4 연산자(Operators)

연산자는 하나 이상의 변수에 대해 가감승제(+, - * /)를 포함한 다양한 수학적 연산을 수행하는 기호이다. 자바스크립트에서 변수의 연산을 위한 연산자는 대표적으로 산술연산자(Arithmetic), 대입 연산자(Assignment), 비교연산자(Comparison) 그리고 논리연산자(logic) 등으로 구분할 수 있다. 각 기능을 가진 연산자에 대해 표 8-2에 나타내었으며 각 연산자는 같이 사용하였을 경우 우선순위가 다르므로 혼합하여 사용할 경우 주의가 필요하다.

예제 8-8에 산술연산자, 문자열 연산자, 대입 연산자를 프로그래밍으로 표현하였으며 연산 결과를 그림 8-7에 나타내었다. 산술연산자는 변수에 할당된 값을 +, -, *, / 그리고 제곱(**), 나머지(%), 증감 연산자를 이용하여 사칙연산을 수행한다.

대입연산자는 변수에 값을 할당하는 연산자로서 a=5와 같이 표현하며 다음과 같이 축약하여 사용할 수 있다.
a +=5(a=a+5);   b %= 5(b=b%5);   c *= 5(c = c*5);

숫자를 더하는 방법과 같이 문자열을 서로 더할 수 있으며 문자열과 숫자를 더할 수도 있다. txt1과 txt2에 각각 문자열 "AI"와 "Software"를 대입하고 두 변수를 더하게 되면 "AISoftware" 문자열이 출력된다. 만약 문자 "5"와 숫자 5를 더하면 문자열 출력 결과와 마찬가지로 "55"로 표현된다.

표 8-2 연산자

종류	연산자(Operator)	설명
산술 연산자	+	덧셈
	-	뺄셈
	*	곱셈
	**	제곱
	/	나눗셈
	%	나머지(Modulus)
	++	증가
	--	감소
대입 연산자	=	x=y
	+=	x+=y ; x=x+y
	-+	x-=y ; x=x-y
	*=	x*=y ; x=x*y
	/=	x/=y ; x=x/y
	%=	x%=y ; x=x%y
	**=	x**=y ; x=x**y
비교 연산자	==	값이 같음
	===	값과 데이터 타입이 같음
	!=	서로 다름
	!==	값과 데이터 타입이 다름
	〉	보다 큼
	〈	작음
	〉=	같거나 큼
	〈=	같거나 작음
	?	세 개의 변수 연산자
논리 연산자	&(and)	A&B : 00
	|(or)	A|B : 01
	~(not)	~A : 11
	^(xor)	A^B : 01
	〈〈	B 〈〈 1 : 010
	〉〉	B 〉〉 1 : 001
비트 연산자	&&	AND : A&&B = false
	||	OR :A OR B = true
	!	Not : !A = true

예제 8-8　자바스크립트 연산자

```html
<!DOCTYPE html>
<html>
<head><title>예제8-8연산자</title></head>
<body>
<h3>javaScript 연산자</h1>
    <script>
    document.write("--산술연산자--"+"<br/>");
        var x = 10, y = 6;          // 변수 x, y 값 대입
        var z = x + y;        // 더하기 연산자(+)를 통해 변수 z에 x+y 값을 대입
        document.write("더하기 연산자: x="+x+"+y="+y+"="+z+"<br/>");//결과출력
        var a; var b ;var c;
        a = x-y ; b = x * y ; c = x / y ;// 빼기, 곱하기, 나누기 연산자 (-,*,/)
    document.write("a=x-y"+a+"b=x*y"+b+"c=x/y"+c+"<br/>");//결과출력
        document.write(" 빼기 연산자:- "+a+" X 연산자:* "+b+" 나누기 연산자:/ "+c+"<br/>");

        a = x**2; b=x%y; c=x++; z=z--; // 제곱, 나머지, 증감 연산자 (**,%,++,--)
        document.write("제곱 연산자:** "+a+" 나머지 연산자:% "+b+" 증감연산자:++,-- "+c+" "+z+"<br/>");
        document.write("--대입연산자--"+"<br/>");
        a += 5; b %= 5; c *= 5;
         document.write("더하기대입:+=    "+a+"    나머지대입:%=    "+b+"    곱하기    대입:*= "+c+"<br/>");
        document.write("--문자열 연산--"+"<br/>");
        var txt1 = "AI", txt2 = " Software";
        document.write("문자1+문자2, 문자+숫자"+txt1+txt2+"<br/>");
        document.write("--비교연산자--"+"<br/>");
        document.write("==, ===, !=, >,<"+"<br/>");
        document.write("--논리연산자--"+"<br/>");
        document.write("&&, ||, !"+"<br/>");
    </script>
</body>
</html>
```

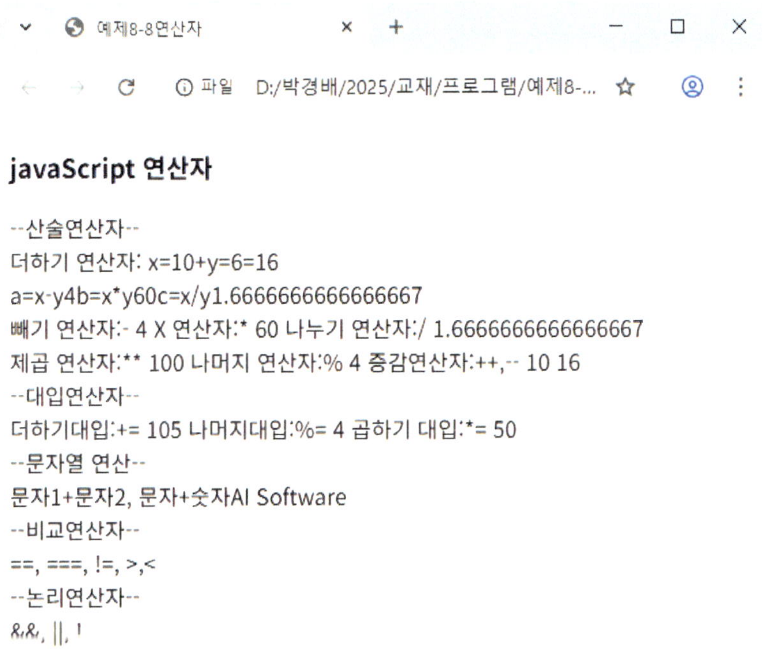
예제8-8연산자
파일 D:/박경배/2025/교재/프로그램/예제8-...
javaScript 연산자
--산술연산자--
더하기 연산자: x=10+y=6=16
a=x-y4b=x*y60c=x/y1.6666666666666667
빼기 연산자:- 4 X 연산자:* 60 나누기 연산자:/ 1.6666666666666667
제곱 연산자:** 100 나머지 연산자:% 4 증감연산자:++,-- 10 16
--대입연산자--
더하기대입:+= 105 나머지대입:%= 4 곱하기 대입:*= 50
--문자열 연산--
문자1+문자2, 문자+숫자AI Software
--비교연산자--
==, ===, !=, >,<
--논리연산자--
&&, ||, !

그림 8-7 연산자

8.2.5 함수(function)

함수란 특정한 작업을 수행하기 위해 블록(block) 형태로 구성된 코드로서, 프로그램을 구조화하고 효율적으로 작성할 수 있도록 도와준다. 함수는 동일한 작업을 여러 번 수행해야 할 경우, 코드의 중복을 줄이고 유지보수를 쉽게 해주며, 필요할 때마다 호출하여 사용할 수 있다. 또한 같은 함수라도 매개변수(parameter)의 값을 다르게 주면 서로 다른 결과를 얻을 수 있어 유연하게 사용할 수 있다.

함수가 호출되는 경우는 아래와 같이 3가지 경우가 있다.
① 사용자의 마우스 클릭과 같은 이벤트가 발생할 경우
② 자바스크립트 코드를 통한 호출
③ html 문서가 로딩될 경우와 같이 자동으로 호출

대부분의 프로그래밍 언어는 자주 사용하는 함수들을 미리 정의한 라이브러리(library) 형태로 제공하며, 사용자도 다음과 같이 직접 함수를 정의하여 사용할 수 있다.

```
function  jsFunction(a1,a2) {
        document.write("jsFunction()");  // html 문서에 출력
        return a1*a2; //a1과 a2의 곱한 값을 호출한 곳으로 반환한다.
}
```

위의 예제에서 jsFunction은 두 개의 매개변수 a1, a2를 받아 곱한 값을 반환하는 함수이다. 이 함수는 다음과 같이 호출하여 사용할 수 있다.

```
var result = jsFunction(3, 4);   // result는 12
document.write("<br/>결과: " + result)
```

함수를 선언한 후에는 그 함수가 실제로 수행할 작업들을 중괄호 { } 안에 작성한다. 이 영역을 함수의 본문이라고 부르며, 이 안에 들어 있는 코드가 함수가 호출될 때 실행된다. a1과 a2는 함수가 호출될 때 전달받는 매개변수다. 호출 시 값이 전달되면, 해당 값을 이용하여 곱셈을 수행하고 그 결과를 return 문을 통해 되돌려 준다. 함수에서 return 문은 값을 함수 외부로 반환할 때 사용한다.
모든 함수에 return 문이 꼭 필요한 것은 아니다. 함수 내부에서 어떤 값을 반환하지 않고 단순히 작업만 수행할 경우에는 return 문 없이 작성할 수 있다. 이 경우 함수가 끝까지 실행된 후, 호출한 위치로 다시 복귀한다. 하지만 return 문이 함수의 중간에 사용될 경우, 그 지점에서 함수 실행은 즉시 멈추고 호출된 곳으로 돌아가게 된다. 즉, return은 함수의 실행을 조기 종료시키는 역할도 한다. 이처럼 함수는 프로그램을 모듈화하고 재사용성을 높이는 데 중요한 도구이며, return 문은 함수의 결과를 처리하거나 실행 흐름을 제어하는 데 유용하게 사용된다.

HTML 요소에 이벤트가 발생했을 때 특정 함수를 실행하게 만들 수 있다. 이벤트란 사용자나 브라우저가 일으키는 행동이다. 예를 들어 클릭(click), 키보드 입력(keydown), 마우스 이동(mousemove), 페이지 로드(load) 등에 대해 이벤트가 발생했다 한다. 표 8-3에 일반적인 이벤트를 표현하였다.

표 8-3 일반적인 html 이벤트

이벤트	설명
onchange	html요소가 변한 경우
onclick	사용자가 html 요소를 클릭한 경우
onmouseover	마우스가 html 요소 위로 이동한 경우
onmouseout	마우스가 html 요소에서 벗어난 경우
onkeydown	사용자가 키보드를 누른 경우
onload	브라우저가 웹문서의 로딩을 끝낸 경우

예제 8-9는 html 문서에서 자바스크립트 함수가 실행되는 방법을 나타낸 것으로 그림 8-8에 결과를 나타내었다. id="first"와 "second"는 함수의 실행 결과를 getElementById를 사용하여 나타내도록 id 선택자를 사용하였다. <body>안에 <script>를 삽입하여 jsFunction()이 자동으로 호출되도록 한다.

JavaScript 함수(Function)

15

15

a1 = 9 a2 = 6 = 15
a1 = 5 a2 = 10 = 15

그림 8-8 javascript 함수

예제 8-9 자바스크립트 자동실행 함수

```html
<!DOCTYPE html>
<html>
<head>
<title>예제8-9함수(Function)</title>
</head>
<body>
<h1>JavaScript 함수(Function)</h1>
<p id="first"></p>
<p id="second"></p>
<script> //함수 선언
        function jsFunction(a1,a2){   //js함수
            var a3;   //변수 선언
            a3 = a1 + a2   //a1, a2 더하기 결과
            document.write("a1 = "+a1+" a2 = "+a2+" = "+a3+"<br/>");//출력
            return a3;
        }
//매개변수 5,6으로 jsFunction 함수 호출한 결과를 " first"에 나타냄
document.getElementById("first").innerHTML = jsFunction(9,6);
//매개변수 4,10으로 jsFunction 함수 호출한 결과를 " second"에 나타냄
document.getElementById("second").innerHTML = jsFunction(5,10);
</script>
</body>
</html>
```

예제 8-10은 버튼을 클릭한 경우 함수 jsFunction()이 호출되는 경우를 프로그램한 것으로 그림 8-9에 결과를 나타내었다. 사용자가 버튼을 클릭한 경우 〈head〉에 위치한 jsFunction()이 실행되며 alert() 함수를 실행하고 "first"와 "second"문자를 출력하게 된다. 앞의 예제와 다르게 jsFunction()은 매개변수 없이 정의하였다.

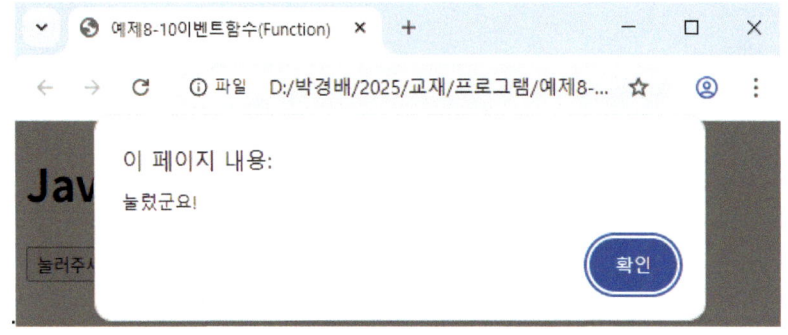

그림 8-9 이벤트 함수

예제 8-10 이벤트에 의한 자바스크립트 이벤트 함수호출

```
<!DOCTYPE html>
<html>
<head>
<title>예제8-10이벤트함수(Function)</title>
<script>
function jsFunction(){
        alert("눌렀군요!");
        document.getElementById("first").innerHTML = "first"; //문자출력
        document.getElementById("second").innerHTML ="second";//문자출력
}
</script>
</head>
<body>
<h1>JavaScript 이벤트함수(Function)</h1>
        <button onclick="jsFunction()">눌러주세요</button> //버튼 클릭 이벤트
        <p id="first"></p>
        <p id="second"></p>
</body>
</html>
```

예제 8-11은 〈form〉 태그와 〈input〉 요소를 활용하여 사용자가 두 개의 정수를 입력한 후, 버튼을 클릭하면 calc() 함수를 호출하여 입력된 값을 계산하고 그 결과를 HTML 문서에 출력하는 프로그램이다. 〈form〉 내부에는 두 개의 〈input type="text"〉 요소가 포함되어 있으며, 각각의 입력창에는 id="x"와 id="y" 속성이 지정되어 있다. 사용자가 입력한 값은 calc() 함수에서 각각 x와 y라는 변수에 저장된다. 계산을 위해서는 이 값들을 반드시 정수형으로 변환해야 하며, 이를 위해 parseInt()라는 내장 함수를 사용한다. 만약 정수형으로 변환하지 않으면 입력 값이 문자열로 처리되어, 더하기 연산 시 숫자의 합이 아닌 문자열 결합이 일어나게 된다.

계산된 합계는 tot 변수에 저장되며, 그 값을 〈input〉 요소의 value 속성에 할당함으로써 사용자에게 결과가 표시되도록 한다. 이 출력용 〈input〉은 id="sum"으로 정의되며, 사용자가 직접 수정할 수 없도록 readonly 속성을 부여하는 것이 일반적이다. 그림 8-10에 실행 결과를 나타내었다.

예제 8-11 함수를 통한 계산

```
<!DOCTYPE html>
<html>
<head>
<title>예제8-10함수(Function)계산</title>
    <script>
        function calc() {
            var x = document.getElementById("x").value;//입력된 정수1 값
            var y = document.getElementById("y").value;//입력된 정수2 값
            var tot;
            tot = parseInt(x) + parseInt(y);//입력1,2를 정수로 변환
            document.getElementById("sum").value = tot;//id="sum"에 결과 출력
        }
    </script>
</head>
<body>
<h3>함수 계산 결과</h3>
<h4>두개의 정수를 입력하세요.</h4>
    <form>
        정수 입력1:
        <input type="text" id="x" size="10"/><br />
        정수 입력2:
        <input type="text" id="y" size="10"/><br />
        <input type="button" value="확인" onclick="calc();" /> <br />
        합-------계:      <input id="sum"size="10" /><br />
    </form>
</body>
</html>
```

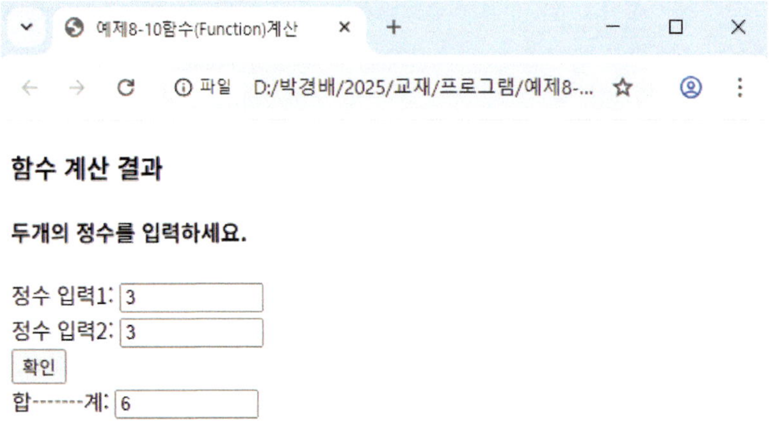

그림 8-10 함수 호출

8.2.6 브라우저 내장 함수

자바스크립트는 사용자와 상호작용을 위해 prompt(), confirm() 그리고 alert 함수를 제공하고 있다.

- prompt()

prompt()함수는 사용자에게 입력을 요청할 수 있는 대화상자를 띄워 입력을 받아 처리하기 위해 사용하는 함수이다. prompt()함수는 두 개의 매개변수를 사용하여 두 번째 매개변수의 값을 사용자가 입력한 값으로 사용할 수 있다. 그림 8-11과 같이 사용자의 입력 받은 후 확인 단추를 누르면 창이 사라진다.

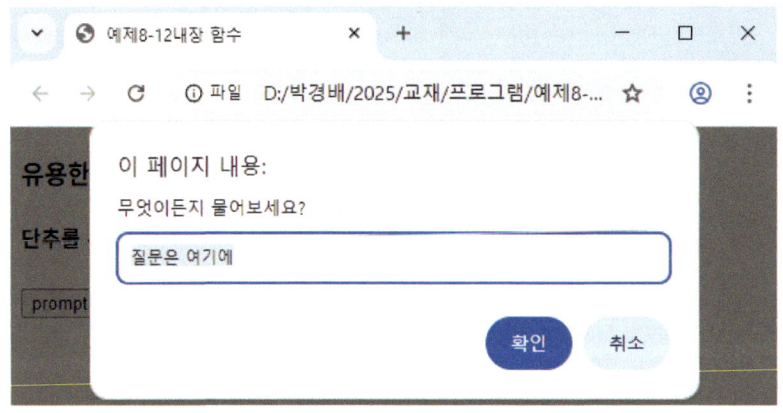

그림 8-11 prompt 함수

- confirm()

confirm() 함수는 자바스크립트에서 프로그램 실행 전 사용자의 확인 여부를 판단하기 위해 사용하는 내장 함수이다. 이 함수는 "확인" 또는 "취소" 버튼이 있는 대화 상자를 띄우며, 사용자의 선택에 따라

true 또는 false 값을 반환한다. 사용자가 **"확인"을 클릭하면 true**가 반환되어 조건문 등에서 실행 조건으로 사용할 수 있다. 반대로 **"취소"를 클릭하면 false**가 반환되어 프로그램 흐름을 제어할 수 있다.

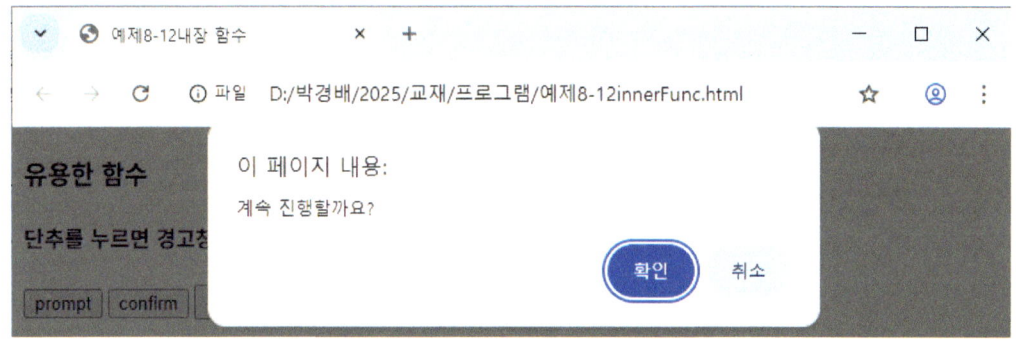

그림 8-12 confirm 함수

- alert()

alert( ) 함수는 메시지를 포함한 경고창(alert box)을 띄우고 확인 버튼(OK)만 제공하며, 사용자가 버튼을 클릭해야 다음 코드가 실행된다. 반환 값이 없고, 사용자와의 단순 상호작용에 적합하다.

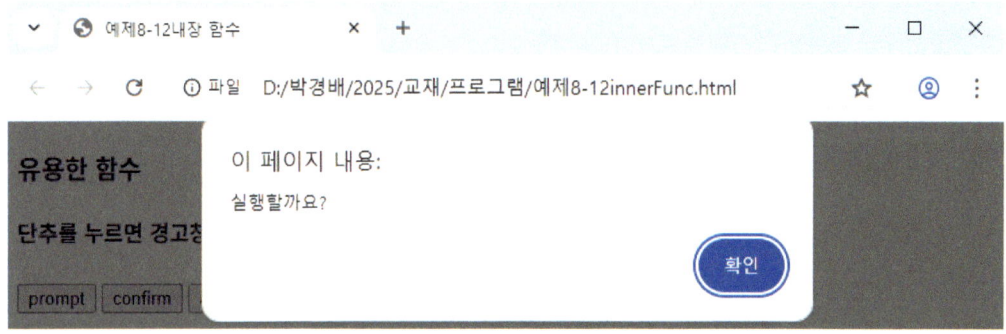

그림 8-13 alert 함수

예제 8-12 내장 함수

```html
<!DOCTYPE html>
<html>
<head>
        <title>예제8-12내장 함수</title>
    <script>
        function promptMsg() {
            prompt("무엇이든지 물어보세요?" , "질문은 여기에");
        }
        function confirmMsg() {
            var result= confirm("계속 진행할까요?");
              if(result){ }//예를 클릭한 경우 실행할까요
              else {}// 아니로를 클릭한 경우 실행
        }
     function alertMsg() {
            alert("실행할까요?");
        }
    </script>
</head>
<body>
<h3>유용한 함수</h3>
<h4>단추를 누르면 경고창이 나타납니다.</h4>
<input type="button" value="prompt" onclick="promptMsg()">
<input type="button" value="confirm" onclick="confirmMsg()">
<input type="button" value="alert" onclick="alertMsg()">
</body>
```

8.3 조건문(conditional statements)

조건문이란 조건식의 결과가 참인지 거짓인지에 따라 실행할 코드 블록을 선택적으로 실행하도록 제어하는 문장이다. 이를 통해 프로그램은 사용자의 입력이나 데이터 상태에 따라 다양한 흐름으로 분기(branch)할 수 있다. 대표적인 조건문은 if, else if, else 그리고 switch 문으로 구분할 수 있다.

8.3.1 if else문

if-else문은 조건에 따라 서로 다른 코드를 실행하도록 하는 가장 기본적인 조건 제어 구조로서 조건이 참일 경우 실행되며 else 문은 if의 조건이 아닐 경우에 실행된다.

예제 8-13에서는 컴퓨터에서 현재 시간(Date().getHours())을 받아 clock 변수에 저장하고 현재 시간을 id="time"에 표시하도록 하였다. time()함수를 호출하기 위해선 문자 "현재시간"을 클릭해야 한다. if else 문을 사용하여 현재 시간이 오후 6시 이전이면 alert("좋은 하루!") 창이 나오고 그렇지 않다면 alert("잘 쉬어요!") 창이 표시되도록 하였으며 그림 8-14에 결과를 확인할 수 있다.

예제 8-13 if else 문

```
<!DOCTYPE html>
<html>
<head>
<title>예제8-13if 조건문</title>
<script>
        function time(){
                var clock = new Date().getHours(); // 현재시간
                document.getElementById("time").innerHTML=clock;
                if(clock < 18) alert("좋은 하루!"); // 오후 6시이전이면
                else  alert("잘 쉬어요!"); // 오후 6시 이후이면
        }
</Script>
</head>
<body>
<h3>조건문 if else</h3>
<h4>현재 시간 Date()의 시간에 따른 문자열 표시</h4>
<p onclick="time();">현재시각:<b id="time"> </p>/*클릭 하세요*/
</body>
</html>
```

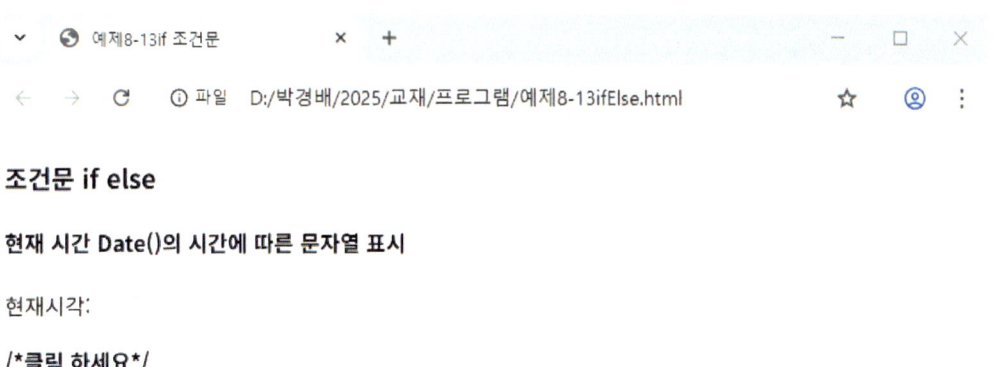

그림 8-14 if else 조건문

8.3.2 else if 문

if else문에서 여러 조건을 세분화하기 위해선 else if를 이용한다. else if 문의 수에 따라 조건은 더욱 세분화 시킬 수 있다. 예제 8-14은 여러개의 else if 문을 사용하여 현재 시간에 따라 문서에 다른 문자를 표현하도록 하였다. 현재 시간의 문자를 클릭하면 실제 시간이 표시되며 여러 조건을 비교하고 거짓이면 다음 조건으로 넘어가 조건에 맞는다면 문자가 id="cont" 요소에 나타난다. 그림 8-15에서 프로그램 실행 당시의 시간은 오후 6시여서 현재 시간은 18시로 나타났으며 해당 조건에 맞는 "저녁 시간" 문자열이 나타난다.

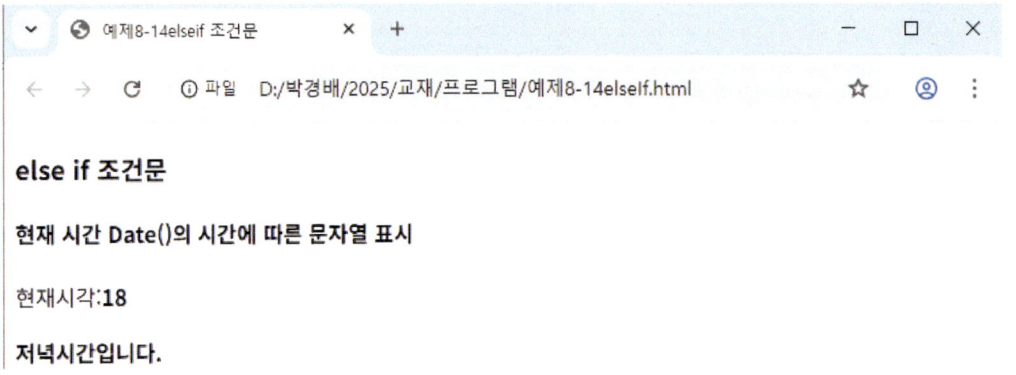

그림 8-15 else if 문

예제 8-14 else if 문

```
<!DOCTYPE html>
<html>
<head>
<title>예제8-14elseif 조건문</title>
<Script>
function time(){
var clock = new Date().getHours(); // 현재시간
document.getElementById("time").innerHTML=clock;
        // 오전 6시 이전이면
        if(clock < 6) document.getElementById("cont").innerHTML="꿈나라 입니다.";
        //오전 10이전
        else if(clock<10) document.getElementById("cont").innerHTML="좋은 아침입니다.";
        else if(clock<13) document.getElementById("cont").innerHTML="점심시간입니다.";
        else if(clock<16) document.getElementById("cont").innerHTML="좋은 오후 입니다.";
        else if(clock<19) document.getElementById("cont").innerHTML="저녁시간입니다.";
        // 오후 7시가 넘을 경우
        else  document.getElementById("cont").innerHTML="잘 쉬세요.";
```

```
}
</Script>
</head>
<body>
<h3> else if 조건문</h3>
<h4>현재 시간 Date()의 시간에 따른 문자열 표시</h4>
<p onclick="time();">현재시각:<b id="time">클릭 </p>
<p id="cont"></p>
</body>
</html>
```

8.3.3 switch case 문

switch 문은 if else 문과 유사하게 조건에 따른 다른 코드를 실행하는 조건문이다.
case에 의해 조건을 구분하며 각 조건을 비교하여 true 인 case 문이 실행된다. 예제 8-15는 prompt() 함수를 사용하여 사용자가 입력받은 문자에 대해 해당 조건문을 출력하는 프로그램으로 그림 8-16에 결과를 나타내었다.
학점 입력 문자를 클릭하면 time() 함수를 호출한다.
prompt()함수에 의해 사용자가 입력한 A~F 문자는 변수 grade에 저장된다.

grade의 값은 switch 문의 조건으로 사용되며 case에 의해 조건의 참을 판별한다. 만약 grade의 값이 문자 'A'와 같다면 "A학점입니다" 문자가 표시되고 break;에 의해 함수는 강제 종료되어 호출된 위치로 돌아간다. 만약 입력 문자가 A가 아니라면 다음 case 문장으로 넘어가며 해당되는 문자가 없을 경우 default 문장이 실행된다. break;는 프로그램을 강제로 종료하기 위한 예약어이다. 그림 6-16의 경우 'B'를 입력한 경우 "B학점입니다" 문자가 표시된다.

예제 8-15 switch case 문

```
<!DOCTYPE html>
<html>
<head>
<title>예제8-15switch case문</title>
<Script>
function time(){
    var grade = prompt("성적을 입력하시오:", "A-F사이의 문자로");
    switch (grade) {
        case 'A': document.getElementById("grade").innerHTML="A학점입니다.";
          break;
        case 'B': document.getElementById("grade").innerHTML="B학점입니다.";
```

```
                break;
        case 'C': document.getElementById("grade").innerHTML="C학점입니다.";
                break;
        case 'D': document.getElementById("grade").innerHTML="D학점입니다.";
                break;
        case 'F': document.getElementById("grade").innerHTML="F학점입니다.";
                break;
        default: document.getElementById("grade").innerHTML="잘못입력..."; } }
</Script>
</head>
<body>
<h3> switch case조건문</h3>
<h4>사용자 입력 문자에 따른 문자표시</h4>
<p onclick="time();">학점입력:<b id="grade">클릭하세요 </p>
</body>
</html>
```

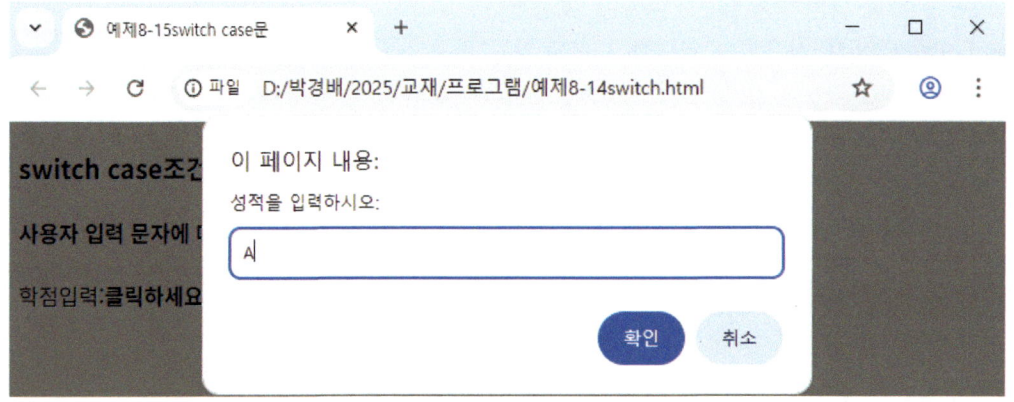

그림 8-16 switch case 문

8.4 반복문

반복문이란 같은 작업을 조건에 따라 반복해서 수행하도록 만든 문장이다. 사람이 반복적으로 처리해야 할 번거로운 작업을 컴퓨터가 자동으로 처리할 수 있도록 해주며, 이는 컴퓨터가 발명된 주요한 이유 중 하나이기도 하다. 프로그래밍에서 동일한 코드를 여러 번 복사해서 쓰는 것은 비효율적이다. 반복문을 사용하면 적은 코드로 많은 작업을 반복 실행할 수 있어 효율성과 가독성이 향상된다. 반복문의 종류에는 특정한 횟수 동안 코드를 반복 실행하는 for문과 특정한 조건이 될 때까지 수행하는 while문이 있다.

8.4.1 for 문

for 문은 특정한 횟수만큼 반복이 필요한 경우에 사용하며 다음과 같은 형식으로 초기값; 조건 값; 증감 값으로 표현하고 { }안에 반복 실행될 코드값이 위치한다. 다음의 for문은 초기값 x=0의 값으로 설정하고 x가 100보다 작을 때까지 x의 값을 1씩 증가시키면서 {}안의 코드를 실행한다. 다음 코드를 실행하면 0에서 99까지의 숫자가 html문서에 순식간에 표현된다.

for (초기값; 조건식; 증감식) {   // 반복 실행할 코드   }

예제 8-16 for 문

```
<!DOCTYPE html>
<html>
<head>
<title>예제8-16 for 반복문</title>
</head>
<body>
<h3> for 반복문</h3>
<Script>
    for ( var x = 0; x < 1000; x++) {
        document.write("for : " + x + "<br />");    }
</Script>
</body>
</html>
```

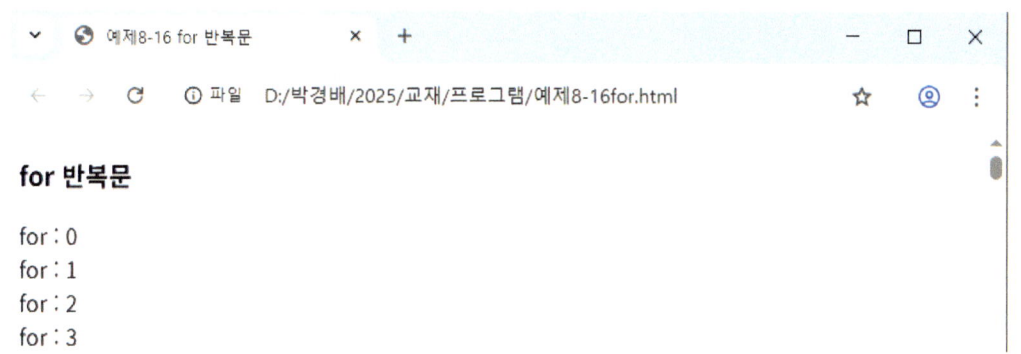

그림 8-17 for 반복문

for 문을 1번 사용하면 단일 반복문으로 1차원적인 일을 반복한다. for 문을 2개 이상 사용하면 중첩 반복문이 되며 2차원과 3차원적인 내용을 수행할 수 있다. 일반적으로 보여주는 이미지는 가로, 세로 길이를 갖는 2차원 이미지 이지만, 각 이미지 픽셀은 r, g b 색상 값을 갖기 때문에 3차원의 이미지가 된다. 이미지 처리를 위해서는 for문을 사용하여 이미지를 표현하는 방법이 일반적이다.

예제 8-17은 for문 안에 또 다른 for문을 포함한 중첩 반복문(nested loop)의 구조를 보여준다. 바깥쪽 반복문은 변수 x를 사용하며, 안쪽 반복문은 변수 y를 사용하여 구구단 출력처럼 동작한다. x가 포함된 for문의 초기 조건에서 시작하여 y가 포함된 for문의 조건이 참일 동안 실행되고 다시 x의 조건이 만족할 때까지 반복적으로 실행된다. 중첩 반복문의 경우에는 가로축의 행이 모두 실행되고 세로축이 증가하며 실행된다.

① 바깥쪽 for문에서 x의 초기값은 1로 시작하고, x <= 9 조건이 참인 동안 반복.
② x가 1일 때, "1단"이라는 텍스트를 출력.
③ 그 다음, 안쪽 for문에서 y는 2부터 시작하여 y <= 9 조건이 참인 동안 반복.
④ x * y의 결과를 출력합니다(예: 1×2, 1×3, ..., 1×9).
⑤ y가 10이 되어 조건이 거짓이 되면 안쪽 for문은 종료되고 바깥쪽 for문으로 돌아가 x++가 실행.
⑥ 이 과정을 x = 9까지 반복하면 전체 구구단 결과가 출력.

for를 이용한 반복문에는 다음과 같은 for 문이 있다.

- for/in - 객체의 속성들에 접근.
- for/of - 객체의 배열 구조에서 값들에 접근.

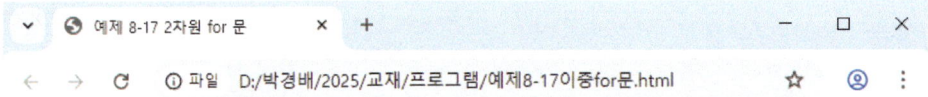

그림 8-18 이중 for 문

예제 8-17 2차원 for 문

```html
<html>
<head>
    <title>예제 8-17 2차원 for 문</title>
</head>
<body>
<h3> 2차원 for를 이용한 구구단 </h3>
   <table border="2">
   <script>
   for (var x = 1; x <= 9; x++) {
       document.write("<tr>");
       document.write("<td> " + x+ "단" + "</td>");  //세로축 값(1단~9단 표시)
        for (var y = 2; y <= 9; y++) {
          document.write("<td> " + x * y + "</td>");  //가로축 값    }
       document.write("</tr>");
   }
   </script>
   </table>
</body>
</html>
```

8.4.2 while 문

while 문은 조건이 참(true)인 동안 반복해서 실행되는 반복이다. 조건이 거짓(false)이 되면 반복을 중단하고 다음 코드로 넘어간다. while 문의 구조는 다음과 같다.

`while( 조건 ){     // 반복 실행할 코드 }` //조건이 참이면 실행코드 수행

예제 8-18의 while 문은 예제 8-17의 for 문 기능과 동일한 예제이다. 변수 x를 0으로 초기화 하고 while 문의 조건 x < 1000이 참인 동안 while 문이 실행된다. 그림 8-19에 프로그램의 실행 결과를 볼 수 있다.

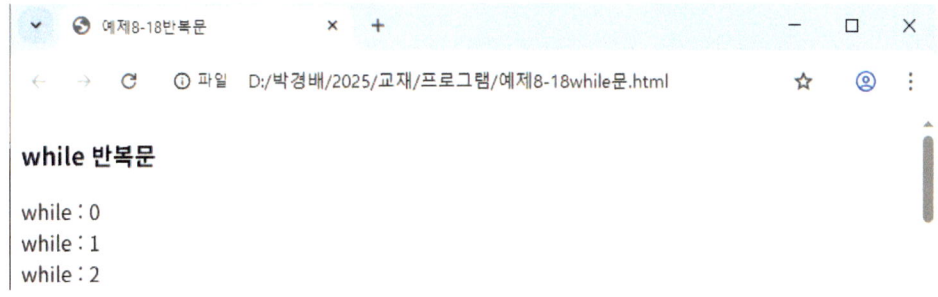

그림 8-19 while 반복문

예제 8-18 while 문

```
<!DOCTYPE html>
<html>
<head><title>예제8-18반복문</title> </head>
<body>
<h3>while 반복문</h3>
<Script>
    var x = 0;
    while (   x < 100 ) {
        document.write("while : " + x + "<br />");
         x++;
    }
</Script>
</body>
</html>
```

8.4.3 do while 문

while 문은 조건이 참인 경우에만 실행할 수 있으므로 거짓이라면 실행되지 않는다. 만약 while 문을 한번이라도 실행한 후 조건을 판단하고 싶다면 while 문의 변형 do/while 문을 사용한다. do/while 문은 다음과 같이 정의된다.

do{   //1번 실행 후 조건 판단   } while(조건)   //조건이 참이면 실행코드 수행

예제 8-19는 do/while 문을 나타낸 것으로 x와 y의 초기 값을 각각 20과 45로 선언하고 while 문에서 x는 증가시키고 y는 감소시켰다. 조건 x < y 가 참인 동안 프로그램이 실행되는 결과를 그림 8-20에 나타내었다. 조건에 관계없이 무조건 한번은 실행되는 것이 while 문과의 차이점이다.

예제 8-19 do/while 문

```
<!DOCTYPE html>
<html>
<head><title>예제8-19 do while반복문</title>
</head>
<body>
<h3>do while 반복문</h3>
<Script>
    var x = 20, y=45;
```

```
        do {
            document.write("do while : x=" + x +" "+  y+ "=y <br />");
             x++; y--;
        }while (   x < y)
</Script>
</body>
</html>
```

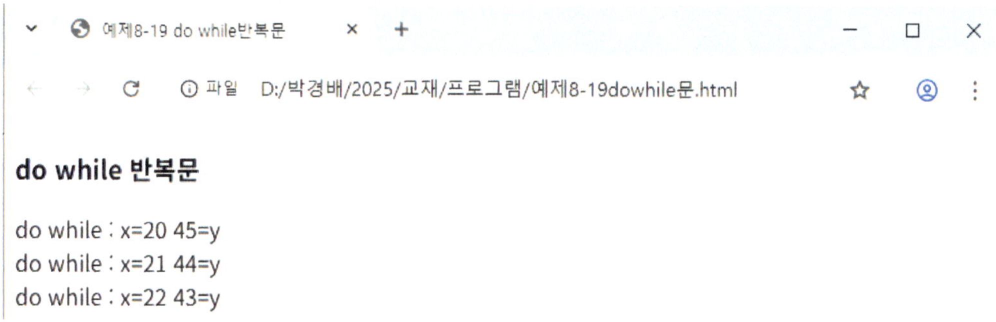

do while 반복문

do while : x=20 45=y
do while : x=21 44=y
do while : x=22 43=y

그림 8-20 do while 문

8.5 디자인이 적용된 chap8javascript.html 만들기

▶ chatgpt : 모바일 전용으로 다음의 파일들을 하이퍼링크된 chap8javascript.html 파일 만들기

예제 8-20 chap8javascript.html

```
<!DOCTYPE html>
<html lang="ko">
<head>
    <meta charset="utf-8">
    <meta name="viewport" content="width=device-width, initial-scale=1.0">
     <title>자바스크립트 예제</title>
    <style>
        body {
            font-family: 'Segoe UI', Tahoma, Geneva, Verdana, sans-serif;
            margin: 0;
            padding: 15px;
            background-color: #eef2f7;
```

```css
            color: #333;
            line-height: 1.6;
        }
        h1 {
            color: #2c3e50;
            text-align: center;
            margin-bottom: 25px;
            font-size: 1.8em;
            padding-bottom: 10px;
            border-bottom: 2px solid #3498db;
        }
        ul {
            list-style: none;
            padding: 0;
            margin: 0;
        }
        li {
            background-color: #ffffff;
            border: 1px solid #ddd;
            border-radius: 8px;
            margin-bottom: 12px;
            box-shadow: 0 2px 5px rgba(0, 0, 0, 0.08);
            overflow: hidden; /* Ensure no overflow on smaller screens */
        }
    li a {
            display: block;         adding: 15px 20px;         text-decoration: none;
            color: #007bff;         font-size: 1.1em;
           transition: background-color 0.3s ease, color 0.3s ease;       }
        li a:hover,
        li a:focus {    background-color: #eaf4fd;      color: #0056b3;       }
        @media (max-width: 480px) {
            h1 {    font-size: 1.5em;      }
            li a {     font-size: 1em;    padding: 12px 15px;     }
        }
    </style>
</head>
<body>
    <h1>JavaScript 예제 목록</h1>
    <ul>
        <li><a href="예제8-2externjs.html" target="_blank">예제8-2 내부 자바스크립트</a></li>
```

```html
            <li><a href="예제8-4inlinejs.html" target="_blank">예제8-4 선언문</a></li>
            <li><a href="예제8-5state.html" target="_blank">예제8-5 출력문</a></li>
            <li><a href="예제8-6output.html" target="_blank">예제8-6 변수선언</a></li>
            <li><a href="예제8-7variable.html" target="_blank">예제8-7 연산자</a></li>
            <li><a href="예제8-8operation.html" target="_blank">예제8-8 함수(Function)</a></li>
            <li><a href="예제8-9function.html" target="_blank">예제8-9 이벤트 함수(Function)</a></li>
            <li><a href="예제8-10eventFuc.html" target="_blank">예제8-10 함수 계산 (이벤트 함수)</a></li>
            <li><a href="예제8-11funcCalc.html" target="_blank">예제8-11 내장 함수 (prompt, confirm, alert)</a></li>
            <li><a href="예제8-12innerFunc.html" target="_blank">예제8-12 if-else 조건문</a></li>
            <li><a href="예제8-13ifElse.html" target="_blank">예제8-13 else-if 조건문</a></li>
            <li><a href="예제8-14elseIf.html" target="_blank">예제8-14 switch-case 조건문</a></li>
            <li><a href="예제8-15switch.html" target="_blank">예제8-15 for 반복문</a></li>
            <li><a href="예제8-16for.html" target="_blank">예제8-16 2차원 for문 (구구단)</a></li>
            <li><a href="예제8-17이중for문.html" target="_blank">예제8-17 이중for문</a></li>
            <li><a href="예제8-18while문.html" target="_blank">예제8-18 while문</a></li>
            <li><a href="예제8-19dowhile문.html" target="_blank">예제8-19 do while문</a></li>
    </ul>
</body>
</html>
```

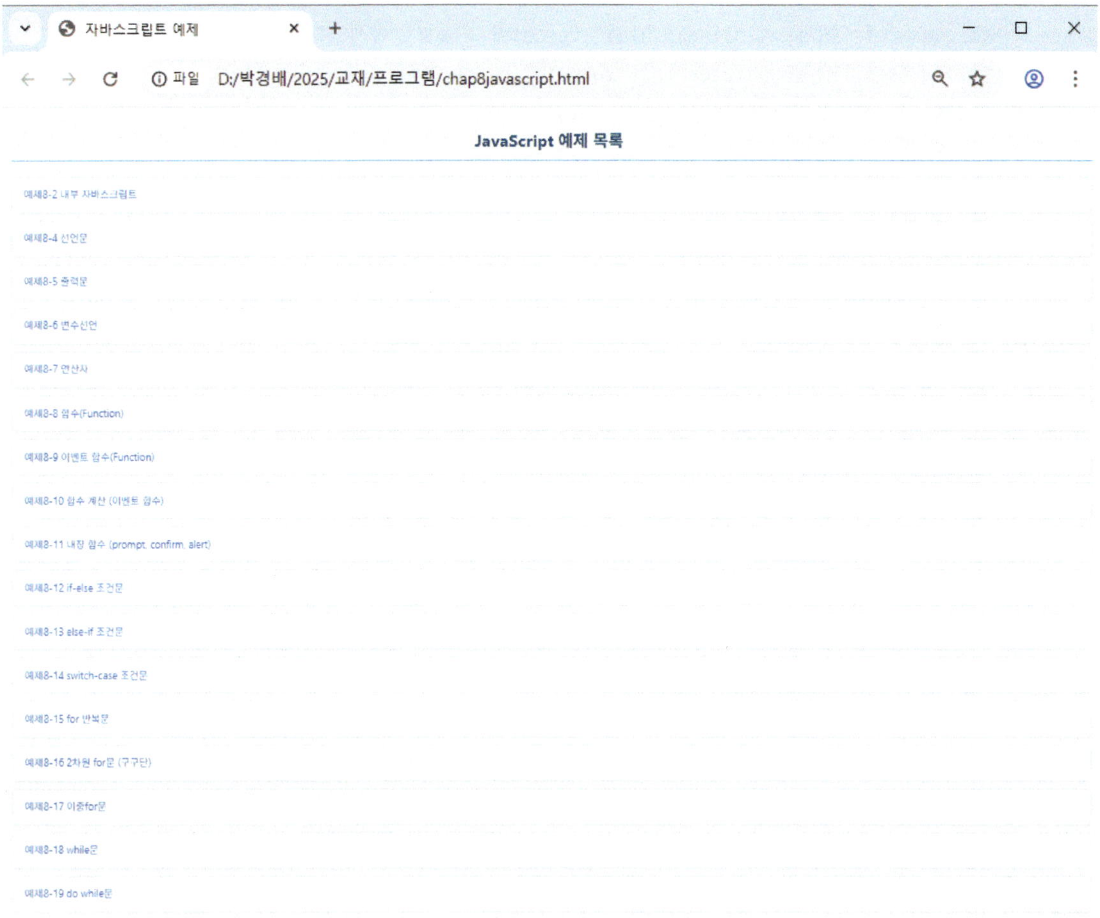

그림 8-20 chap8javascript.html

과 제

1. chatgpt을 이용하여 자바스크립트를 html5 문서에 적용하는 방법 3가지를 설명하시오.

2. chatgpt을 사용하여 변수명을 선언하는 원칙에 대해 설명하시오.

3. chatgpt을 사용하여 javascript에서 html5 문서에 출력하는 4가지 방법에 대해 설명하시오.

4. chatgpt을 이용하여 함수에 대해 설명하시오.

5. chatgpt을 사용하고 함수를 적용하여 경고메시지를 출력시키는 프로그램을 구현하시오.

6. 〈form〉 요소를 사용하여 두 개의 입력 값을 계산하는 프로그램을 구현하시오.

7. prompt() 함수와 confirm() 함수의 차이점을 설명하시오.

8. if else 조건문을 사용하여 시간에 따라 다른 메시지가 출력되도록 프로그램 하시오.

9. Switch 문을 사용하여 0~20 사이의 숫자를 사용자로부터 입력받아 3종류의 문자 메시지를 출력시키는 프로그램을 구현하시오.

10. 2차원 for 문을 사용하여 응용할 수 있는 프로그램을 구현하시오.

참고 문헌

▶ "HTML5 중심의 CSS3와 자바스크립트", 박경배, 21세기출판사, 2021

참고 사이트

1. https://www.w3schools.com/js/default.asp

2. https://www.w3schools.com/js/js_intro.asp

3. https://www.w3schools.com/js/js_output.asp

4. https://www.w3schools.com/js/js_output.asp

5. https://www.w3schools.com/js/js_functions.asp

6. https://www.w3schools.com/js/js_operators.asp

7. https://www.w3schools.com/js/js_variables.asp

8. https://developer.mozilla.org/ko/docs/Web/JavaScript/Reference/Functions

9. https://www.codingfactory.net/10386

10. https://www.everdevel.com/JavaScript/return/

9장 자바스크립트 객체(Object)

9.1 객체지향 프로그램

프로그래밍 방식에는 여러 가지가 있지만, 대표적으로 구조적 프로그래밍과 객체지향 프로그래밍이 있다. C 언어와 같은 구조적 프로그래밍 언어는 프로그램의 동작을 중심으로, 기능을 함수(function) 단위로 나누어 구현한다. 이는 프로그램의 흐름을 순차적으로 설계하고, 기능을 모듈화하여 관리하는 데 초점을 둔다.

반면에 C++, Java와 같은 언어는 객체지향 프로그래밍(Object-Oriented Programming, OOP)을 기반으로 한다. 객체지향 프로그래밍은 현실 세계의 사물처럼 속성(properties)과 동작(method)을 하나의 단위로 묶어 클래스(class)로 표현한다. 이러한 클래스는 재사용이 가능하며, 기존 클래스를 바탕으로 자식 클래스(서브클래스)를 만들어 상속(inheritance)할 수 있다. 이처럼 객체지향 프로그래밍은 코드의 재사용성, 확장성, 유지보수성이 뛰어나며, 프로그램이 대형화될수록 그 효율성이 더욱 두드러진다. 자바스크립트는 C++이나 Java처럼 객체(Object)를 지원하지만, 이들과는 다르게 클래스(class) 기반이 아닌 프로토타입(prototype) 기반으로 객체를 생성하고 확장한다. 즉, 자바스크립트에서는 객체의 원형이 되는 프로토타입 객체를 복제(clone)하여 새로운 객체를 만들고, 이를 재사용하는 방식으로 동작한다. 이러한 차이로 인해 자바스크립트는 전통적인 객체지향 언어와 구분하여 객체기반(object-based) 언어라고 부른다. 객체는 현실 세계의 모든 사물을 속성(properties)과 동작(methods)으로 표현할 수 있으며, 이는 자바스크립트의 객체 모델에서도 동일하게 적용된다. 그림 9-1은 이러한 객체의 개념을 시각적으로 표현한 것이다.

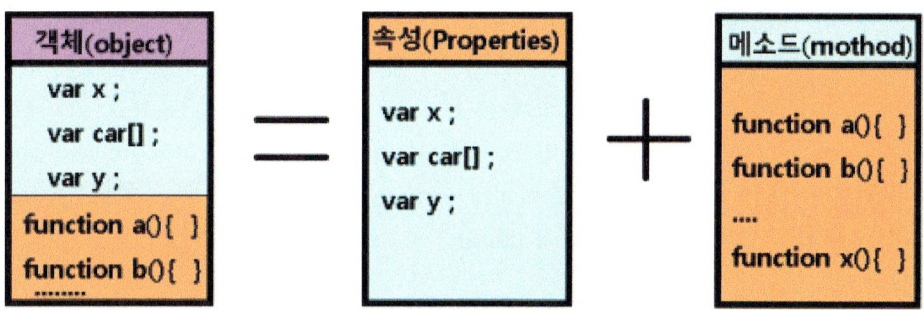

그림 9-1 속성과 메소드로 이루어진 객체

속성이란 객체의 특성이나 상태를 나타내는 데이터이며, 보통 변수로 정의된다. 반면, 메소드는 객체가 수행할 수 있는 동작이나 기능을 정의한 것으로, 함수로 표현된다. 예를 들어, 인간을 객체로 표현하면, 얼굴, 팔, 다리, 피부색, 나이, 이름 등은 인간의 속성이 되고, 걷기, 말하기, 보기, 듣기, 달리기 등은 인간의 메소드가 된다.

속성만 존재한다면, 이는 마치 동작하지 않는 마네킹처럼 정적인 모형에 불과하다. 하지만 메소드가 함께 정의되면, 객체는 동적으로 동작할 수 있게 되어 실제 움직이는 존재로 표현된다. 또 다른 예로 자동차를 객체로 보면, 모델명, 색상, 문의 수 등은 속성에 해당하고, 브레이크를 밟거나 가속하는 동작은 메소드로 볼 수 있다. 이처럼 객체는 속성과 메소드가 함께 정의됨으로써 의미 있는 동작을 수행할 수 있다.

인간(human)을 속성과 메소드로 다음과 같이 객체화할 수 있다.

```
속성(properties) : human.name="park", human.age=20, human.sex="male"
메소드(method) : human.walk(), human.speak(), human.run(), human.hearing()
```

이렇게 객체화된 인간은 복제하여 속성이 서로 다른 여러 인간 객체를 만들어 낼 수 있다. 모든 인간 객체는 동일한 속성 이름과 메소드 이름을 공유하지만, 각 객체의 속성값은 서로 다르게 설정할 수 있다. 예를 들어 human.name은 "Kim"이나 "Lee"가 될 수 있고, human.age나 human.sex 역시 객체마다 다른 값으로 지정할 수 있다.

속성뿐만 아니라 메소드도 상황에 따라 다르게 동작할 수 있다. 걷기나 말하기와 같은 메소드는 동일한 이름이지만 각 객체의 상태나 환경에 따라 다른 방식으로 동작하게 설정할 수 있다. 이처럼 객체는 공통된 구조를 가지면서도 개별적인 특성과 동작을 가질 수 있기 때문에, 다양한 현실 세계의 사물을 유연하게 표현할 수 있다.

9.2 객체의 생성

자바스크립트에서는 다양한 기능을 미리 정의해 놓은 내장 객체(built-in object)를 제공한다. 이러한 내장 객체는 자바스크립트 실행 환경에 기본적으로 포함되어 있어, 사용자는 별도의 정의 없이도 new 생성자를 이용해 쉽게 객체를 만들 수 있다. 예를 들어, Date, Array, Math 등이 대표적인 내장 객체이다. 이와 별도로, 사용자가 직접 정의하여 만드는 객체를 사용자 정의 객체(user-defined object)라고 한다. 사용자 정의 객체는 변수 선언 방식과 유사하게 var 키워드를 통해 속성과 메소드를 함께 정의하여 생성할 수 있다. 예를 들어, 다음과 같이 human이라는 객체를 만들 수 있다:

```
var human = {
  name: "Park",  age: 40,   sex: "female",  speed: 20,

  walk: function () {      this.speed = 5;    // 걷기 메소드    },
  run: function () {       this.speed += 3;   // 달리기 메소드   }
};
```
객체의 속성에 접근하는 방법은 두 가지가 있다:
점 표기법: human.age , 대괄호 표기법: human["age"]
age 속성의 값을 변경하고자 할 때는 다음과 같이 작성한다.
human.age = 30; human["age"] = 30;

human.walk() 메소드를 실행하면 객체의 speed 값이 5로 설정되고, human.run() 메소드를 호출하면 speed가 3씩 증가하게 된다. 이때 this.speed에서 this는 해당 메소드를 호출한 객체를 참조한다. 즉, walk와 run 메소드 내에서의 this는 human 객체를 의미하며, 해당 객체의 speed 속성에 접근하거나 수정할 수 있도록 해 준다.

자바스크립트에서는 문자열(String), 숫자(Number), 불린(Boolean) 값 등을 new 키워드를 사용하여 객체로 생성할 수 있다.
```
var x = new String("hello");    // 문자열 객체
var y = new Number(123);        // 숫자 객체
var z = new Boolean(true);      // 불린 객체
```

하지만 문자열이나 숫자처럼 단순한 데이터는 객체로 만들지 않고 리터럴 형태로 사용하는 것이 일반적이다. 예를 들어 다음과 같이 사용하는 것이 더 효율적이다. 이유는 new 키워드를 사용해 객체로 생성할 경우, 프로그램의 구조가 복잡해질 뿐만 아니라 메모리 사용이 증가하고, 실행 속도도 느려질 수 있기 때문이다. 실제 개발 현장에서는 불필요하게 기본형 값을 객체로 만들지 않도록 주의하는 것이 좋다.

참고로 자바스크립트는 문자열, 숫자, 불린 값이 기본형(primitive)일 경우에도 필요 시 내부적으로 일시적으로 객체처럼 처리하는 "박싱(Boxing)" 기능을 제공하므로, 객체로 명시적으로 선언하지 않아도 다양한 메소드 사용이 가능하다.

```
var x = "hello";       // 문자열 리터럴
var y = 123;           // 숫자 리터럴
var z = true;          // 불린 리터럴
```

예제 9-1은 고정값을 이용한 객체 생성으로 프로그램의 실행 결과를 그림 9-2에 나타내었다. 생성된 human 객체는 do/while 문을 이용하여 human.speed가 35가 될 때까지 반복 실행된다.

예제 9-1 객체 생성자

```html
<!DOCTYPE html>
<html>
<head>
<title>예제9-1객체 생성자</title>
</head>
<body>
<h3>객체생성</h3>
    <script>
      var human ={ name: "Park", age:40, sex:"female", speed:20,     //속성
            walk : function(){ this.speed = 5;},       //걷기 메소드
            run : function(){ this.speed +=3;},        //달리기 메소드
       };
        do {
        document.write("이름:"+human.name+ " 달리기:" + human.speed + "<br />");
        human.run();
        } while( human.speed < 35)
        human.walk();
        document.write("이름:"+ human.name + " 걷기:" + human.speed + "<br />");
    </script>
</body>
</html>
```

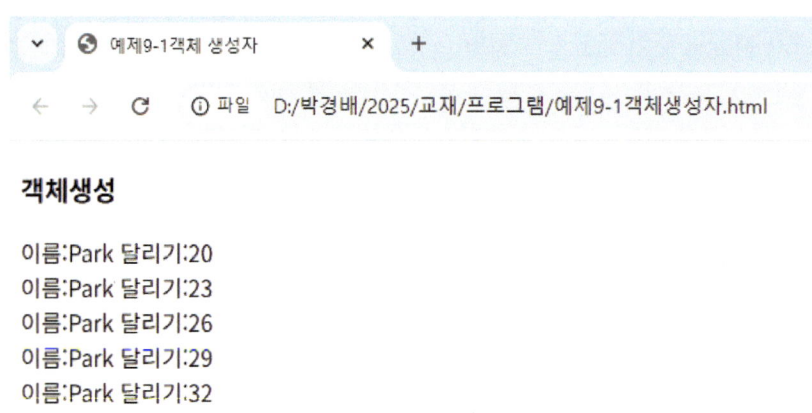

그림 9-2 객체 생성

객체 생성 방법에는 위의 방식과 유사하게 this 키워드의 생성자를 사용하여 객체를 생성할 수 있다. 생성자를 이용하여 객체를 생성할 경우 생성자 이름은 항상 함수 다음에 대문자(Human)로 지정해야

한다. 다음의 name, age, sex, speed의 속성들은 매개변수로서 새로운 human 객체들을 생성할 경우 사용되는 인수들이다. 변수 타입으로 객체를 생성할 경우는 메소드만 this 키워드를 사용했지만, 생성자의 경우 속성들도 다음과 같이 this 키워드를 사용하여 일반 변수와 구분한다.

```
function Human(name, age, sex, speed) {
        this.name = name; this.age=age; this.sex=sex; this.speed=speed;      //속성
        this.walk=function(){ this.speed = 5;}         //걷기 메소드
        this.run=function(){ this.speed +=3;}          //달리기 메소드
}
```

정의된 Human(대문자 시작) 객체를 이용하여 새로운 객체(cmHuman)를 생성하는 방법은 다음과 같이 new 연산자를 사용하여 인수 값을 지정하면 된다.

```
var cmHuman  = new Human("Park",12,"male, 20) ;
var cfHuman  = new Human("Kim",12,"female, 15) ;
```

예제 9-2는 객체 생성자를 사용하여 Human 객체를 선언한 후 남자아이 cmHuman과 여자아이 cfHuman을 생성하고 run()과 walk() 메소드를 적용한 것이다. 두 객체의 실행은 do/whiie 조건문을 사용하여 cmHuman의 speed가 35이하 일경우 반복해서 프로그램을 수행한다. speed가 3씩 증가하여 35가 되기 전까지 그림 9-3에서와 같이 이름과 속도가 출력된다.

객체의 메소드에서 ()를 생략하고 적용하면 객체의 함수가 실행되는 것이 아니라 객체의 정의를 출력할 수 있다.
예) document.write(cmHuman.walk) ;
결과) function () { this.speed = 10; }

이미 생성된 객체에 생성자의 함수 변경 없이 속성과 메소드를 추가할 수 있다.

```
cmHuman.height = 120 ;   cfHuman.stand = function() { this.speed = 0 ; }
```

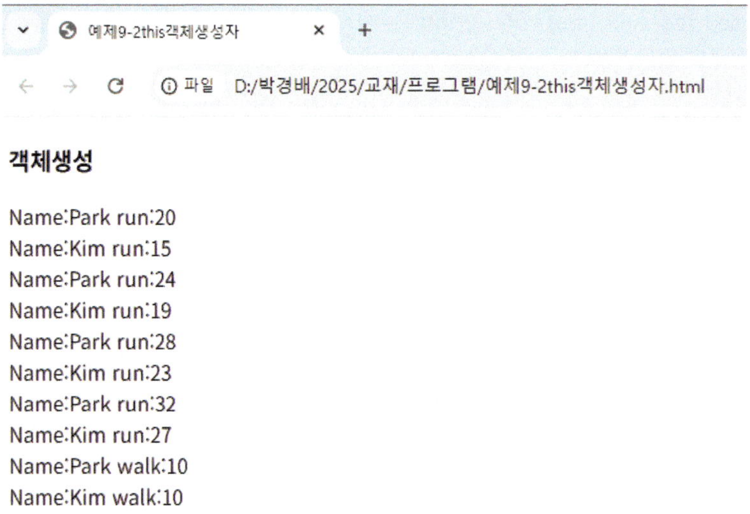

객체생성

Name:Park run:20
Name:Kim run:15
Name:Park run:24
Name:Kim run:19
Name:Park run:28
Name:Kim run:23
Name:Park run:32
Name:Kim run:27
Name:Park walk:10
Name:Kim walk:10

그림 9-3 this 객체 생성자를 이용한 객체 생성

예제 9-2 this 객체 생성자를 이용한 객체

```
<!DOCTYPE html>
<html>
<head><title>예제9-2this객체생성자</title></head>
<body>
<h3>객체생성</h3>
    <script>
        function Human(name, age, sex,speed)
        {
            this.name=name;       this.age=age;
            this.sex = sex;         this.speed = speed;
            this.walk = function () { this.speed = 10;   }
            this.run = function () {this.speed += 4; }
        }
        var cmHuman  = new Human("Park",12,"male", 20) ;
        var cfHuman  = new Human("Kim",12,"female", 15) ;
        do {
        document.write("Name:"+cmHuman.name+" run:"+ cmHuman.speed + "<br />");
       cmHuman.run();
        document.write("Name:" + cfHuman.name + " run:" + cfHuman.speed+ "<br />");
       cfHuman.run();} while( cmHuman.speed < 35)
         cmHuman.walk();   cfHuman.walk();
        document.write("Name:" + cmHuman.name + " walk:" + cmHuman.speed + "<br />");
        document.write("Name:" + cfHuman.name + " walk:" + cfHuman.speed+"<br />");
    </script>
</body>
</html>
```

9.3 프로토타입(Prototype)

자바스크립트는 객체의 원형(prototype)을 이용한 객체기반 프로그램이다. 프로토타입은 자바스크립트의 핵심 개념 중 하나로, 객체 지향 프로그래밍에서 공통 속성과 메서드를 공유하기 위해 사용되는 메커니즘이다. 특히 new 키워드로 생성된 객체들이 공통으로 사용할 함수나 속성을 정의할 때 매우 유용하다. 자바스크립트는 프로토타입의 기반 언어이다. 함수로 정의된 생성자 함수는 기본적으로. prototype 속성을 가지며 new로 생성된 객체는 생성자의 .prototype 객체를 자신의 _proto_로 설정한다.
앞선 예제와 같이 생성자를 통해 Human 객체를 선언하고 cfHuman이나 cmHuman을 생성하게 되면 두 객체는 Human의 같은 메서드를 사용하게 된다. 그림 9-4와 같이 cfHuman과 cmHuman은 같은 속성과 메서드를 갖고 있지만 속성값은 틀리다. 그러나 walk() 메서드의 경우 같은 기능을 각자 소유함으로써 메모리의 중복을 초래한다. Human 객체를 생성하면 할수록 메모리의 중복은 더욱 커질 것이다.

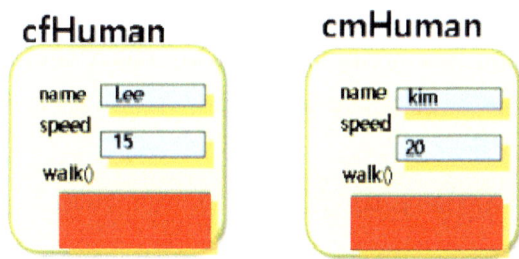

그림 9-4 중복된 메소드

자바스크립트에서 객체를 생성할 때, 같은 기능(메서드)을 여러 객체가 각각 가지고 있으면 메모리 낭비가 발생한다. 이를 해결하기 위해 자바스크립트는 프로토타입(prototype)이라는 방식을 제공한다. 프로토타입은 여러 객체가 공통의 메서드나 속성을 공유할 수 있도록 해주는 구조이다. 프로토타입의 개념을 좀 더 쉽게 이해하기 위해 공중화장실을 예로 들어 보자. 아파트 단지에서는 각 세대마다 개별 화장실이 있으며 이 경우 전체적으로 많은 면적이 필요하다. 반면, 휴양지나 지하철역에서는 공중화장실 하나만 설치해 여러 사람이 공용으로 사용한다. 이처럼 좁은 공간에 설치된 공중화장실은 여러 사람이 공유할 수 있어 공간(메모리)을 절약할 수 있다.
그림 9-5와 같이 cfHuman과 cmHuman 객체의 메서드 walk는 프로토타입을 이용하여 공유할 수 있다. cfHuman과 cmHuman은 walk()메서드의 주소만 알고 있다면 언제든지 메서드를 사용할 수 있다.

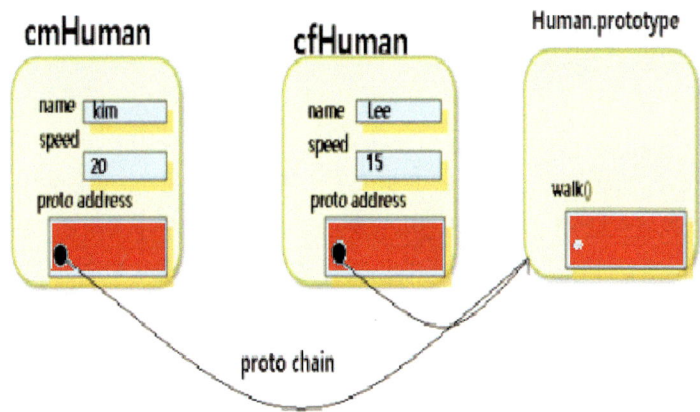

그림 9-5 **프로토타입 체인**

예제 9-3은 프로토타입을 이용하여 메소드를 공유한 예제이다. 프로그램의 기능은 예제 9-2와 같다. walk와 run 메소드를 prototype을 이용하여 다음과 같이 선언한다. walk와 run은 cmHuman과 cfHuman과 공유되어 사용됨으로서 메모리의 중복을 제거할 수 있으며 그림 9-6에 실행 결과를 나타내었다.

예제 9-3 프로토타입을 이용한 메소드 공유

```
<!DOCTYPE html>
<html>
<head> <title>예제9-3프로토타입</title> </head>
<body>
<h3>프로토타입</h3>
    <script>
        function Human(name, age, sex,speed)
        {
                this.name=name;           this.age=age;
                this.sex = sex;     this.speed = speed;
        }
        Human.prototype.walk = function(){ this.speed = 5;  }
        Human.prototype.run = function () { this.speed += 3; }
        var cmHuman   = new Human("Park",12,"male", 20) ;
        var cfHuman   = new Human("Kim",12,"female", 15) ;
        do {
        document.write("Name:"+cmHuman.name+" run:"+ cmHuman.speed + "<br />");
        cmHuman.run();
         document.write("Name:" + cfHuman.name + " run:" + cfHuman.speed+ "<br />");
```

```
            cfHuman.run();} while( cmHuman.speed < 35)
            cmHuman.walk();   cfHuman.walk();
            document.write("Name:" + cmHuman.name + " walk:" + cmHuman.speed + "<br />");
            document.write("Name:" + cfHuman.name + " walk:" + cfHuman.speed+"<br />");
    </script>
</body>
</html>
```

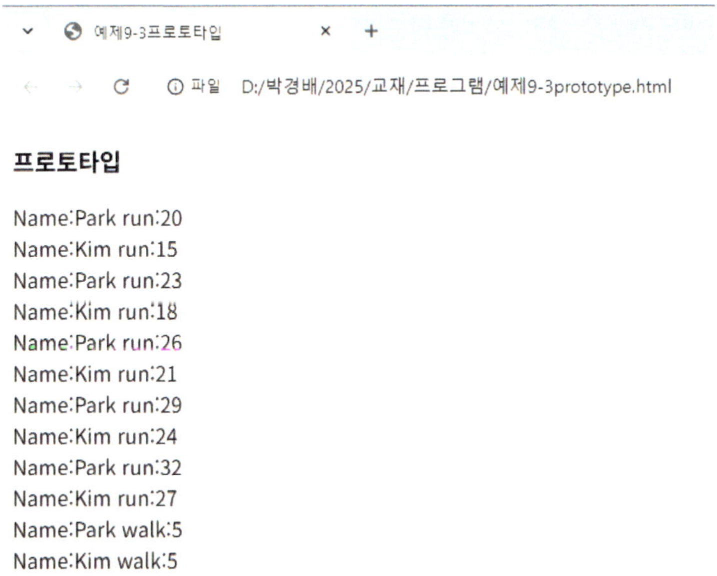

프로토타입

Name:Park run:20
Name:Kim run:15
Name:Park run:23
Name:Kim run:18
Name:Park run:26
Name:Kim run:21
Name:Park run:29
Name:Kim run:24
Name:Park run:32
Name:Kim run:27
Name:Park walk:5
Name:Kim walk:5

그림 9-6 프로타입을 이용한 메소드 공유

9.4 내장객체

9.4.1 String 객체

▶ chatgpt : String 객체에 대해 설명해줘

문자열(String)은 문자의 나열이다. 자바스크립트에서는 '문자열', "문자열", 또는 \`문자열\`(백틱)을 사용하여 문자열을 정의할 수 있다.

```
let str1 = "Hello";
let str2 = 'World';
let str3 = `Hello, ${str2}`; // 템플릿 리터럴
```

자바스크립트에서 문자열은 기본적으로 원시 타입(primitive type)이지만, 문자열 관련 메서드를 사용할 때는 자동으로 String 객체로 변환된다.

String 객체는 문자를 저장하거나 처리하기 위해 사용한다. Sting 객체는 공백문자를 포함하여 단일 따옴표(' ')나 더블 따옴표("")를 사용하여 나타내며 문자열을 객체로 생성하기 위하여 키워드 new를 사용한다. 그러나 문자를 String 객체로 선언하게 되면 컴퓨터의 성능을 저하시키는 원인이 되므로 문자열을 String 객체로 선언하지 않는 것이 좋다.

```
let str1 = "Hello";              // 일반 문자열 (원시 타입)
let str2 = new String("Hello");  // String 객체 생성
```

String 객체의 속성과 메소드는 표 9.1과 같다.

표 9.1 **String 객체의 속성과 메소드**

속성	length	문자열의 길이를 반환
	prototype	객체의 속성과 메소드를 추가
	constructor	객체의 생성자 함수를 반환
메소드	charAt(n)	문자열 중 n 번째 위치의 문자를 반환
	charCodeAt(n)	n 번째 위치의 유니코드 값을 반환
	concat("t1","tn")	두 개이상의 문자열을 결합
	indexOf("string")	문자열 중 첫 번째 매칭되는 문자의 위치 값을 반환
	lastIndexOf("string")	마지막으로 매칭되는 문자의 위치 값을 반환
	match()	매칭되는 문자를 찾아 매칭된 문자를 반환
	replace("t1","t2")	"t1" 문을 "t2" 문자로 변환
	search("string")	매칭되는 문자를 찾아 매칭된 위치 값을 반환
	slice(start, end)	start 위치에서 end 위치까지의 문자를 찾아 반환
	split(" ")	문자열들을 배열로 변경한다.
	substring(start, end)	slice와 유사하지만 음의 색인 허용 안함
	toLowerCase()	대문자를 소문자로 변환
	toUpperCase()	소문자를 대문자로 변환

예제 9-4에서 String 객체의 이해를 위해 Human 객체를 생성하고 prototype을 사용하여 속성을 추가하였다. 생성자 constructor는 객체의 생성자 함수를 반환하므로 이를 통해 kim 객체의 구조를 알 수 있으며 문자열을 반환 받을 수 있다.

```
document.getElementById("cnst").innerHTML = kim.constructor;   //constructior에 의한 객체
```

kim.name.length을 이용하여 name(String)의 길이 값을 반환받을 수 있으며 실행 결과를 그림 9-7에 나타내었다.

예제 9-4 String 객체의 속성

```
<!DOCTYPE html>
<html>
<head> <title>예제9-4String 속성</title> </head>
<body>
<h3>String 속성</h3>
<p>Length : <b id="Lth"></b></p>
<p>Prototype : <b id="proto"></b></p>
<p>Constructor : <b id="cnst"></b></p>
<script> //prototype에 의한 속성 추가
        function Human(name, job, birth) { //객체 생성
                this.name = name;
                this.job = job;
                this.birth = birth;
        }
        Human.prototype.age = 23;   //prototype에 의한 속성 추가
        var kim = new Human("Kim", "student", 2003);
        document.getElementById("proto").innerHTML = kim.age;
        document.getElementById("cnst").innerHTML = kim.constructor;
        document.getElementById("Lth").innerHTML = kim.name.length;
</script>
</body>
</html>
```

String 속성

Length : **3**

Prototype : **23**

Constructor : **function Human(name, job, birth) { //객체 생성 this.name = name; this.job = job; this.birth = birth; }**

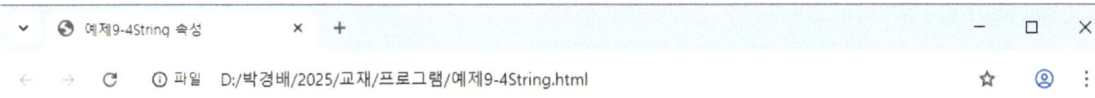
그림 9-7 String 속성

예제 9-5는 String 객체의 메소드들을 구현한 것으로 각 메소드의 실행 결과를 그림 9-8에 나타내었다. String 객체의 메소드의 기능을 이해하기 위하여 변수 str과 str2를 선언하고 대입한다.
str.charAt(0)는 str 문자열 중 첫 번째 문자열을 찾는 것이다. 컴퓨터에서는 인덱스 번호가 0부터 시작한다. 따라서 str의 첫 번째 문자 "h"가 ca에 저장된다. str.charCodeAt(0)는 h의 유니코드 값 104를 반환한다. str.concat(str2)는 str문자열에 str2 문자를 추가하여 연결한다. 따라서 str 문자열 뒤에 ???가 추가된다. str.indexOf("VR")는 str 문자열 중 "VR" 문자의 위치를 반환한다. 0부터 시작하여 "AI"는 18번째에 위치하므로 18을 반환한다.
str.lastIndexOf("to")는 str 문자열 중 가장 뒤에 나오는 "to"문자의 위치를 반환한다. "to" 문자는 한 개 밖에 없으므로 "to" 문자의 위치 15를 반환한다.
str.replace("hello","Good Hi")는 첫 번째 인수 "hello"문자를 "Good Bye"로 대치한다. 그림 9-8에 "Good Hi" 변경된 것을 확인할 수 있다.

예제 9-5 String 메소드1

```
<!DOCTYPE html>
<html>
<head>
        <title>예제9-5String 메소드1</title>
</head>
<body>
        <h3>String 메소드1</h3>
        <p>charAt : <b id="ca"></b></p>
        <p>charCodeAt : <b id="cca"></b></p>
        <p>concat : <b id="cnct"></b></p>
        <p>indexOf : <b id="ido"></b></p>
        <p>lastIndexOf : <b id="lido"></b></p>
        <p>replace : <b id="rpl"></b></p>
<script>
  var str = "hello, welcome to AI Software!!";
  var str2 ="???";
  var ca = str.charAt(0); var cca = str.charCodeAt(0);
  var cnct = str.concat(str2); var ido = str.indexOf("AI");
  var lido = str.lastIndexOf("to"), rpl = str.replace("hello","Good Bye");
  document.getElementById("ca").innerHTML = ca;
  document.getElementById("cca").innerHTML = cca;
  document.getElementById("cnct").innerHTML = cnct;
  document.getElementById("ido").innerHTML = ido;
  document.getElementById("lido").innerHTML = lido;
  document.getElementById("rpl").innerHTML = rpl;
</script>
</body>
</html>
```

String 메소드1

charAt : **h**

charCodeAt : **104**

concat : **hello, welcome to AI Software!!???**

indexOf : **18**

lastIndexOf : **15**

replace : **Good Bye, welcome to AI Software!!**

그림 9-8 String Method01

예제 9-6은 나머지 String 객체의 메소드를 나타낸 것으로 앞선 예제와 마찬가지로 str, str2를 변수로 선언하고 str에는 문자열을 str2는 정수를 저장하였다. str.match('AI')는 str 문자 중 'AI' 문자 있으면 이를 반환한다. str.search("AI")는 str 문자 중 'java' 문자의 위치 20을 반환한다. str.slice(7,12)는 str 문자열 중 8번째에서 13번째의 문자 "welco"를 반환한다. str.split(",")는 str의 문자열 중 콤마(,)을 기준으로 배열화 한다. 그림 9-9의 결과에서 콤마(,)에 의해 배열화 되었다(Hello,,welcome,,AI,,Software). str.toUpperCase() str 문자를 모두 대문자로 변경하며, str2.toString 숫자로 된 str2의 값을 문자열로 변경한다.

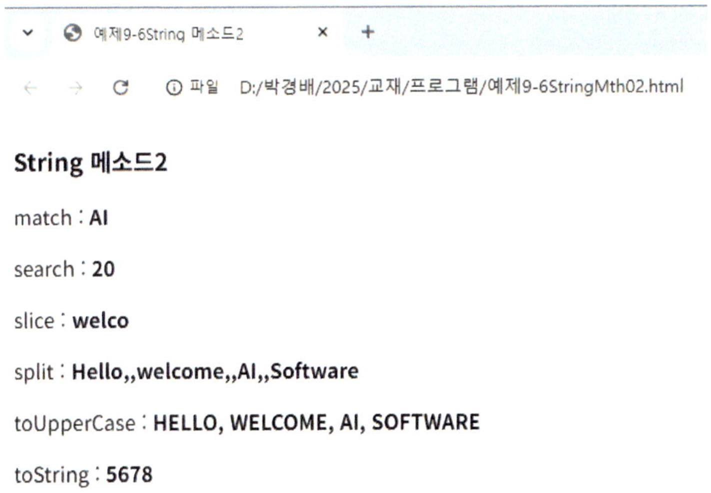

String 메소드2

match : **AI**

search : **20**

slice : **welco**

split : **Hello,,welcome,,AI,,Software**

toUpperCase : **HELLO, WELCOME, AI, SOFTWARE**

toString : **5678**

그림 9-9 String 메소드 02

예제 9-6 String 메소드2

```html
<!DOCTYPE html>
<html>
<head>   <title>예제9-6String 메소드2</title>         </head>
<body>
<h3>String 메소드2</h3>
<p>match : <b id="ca"></b></p>
<p>search : <b id="cca"></b></p>
<p>slice : <b id="cnct"></b></p>
<p>split : <b id="ido"></b></p>
<p>toUpperCase : <b id="lido"></b></p>
<p>toString : <b id="rpl"></b></p>
<script>
  var str = "Hello, welcome, AI, Software";
  var str2 = 5678;
  var ca = str.match("AI"), cca = str.search("Software");
  var cnct = str.slice(7,12), ido = str.split(" ");
  var lido = str.toUpperCase(), rpl = str2.toString();
  document.getElementById("ca").innerHTML = ca;
  document.getElementById("cca").innerHTML = cca;
  document.getElementById("cnct").innerHTML = cnct;
  document.getElementById("ido").innerHTML = ido;
  document.getElementById("lido").innerHTML = lido;
  document.getElementById("rpl").innerHTML = rpl;
</script>
</body>
</html>
```

9.4.2 Number 객체

일반적으로 숫자도 Number 객체를 이용하여 객체로 만들 수 있으나 프로그램 기법에 따라 컴퓨터의 연산 속도를 위하여 String 객체와 마찬가지로 객체화하지 않는 것이 좋다.

표 9.2는 Number 객체의 속성과 메소드를 나타낸 것이다.

표 9.2 Number 객체의 속성과 메소드

속성	MAX_VALUE	자바스크립트에 가능한 최고 숫자
	MIN_VALUE	자바스크립트에서 가능한 최소 양의 숫자
	POSITIVE_INFINITY	-infinity를 반환
	NEGATIVE_INFINITY	+infiity를 반환
	prototype	객체의 속성과 메소드를 추가
	constructor	객체의 생성자 함수를 반환
메소드	isFinite(n)	n이 유효한 숫자인지를 검증
	isInteger(n)	n이 정수인지를 검증
	isNaN(n)	n이 NaN인지를 검증(NaN 과 0/0인 경우만 true)
	toExponential()	숫자를 지수형식으로 변환
	toLocaleString(ko-KR)	현지 국가의 숫자 표현 방식(한국)
	toPrecision(n)	n 번째 숫자까지만 표현
	toString()	숫자를 문자로 변환
	valueOf()	원래 숫자의 값으로 반환

예제 9-7은 Number 객체의 속성을 나타낸 것으로 각 속성의 결과를 그림 9-10에 나타내었다.

예제 9-7 Number 속성

```
<!DOCTYPE html>
<html>
<head>
        <title>예제9-7Number 속성</title>
</head>
<body>
<h3>Number 속성</h3>
<p>MAX_VALUE : <b id="ca"></b></p>
<p>MIN_VALUE : <b id="cca"></b></p>
<p>POSITIVE_INFINITY : <b id="cnct"></b></p>
<p>NEGATIVE_INFINITY : <b id="ido"></b></p>
<script>
  document.getElementById("ca").innerHTML = Number.MAX_VALUE;
  document.getElementById("cca").innerHTML =Number.MIN_VALUE;
  document.getElementById("cnct").innerHTML = Number.POSITIVE_INFINITY;
  document.getElementById("ido").innerHTML = Number.NEGATIVE_INFINITY;
</script>
</body>
</html>
```

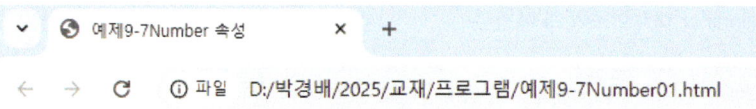

그림 9-10 Number 객체 속성

예제 9-8은 Number 객체의 메소드를 나타낸 것으로 각 메소드의 실행 결과를 그림 9-11에 나타내었으며 자릿수를 표현할 경우 반올림한다.

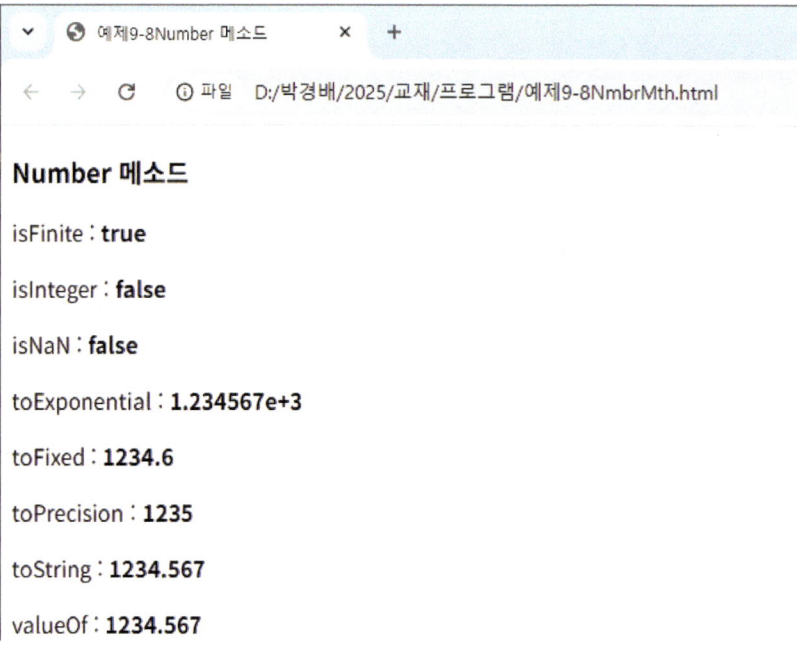

그림 9-11 Number 메소드

예제 9-8 Number 메소드

```
<!DOCTYPE html>
<html>
<head>
        <title>예제9-8Number 메소드</title>
</head>
<body>
<h3>Number 메소드</h3>
<p>isFinite : <b id="ca"></b></p>
<p>isInteger : <b id="cca"></b></p>
<p>isNaN : <b id="cnct"></b></p>
<p>toExponential : <b id="ido"></b></p>
<p>toFixed : <b id="fxd"></b></p>
<p>toPrecision : <b id="prc"></b></p>
<p>toString : <b id="str"></b></p>
<p>valueOf : <b id="vlf"></b></p>
<script>
  var num = 1234.567 ;
  document.getElementById("ca").innerHTML = Number.isFinite(num);
  document.getElementById("cca").innerHTML =Number.isInteger(num);
        // num은 NaN인가? false
  document.getElementById("cnct").innerHTML = Number.isNaN(num);
  document.getElementById("ido").innerHTML = num.toExponential();
        // 소수 첫째짜리 까지 표현 1234.3
  document.getElementById("fxd").innerHTML = num.toFixed(1);
        // 4자리 표현 1235
  document.getElementById("prc").innerHTML =num.toPrecision(4);
  document.getElementById("str").innerHTML = num.toString();
  document.getElementById("vlf").innerHTML = num.valueOf();
</script>
</body>
</html>
```

9.4.3 Math 객체

Math 객체는 수학과 관련된 프로그램을 구현하기 위해서는 반드시 사용해야 하는 객체로서 숫자를 이용한 수학 연산을 수행 하도록 지원한다. 표 9.3에서 보는 바와 같이 Math 객체의 속성과 메소드는 상당히 많다.

표 9.3 Math 객체의 속성과 메소드

속성	E	오일러(Euler) 수를 반환(약. 2.718)
	LN2	자연로그 2 반환(약 0.693)
	LN10	자연로그 10 반환 (약 2.302)
	LOG2E	2진수 로그 E 반환 (약 1.442)
	LOG10E	10진수 로그 E 반환 (약 0.434)
	PI	PI 값 반환 (약 3.14)
	SQRT1_2	1/2 루트 값 반환 (약 0.707)
	SQRT2	루트 2 값 반환 (약 1.414)
메소드	abs(x)	x 절대값 반환
	acos(x)	역코사인 x값 반환 -- 라디안(radian)
	acosh(x)	x의 역쌍곡아크코사인 값 반환
	asin(x)	역사인 x값 반환
	asinh(x)	x의 역쌍곡사인 값 반환
	atan(x)	역탄젠트 x 값 반환
	atan2(y,x)	y,x에 대한 역탄젠트
	cbrt(x)	x의 3제곱근 반환
	ceil(x)	x의 가장 가까운 윗 정수값 반환
	cos(x)	코사인 x 값 반환
	cosh(x)	x의 쌍곡코사인 값 반환
	exp(x)	Ex 값 반환
	floor(x)	x의 가장 가까운 아래 정수값 반환
	log(x)	자연로그 x 값의 반환
	max(x,y.....n)	최고 값 반환
	min(x,y.....n)	최소 값 반환
	pow(x,y)	yx 값 반환
	random()	0~1 사이의 랜덤 숫자 반환
	round(x)	정수에 가장 가까운 x값 반환
	sin(x)	사인 x값 반환
	sinh(x)	쌍곡 사인 x 값 반환
	sqrt(x)	루트 x 값 반환
	tan(x)	탄젠트 x 값 반환
	tanh(x)	쌍곡탄젠트 x 값 반환
	trunc(x)	숫자 x 중 정수값만 반환

예제 9-9는 Math 객체의 속성을 구현한 것이다. Math 객체의 속성은 오일러 상수나 PI 값과 같이 이미 알려진 상수들에 대해 Math 객체의 속성으로 제공하여 효율적으로 사용할 수 있다. 그림 9-12에서 Math 객체의 속성들에 대한 상수 값을 확인할 수 있다.

Math 객체 속성

Euler's 상수(E) : **2.718281828459045**

자연로그2 LN2 : **0.6931471805599453**

자연로그10 LN10 : **2.302585092994046**

2진로그E(LOG2E) : **1.4426950408889634**

10진로그E(LOG10E) : **0.4342944819032518**

PI : **3.141592653589793**

SQRT1_2 : **0.7071067811865476**

SQRT2 : **1.4142135623730951**

그림 9-12 Math 객체

예제 9-9 Math 객체 속성

```
<!DOCTYPE html>
<html>
<head>  <itle>예제 9-9Math 속성</title> </head>
<body>
<h3>Math 객체 속성</h3>
<p>Euler's 상수(E) : <b id="ca"></b></p>
<p>자연로그2 LN2 : <b id="cca"></b></p>
<p>자연로그10 LN10 : <b id="cnct"></b></p>
<p>2진로그E(LOG2E) : <b id="ido"></b></p>
<p>10진로그E(LOG10E): <b id="fxd"></b></p>
<p>PI : <b id="prc"></b></p>
<p>SQRT1_2 : <b id="str"></b></p>
<p>SQRT2 : <b id="vlf"></b></p>
<script>
  document.getElementById("ca").innerHTML = Math.E;
  document.getElementById("cca").innerHTML =Math.LN2;
  document.getElementById("cnct").innerHTML = Math.LN10;
  document.getElementById("ido").innerHTML = Math.LOG2E;
  document.getElementById("fxd").innerHTML = Math.LOG10E;
  document.getElementById("prc").innerHTML =Math.PI;
  document.getElementById("str").innerHTML = Math.SQRT1_2;
  document.getElementById("vlf").innerHTML = Math.SQRT2;
</script> </body> </html>
```

예제 9-10에서 예제 9-22까지 Math 객체의 메소드를 나타내었으며 실행결과를 그림 9-13~15에 나타내었다.

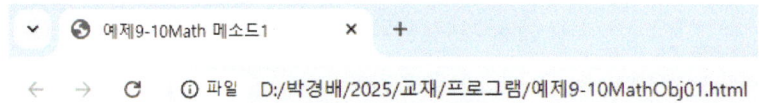

그림 9-13 Math 메소드01

예제 9-10 Math 객체 메소드01

```
<!DOCTYPE html>
<html>
<head>   <title>예제9-10Math 메소드1</title> </head>
<body>
<h3>Math 객체 메소드1</h3>
<p>abs(x) : <b id="ca"></b></p>
<p>acos(x) : <b id="cca"></b></p>
<p>acosh(x) : <b id="cnct"></b></p>
<p>asin(x) : <b id="ido"></b></p>
<p>asinh(x)): <b id="vlf"></b></p>
<p>atan(x): <b id="fxd"></b></p>
<p>atan2(x) : <b id="prc"></b></p>
<p>cbrt(x) : <b id="exp"></b></p>
<p>ceil(x) : <b id="str"></b></p>
```

```
<script>
  var x =1 , y = 3 ;
  document.getElementById("ca").innerHTML = Math.abs(x);
  document.getElementById("cca").innerHTML =Math.acos(x);
  document.getElementById("cnct").innerHTML = Math.acosh(x);
  document.getElementById("ido").innerHTML = Math.asin(x);
  document.getElementById("vlf").innerHTML = Math.asinh(x);
  document.getElementById("fxd").innerHTML = Math.atan(x);
  document.getElementById("prc").innerHTML =Math.atan2(x,y);
  document.getElementById("exp").innerHTML = Math.cbrt(x);
  document.getElementById("str").innerHTML = Math.ceil(x);
</script>
</body>
</html>
```

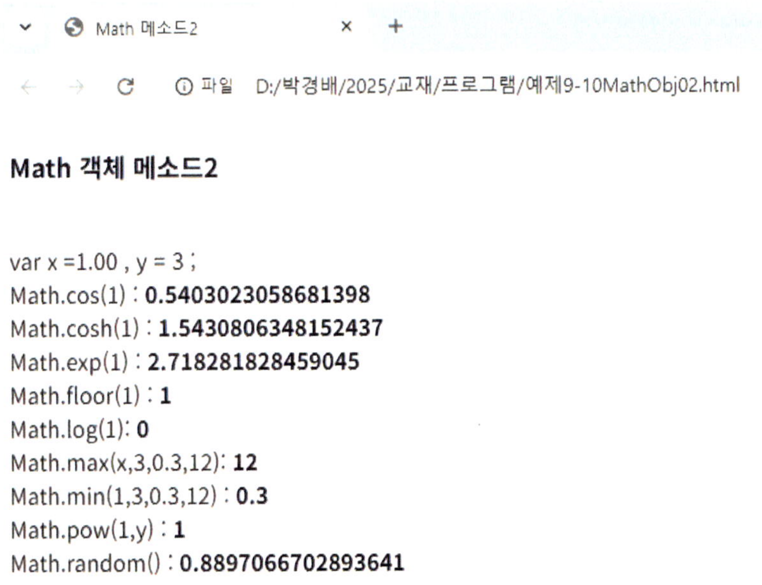
Math 메소드2
ⓘ 파일 D:/박경배/2025/교재/프로그램/예제9-10MathObj02.html
Math 객체 메소드2
var x =1.00 , y = 3 ;
Math.cos(1) : 0.5403023058681398
Math.cosh(1) : 1.5430806348152437
Math.exp(1) : 2.718281828459045
Math.floor(1) : 1
Math.log(1): 0
Math.max(x,3,0.3,12): 12
Math.min(1,3,0.3,12) : 0.3
Math.pow(1,y) : 1
Math.random() : 0.8897066702893641
그림 9-14 Math 메소드01

예제 9-11 Math 객체 메소드2

```html
<!DOCTYPE html>
<html>
<head><title>Math 메소드2</title></head>
<body>
<h3>Math 객체 메소드2</h3>
<br>var x =1.00 , y = 3 ;
<br>Math.cos(1) : <b id="ca"></b>
<br>Math.cosh(1) : <b id="cca"></b>
<br>Math.exp(1) : <b id="cnct"></b>
<br>Math.floor(1) : <b id="ido"></b>
<br>Math.log(1): <b id="vlf"></b>
<br>Math.max(x,3,0.3,12): <b id="fxd"></b>
<br>Math.min(1,3,0.3,12) : <b id="prc"></b>
<br>Math.pow(1,y) : <b id="exp"></b>
<br>Math.random() : <b id="str"></b>
<script>
  var x =1.00 , y = 3 ;
  document.getElementById("ca").innerHTML = Math.cos(x);
  document.getElementById("cca").innerHTML =Math.cosh(x);
  document.getElementById("cnct").innerHTML = Math.exp(x);
  document.getElementById("ido").innerHTML = Math.floor(x);
  document.getElementById("vlf").innerHTML = Math.log(x);
  document.getElementById("fxd").innerHTML = Math.max(x,3,0.3,12);
  document.getElementById("prc").innerHTML =Math.min(x,3,0.3,12);
  document.getElementById("exp").innerHTML = Math.pow(x,y);
  document.getElementById("str").innerHTML = Math.random();
</script>
</body>
</html>
```

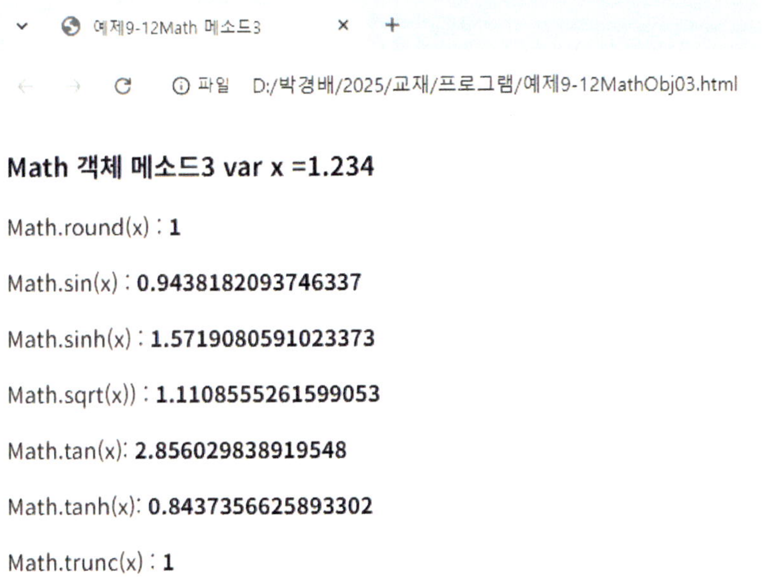
예제9-12Math 메소드3
파일 D:/박경배/2025/교재/프로그램/예제9-12MathObj03.html
Math 객체 메소드3 var x =1.234
Math.round(x) : 1
Math.sin(x) : 0.9438182093746337
Math.sinh(x) : 1.5719080591023373
Math.sqrt(x)) : 1.1108555261599053
Math.tan(x): 2.856029838919548
Math.tanh(x): 0.8437356625893302
Math.trunc(x) : 1

그림 9-15 Math 메소드3

예제 9-12 Math 객체 메소드3

```
<!DOCTYPE html>
<html>
<head><title>Math 메소드3</title></head>
<body>
<h3>Math 객체 메소드3</h3>
<p>Math.round(x) : <b id="ca"></b></p>
<p>Math.sin(x) : <b id="cca"></b></p>
<p>Math.sinh(x) : <b id="cnct"></b></p>
<p>Math.sqrt(x)) : <b id="ido"></b></p>
<p>Math.tan(x): <b id="vlf"></b></p>
<p>Math.tanh(x): <b id="fxd"></b></p>
<p>Math.trunc(x) : <b id="prc"></b></p>
<script>
  var x =1.234 , y = 3 ;
  document.getElementById("ca").innerHTML = Math.round(x);
  document.getElementById("cca").innerHTML =Math.sin(x);
  document.getElementById("cnct").innerHTML = Math.sinh(x);
  document.getElementById("ido").innerHTML = Math.sqrt(x);
  document.getElementById("vlf").innerHTML = Math.tan(x);
  document.getElementById("fxd").innerHTML = Math.tanh(x);
```

```
  document.getElementById("prc").innerHTML =Math.trunc(x);
</script>
</body>
</html>
```

9.4.4 Math() 함수 응용 – random()을 이용한 숫자 맞추기 게임

▶ chatgpt : random() 함수를 이용하여 0~100 사이의 숫자를 발생시키고 사용자가 이를 맞추는 게임 프로그램을 만든다. 사용자가 입력한 숫자에 대해 크거나 작거나를 표시하고 맞추기까지의 횟수를 표시한다.

예제 9-13은 Math 객체의 random() 메소드를 이용한 숫자 맞추기 게임으로 실행 결과는 그림 9-16에 나타내었다. 랜덤 숫자 발생 버튼을 누르면 randomV() 함수를 호출한다. 전역변수 randomNum을 선언하여 Math.random()을 통하여 컴퓨터에서 발생한 숫자를 저장시키고 clickNum 변수에는 사용자가 클릭한 횟수를 저장하도록 한다. random()은 0~1사이의 소수점을 발생시키므로 0~99 사이의 숫자로 변환하기 위하여 toFixed(2)를 적용하여 두자리수를 얻은 다음 100을 곱하여 정수로 변환한다.

Math.round(randomNum)을 사용하여 두 자리의 정수로 정확하게 변환시키며 발생한 숫자를 "**"로 표시하여 사용자가 보지 못하도록 암호화한다. 사용자에게 0~99 사이의 숫자를 입력하도록 하고 추측한 번호 확인을 위해 확인 버튼을 누르면 findNum() 함수가 호출된다.

사용자가 입력한 값과 랜덤 발생 숫자를 비교하기 위하여 변수 result를 선언하고 사용자의 클릭 횟수를 증가시키기 위하여 clickNum을 1씩 증가시킨다. 키보드로 입력된 숫자를 parseInt()를 통하여 정수로 변환하여 number에 저장한다. 사용자가 입력한 number와 randomNum을 비교하여 같으면 result에 "성공입니다" 메시지가 출력된다. 만약 사용자가 입력한 값이 랜덤 숫자 보다 낮다면 "값이 낮습니다" 메시지가 출력되고 그렇지 않다면 "값이 높습니다" 메시지가 출력된다. 사용자가 랜덤 숫자를 맞출 때까지 위의 과정은 반복되어 처리된다.

게임을 초기화 하고 싶으면 "다시하기" 버튼을 누른다.

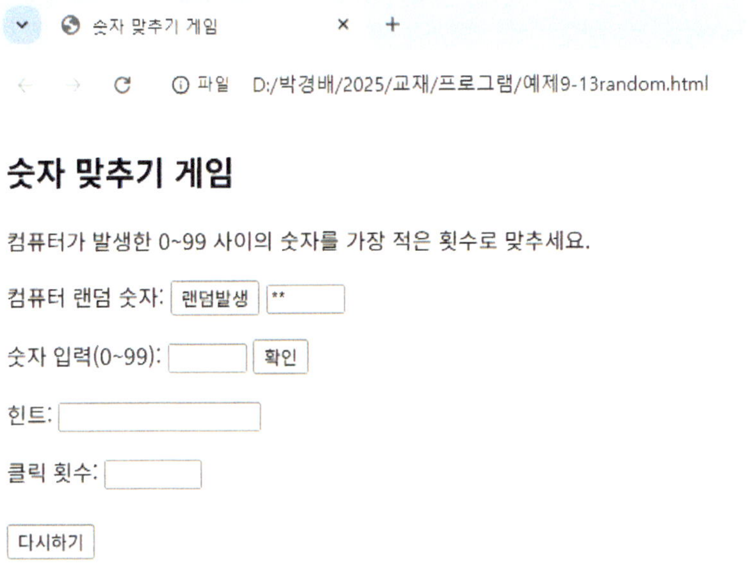

그림 9-16 random()을 이용한 숫자 맞추기

예제 9-13 random()을 이용한 숫자 맞추기 게임

```
<!DOCTYPE html>
<html>
<head>   <title>숫자 맞추기 게임</title>
  <script>    var randomNum;         // 랜덤 숫자 저장
           var clickNum = 0;       // 클릭 횟수
   function randomV() {
     randomNum = Math.floor(Math.random() * 100);   // 0~99 정수
     document.getElementById("rnd").value = "**";
     clickNum = 0;
     document.getElementById("clickN").value = "";
     document.getElementById("result").value = "";
     document.getElementById("txt").value = "";       }
   function findNum() {
     if (typeof randomNum !== 'number') {
       alert("먼저 '랜덤발생' 버튼을 눌러 주세요.");
       return;     }
     var number = parseInt(document.getElementById("txt").value);
     if (isNaN(number) || number < 0 || number > 99) {
       alert("0부터 99 사이의 숫자를 입력하세요.");        return;      }
     clickNum++;       var result = "";
     if (number == randomNum) {           result = "성공입니다!";
```

```
            } else if (number < randomNum) {            result = "값이 낮습니다.";
            } else {            result = "값이 높습니다.";            }
            document.getElementById("result").value = result;
            document.getElementById("clickN").value = clickNum;            }
        </script> </head>
<body>
    <h2>숫자 맞추기 게임</h2>
    <p>컴퓨터가 발생한 0~99 사이의 숫자를 가장 적은 횟수로 맞추세요.</p>
    <form onsubmit="return false;">
        컴퓨터 랜덤 숫자:
        <input type="button" value="랜덤발생" onclick="randomV()">
        <input type="text" id="rnd" size="3" readonly><p/>
        숫자 입력(0~99): <input type="text" id="txt" size="3">
        <input type="button" value="확인" onclick="findNum();"><p/>
        힌트: <input type="text" id="result" size="16" readonly><p/>
        클릭 횟수: <input type="text" id="clickN" size="5" readonly><br/><br/>
        <input type="reset" value="다시하기" onclick="location.reload();">
    </form>
</body>
</html>
```

9.4.5 Date 객체

▶chatgpt : Date 객체에 대해 설명해줘

Date 객체는 자바스크립트에서 **날짜(Date)**와 **시간(Time)**을 다루기 위한 내장 객체입니다. 현재 시간, 특정 날짜, 경과 시간 등을 처리할 때 사용합니다.

Date 객체 생성 방법은 다음과 같습니다.
let now = new Date();   // 현재 날짜와 시간
let birthday = new Date("2000-05-01");   // 특정 날짜 (문자열)
let custom = new Date(2025, 5, 2);   // 2025년 6월 2일 (월은 0부터 시작: 0=1월)

Date 객체는 날짜와 시간 정보를 관리하고 계산할 수 있게 해줍니다.
new Date()로 생성하며, 다양한 get/set 메서드로 값을 읽고 쓸 수 있습니다.
getTime() 을 이용하면 날짜 간 차이를 계산할 수 있습니다.
월(month)은 항상 0부터 시작하는 것에 주의하세요.

기본적으로 웹브라우저는 날짜와 시간을 다음과 같이 문자로 제공한다.
Sun Sep 06 2020 18:19:46 GMT+0900 (대한민국 표준시)

컴퓨터의 시스템에서 제공하는 날짜와 시간을 사용하면 자바스크립트로 이용할 수 있다. 일반적으로 Date 형태는 3가지 방식으로 제공된다.

ISO(International Standard Organization)	"2020-09-7"
축약형	"09/07/2020"
문자형	"Sep 07 2020"

Date 객체가 생성되면 표 9.4의 get, set 메소드를 사용하여 날짜와 시간을 적용한다.

표 9.4 **Date 객체의 get/set 메소드**

get	getDate()	날짜 표시 1~31 반환
	getDay()	요일 표시 0~6 반환(0:일요일)
	getFullYear()	년도 반환
	getHours()	0~24 시간 반환
	getMilliseconds()	0~999 값 반환
	getMinute()	분 표시 0~59 반환
	getMonth()	달 표시 0~11 (0:January)
	getSeconds()	초 표시 (0~59)
	getTime()	1970년부터 계산한 milliseconds 값 반환
set	setDate()	날짜 설정
	setDay()	요일 설정
	setFullYear()	년도 설정
	setHours()	0~24 시간 설정
	setMilliseconds()	0~999 값 설정
	setMinute()	0~59 분 설정
	setMonth()	0~11 달 설정 (0:January)
	setSeconds()	초 설정 (0~59)
	setTimeout(function,time)	재귀함수 time 간격으로 함수를 호출

예제 9-14는 Date 객체 메소드의 활용을 나타낸 것으로 그림 9-17에서 결과를 확인할 수 있다.

예제 9-14 Data 객체의 메소드

```html
<!DOCTYPE html>
<html>
<head>
        <title>Date 메소드</title>
</head>
<body>
<h3>Date 객체 메소드</h3>
<p>getDate() : <b id="ca"></b></p>
<p>getDay() : <b id="cca"></b></p>
<p>getFullYear() : <b id="cnct"></b></p>
<p>getHours() : <b id="ido"></b></p>
<p>getMilliseconds(): <b id="vlf"></b></p>
<p>getMinutes(): <b id="fxd"></b></p>
<p>getMonth() : <b id="prc"></b></p>
<p>getSeconds() : <b id="exp"></b></p>
<p>getTime() : <b id="str"></b></p>
<script>
    var today = new Date();
        document.getElementById("ca").innerHTML = today.getDate();
        document.getElementById("cca").innerHTML = today.getDay();
        document.getElementById("cnct").innerHTML = today.getFullYear();
        document.getElementById("ido").innerHTML =today.getHours();
        document.getElementById("vlf").innerHTML = today.getMilliseconds();
        document.getElementById("fxd").innerHTML = today.getMinutes();
        document.getElementById("prc").innerHTML =today.getMonth();
        document.getElementById("exp").innerHTML = today.getSeconds();
        document.getElementById("str").innerHTML = today.getTime();
</script>
</body>
</html>
```

Date 객체 메소드 활용

getDate() : 오늘 날짜 (1~31) → 3

getDay() : 요일 (0~6, 일=0) → 2

getFullYear() : 연도 → 2025

getHours() : 현재 시 (0~23) → 14

getMilliseconds() : 밀리초 (0~999) → 67

getMinutes() : 분 (0~59) → 50

getMonth() : 월 (0~11, 0=1월) → 5

getSeconds() : 초 (0~59) → 30

getTime() : 1970년 1월 1일부터 현재까지의 밀리초 → 1748929830067

그림 9-17 Date 객체 메소드 활용

setTimeout(function, time) 메소드는 time 간격으로 함수 function을 호출하는 재귀함수 이다. 웹 문서에 주기적으로 변화하는 시간을 표시하려면 setTimeout()함수를 사용해야 한다. 예제 9-15는 setTimeout()을 이용하여 화면에 1/1000초까지 시간을 표시하는 프로그램으로 그림 9-18에 결과를 나타내었다. setTime() 함수 호출이 이루어진 후 setTimeout() 재귀함수를 이용하여 setTime()함수를 10/1000초 간격으로 호출한다. 함수 안에서 자기를 호출하는 함수를 재귀함수라 한다.

setTimeout(함수명,시간)은 지정 시간 후에 한 번만 실행하며 재귀 호출로 반복 실행 효과 가능이 있다. 문자열 'setTime()' 대신 함수 이름 setTime을 넘기는 것이 보안상 안전하고 권장되며 padStart()를 이용해 숫자를 2자리 또는 3자리로 맞추면 시각적으로 더 보기 좋다.

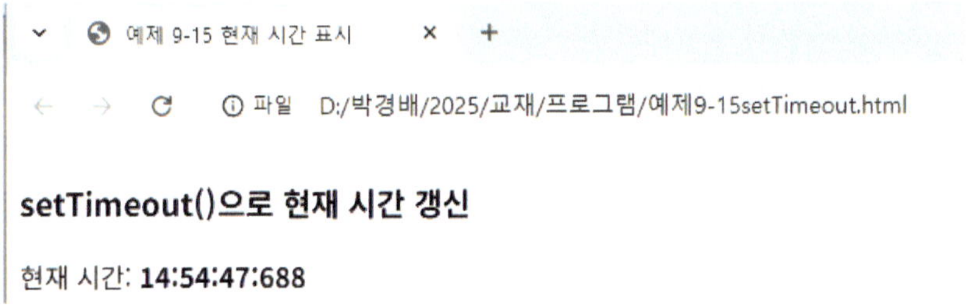

setTimeout()으로 현재 시간 갱신

현재 시간: **14:54:47:688**

그림 9-18 현재 시간 표시

예제 9-15 현재시간 표시하기- setTimeout

```html
<!DOCTYPE html>
<html>
<head>   <meta charset="utf-8">
    <title>예제 9-15 현재 시간 표시</title>
</head>
<body>
    <h3>setTimeout()으로 현재 시간 갱신</h3>
    <p>현재 시간: <b id="ca"></b></p>
    <script>
        // 시간을 표시하는 함수 정의
        function setTime() {     var time = new Date();
            // 시:분:초:밀리초 형식으로 시간 구성
            var nowTime =
                time.getHours().toString().padStart(2, '0') + ":" +
                time.getMinutes().toString().padStart(2, '0') + ":" +
                time.getSeconds().toString().padStart(2, '0') + ":" +
                time.getMilliseconds().toString().padStart(3, '0');
            // 화면에 출력
            document.getElementById("ca").innerText = nowTime;
            // 재귀적으로 10ms 후 함수 다시 호출
            setTimeout(setTime, 10);   // 문자열 대신 함수 이름 사용 권장
        }
        // 최초 호출
        setTime();
    </script>
</body>
</html>
```

9.4.6 Array 객체

▶ chatgpt : Array 객체에 대해 설명해줘

Array 객체는 자바스크립트에서 여러 개의 데이터를 순차적으로 저장할 수 있는 리스트 형태의 자료구조입니다. 숫자, 문자열, 객체, 함수 등 모든 자료형을 저장할 수 있으며, 다양한 메소드를 제공해 데이터를 쉽게 다룰 수 있습니다. 배열 생성 방법은 다음과 같다.

```
// 방법 1: 리터럴 방식 (가장 일반적)
var fruits = ["apple", "banana", "cherry"];
// 방법 2: Array 생성자
var numbers = new Array(10, 20, 30);
```

```
// 방법 3: 빈 배열 생성 후 요소 추가
var data = [];
data[0] = "JavaScript";
data[1] = 2025;
```

Array 객체는 자바스크립트에서 가장 많이 쓰이는 자료구조입니다. 다양한 메소드를 통해 배열 데이터를 쉽게 추가, 삭제, 검색, 변환할 수 있습니다. 실무와 학습에서 배열은 기본 중의 기본이므로 반드시 익숙해져야 합니다.

Array 객체의 속성과 메소드는 표 9.5와 같으며 배열(Array) 객체는 단일 변수로 다수의 값을 저장하기 위해서 사용하며 []를 사용하여 선언하는 것이 좋다. new 생성자를 통해 생성하면 컴퓨터 속도와 의도하지 않은 에러가 발생할 수 있다.

```
var cars = ["Hyundai", "KIA", "Benz"]; //Array는 [ ]을 사용하여 선언
cars[0] = "Hyundai" ; cars[1] = "KIA" ; cars[2] = "Benz"
```

표 9.5 **Array** 객체의 속성과 메소드

속성	length	Array의 길이값 반환
	prototype	객체의 속성과 메소드를 추가
	constructor	배열 객체의 프로토타입 생성
메소드	concat(n)	n을 배열에 추가
	indexOf(n)	n을 찾아 위치값 반환
	join("* ")	모든 배열 요소를 문자열로 결합
	lastIndexOf()	숫자를 지수형식으로 변환
	pop()	배열에서 요소 제거
	push(n)	배열에 n 요소 삽입
	toString()	배열요소를 문자로 변환
	shift()	배열의 첫 번째 요소를 제거하고 모든 요소 이동
	slice(n)	n개의 요소 제거한 새로운 배열
	sort()	배열 요소의 정렬
	splice(a, d, n1,n2)	a번째 요소에 추가, d개 요소 제거, 추가될 요소 n

예제 9-16 은 Array 객체의 메소드를 구현한 것으로 결과를 그림 9-19에 나타내었다. cars, num 그리고 week 배열을 다음과 같이 선언한다.

```
var cars = ["Hyundai", "Kia", "Bens"];
var num =[1,2,3,4];
var week =["Mon","Thu","Wen"];
```

cars 배열에 num 배열을 concat() 메소드로 추가하고 week 배열의 indexOf("Thu")의 값을 두 번째로서 1을 반환한다. join()은 num 배열을 "*"로 구분한다.

num 배열에서 pop()을 실행하면 4는 제거된다. week 배열에 "Thr"을 push()하면 배열의 끝에 더해진다. 1,2,3의 num 배열에서 shift()를 적용하면 2,3만 남는다. slice()는 num 배열에서 선택된 요소 값을 반환한다. cars 배열에 sort()를 적용하면 알파벳 순서로 재배열 된다. splice는 두 번째 요소에 BMW"를 추가하고 삭제된 요소는 0개가 된다.

그림 9-19 Array 메소드

예제 9-16 Array 객체의 메소드

```
<!DOCTYPE html>
<html>
<head>
    <meta charset="utf-8">
    <title>예제 9-16 Array 메소드</title>
</head>
<body>
    <h3>Array 메소드 실습</h3>
    <script>
        var cars = ["Hyundai", "Kia", "Bens"];
        var num = [1, 2, 3, 4];
        var week = ["Mon", "Thu", "Wen"];
```

```
            // 메소드 적용 및 결과 저장
            var concatResult = cars.concat(num);
            var indexResult = week.indexOf("Thu");
            var joinResult = num.join("*");
            var popResult = num.pop(); // 마지막 요소 제거
            week.push("Thr");          // 요소 추가
            var pushResult = week;
            var shiftResult = num.shift(); // 첫 요소 제거
            var sliceResult = num.slice(1, 3); // 복사된 부분
            var sortResult = cars.sort();      // 정렬
            cars.splice(1, 0, "BMW");          // 삽입
            var spliceResult = cars;
            // 결과 출력
            document.write("cars.concat(num): " + concatResult + "<br>");
            document.write("week.indexOf('Thu'): " + indexResult + "<br>");
            document.write("num.join('*'): " + joinResult + "<br>");
            document.write("num.pop(): " + popResult + " → [" + num + "]<br>");
            document.write("week.push('Thr'): [" + pushResult + "]<br>");
            document.write("num.shift(): " + shiftResult + " → [" + num + "]<br>");
            document.write("num.slice(1,3): [" + sliceResult + "]<br>");
            document.write("cars.sort(): [" + sortResult + "]<br>");
            document.write("cars.splice(1, 0, 'BMW'): [" + spliceResult + "]<br>");
        </script>
    </body>
</html>
```

9.4.7 배열을 이용한 Lotto 게임

배열을 이용하여 1~45까지의 숫자를 발생하는 로또 숫자 발생기를 만들어 보자. 예제 9-17에 배열을 이용하여 6개의 숫자를 랜덤으로 발생시키는 프로그램을 나타내었으며 그림 9-20에 실행 결과를 나타내었다.

숫자 발생을 위해 randomV() 함수를 호출하고 id="txt"에 발생 숫자를 표시한다.

```
<input type="button" value="행운의 숫자" onclick="randomV()"></p>
<input type="text" size="20" id="txt">
```

```
while (lottoNum.length < 6) {
            const num = Math.floor(Math.random() * 45) + 1;  // 1~45
            if (!lottoNum.includes(num)) {
                lottoNum.push(num);
            }
        }
lottoNum.sort((a, b) => a - b);  // 정렬
```

그림 9-20 로또 게임

예제 9-17 Array를 이용한 랜덤 숫자 발생기

```
<!DOCTYPE html>
<html>
<head>
    <title>예제9-16로또(Lotto) 게임</title>
    <script>
        function randomV() {
            const lottoNum = [];

            while (lottoNum.length < 6) {
                const num = Math.floor(Math.random() * 45) + 1;  // 1~45
                if (!lottoNum.includes(num)) {
                    lottoNum.push(num);
                }
            }

            lottoNum.sort((a, b) => a - b);  // 정렬

            document.getElementById("txt").value = lottoNum.join(", ");
```

```
            }
        </script>
</head>
<body>
    <h2 align="center">로또(Lotto) 게임(by Park GB)</h2>
    <p align="center">행운의 로또 1~45 숫자 발생기</p>
    <form>
        <input type="button" value="행운의 숫자" onclick="randomV()">
        <input type="text" size="30" id="txt" readonly>
    </form>
</body>
</html>
```

9.5 디자인이 적용된 chap9jsObj.html 만들기

▶ chatgpt : 모바일 전용으로 다음의 파일들을 하이퍼링크된 chap9jsObj.html 파일 만들기

예제 9-18 chap9jsObj.html

```
<!DOCTYPE html>
<html lang="ko">
<head>
    <meta charset="utf-8">
    <meta name="viewport" content="width=device-width, initial-scale=1.0">
        <title>자바스크립트 객체 예제</title>
    <style>
        body {
            font-family: 'Segoe UI', Tahoma, Geneva, Verdana, sans-serif;
            margin: 0;
            padding: 15px;
            background-color: #eef2f7;
            color: #333;
            line-height: 1.6;
        }
        h1 {
            color: #2c3e50;
            text-align: center;
```

```css
            margin-bottom: 25px;
            font-size: 1.8em;
            padding-bottom: 10px;
            border-bottom: 2px solid #3498db;
        }
        ul {
            list-style: none;
            padding: 0;
            margin: 0;
        }
        li {
            background-color: #ffffff;
            border: 1px solid #ddd;
            border-radius: 8px;
            margin-bottom: 12px;
            box-shadow: 0 2px 5px rgba(0, 0, 0, 0.08);
            overflow: hidden; /* Ensure no overflow on smaller screens */
        }
        li a {
            display: block;         padding: 15px 20px;     text-decoration: none;
            color: #007bff;         font-size: 1.1em;
            transition: background-color 0.3s ease, color 0.3s ease;           }
        li a:hover,
        li a:focus {    background-color: #eaf4fd;          color: #0056b3;         }
        @media (max-width: 480px) {
            h1 {        font-size: 1.5em;           }
            li a {      font-size: 1em;     padding: 12px 15px;         }
        }
    </style>
</head>
<body>
    <h1>JavaScript 객체 예제 목록</h1>
    <ul>
        <li><a href="예제9-1객체생성자.html" target="_blank">예제9-1 객체 생성자</a></li>
        <li><a href="예제9-2this객체생성자.html" target="_blank">예제9-2 this 객체 생성자</a></li>
        <li><a href="예제9-3prototype.html" target="_blank">예제9-3 프로토타입</a></li>
        <li><a href="예제9-4String.html" target="_blank">예제9-4 String 속성</a></li>
        <li><a href="예제9-5StringMth.html" target="_blank">예제9-5 String 메소드1</a></li>
        <li><a href="예제9-6StringMth02.html" target="_blank">예제9-6 String 메소드2</a></li>
```

```html
        <li><a href="예제9-7Number01.html" target="_blank">예제9-7 Number 속성</a></li>
        <li><a href="예제9-8NmbrMth.html" target="_blank">예제9-8 Number 메소드</a></li>
        <li><a href="예제9-9Math.html" target="_blank">예제9-9 Math 속성</a></li>
        <li><a href="예제9-10MathObj01.html" target="_blank">예제9-10 Math 메소드1</a></li>
        <li><a href="예제9-10MathObj02.html" target="_blank">예제9-10 Math 메소드2</a></li>
        <li><a href="예제9-12MathObj03.html" target="_blank">예제9-12 Math 메소드3</a></li>
        <li><a href="예제9-13random.html" target="_blank">예제9-13 숫자 맞추기 게임(Random)</a></li>
        <li><a href="예제9-14dateObj.html" target="_blank">예제9-14 Date 객체 메소드</a></li>
        <li><a href="예제9-15setTimeout.html" target="_blank">예제9-15 setTimeout으로 현재 시간 갱신</a></li>
        <li><a href="예제9-16Array.html" target="_blank">예제9-16 Array 메소드</a></li>
        <li><a href="예제9-17Lotto.html" target="_blank">예제9-17 로또(Lotto) 게임</a></li>
    </ul>
</body>
</html>
```

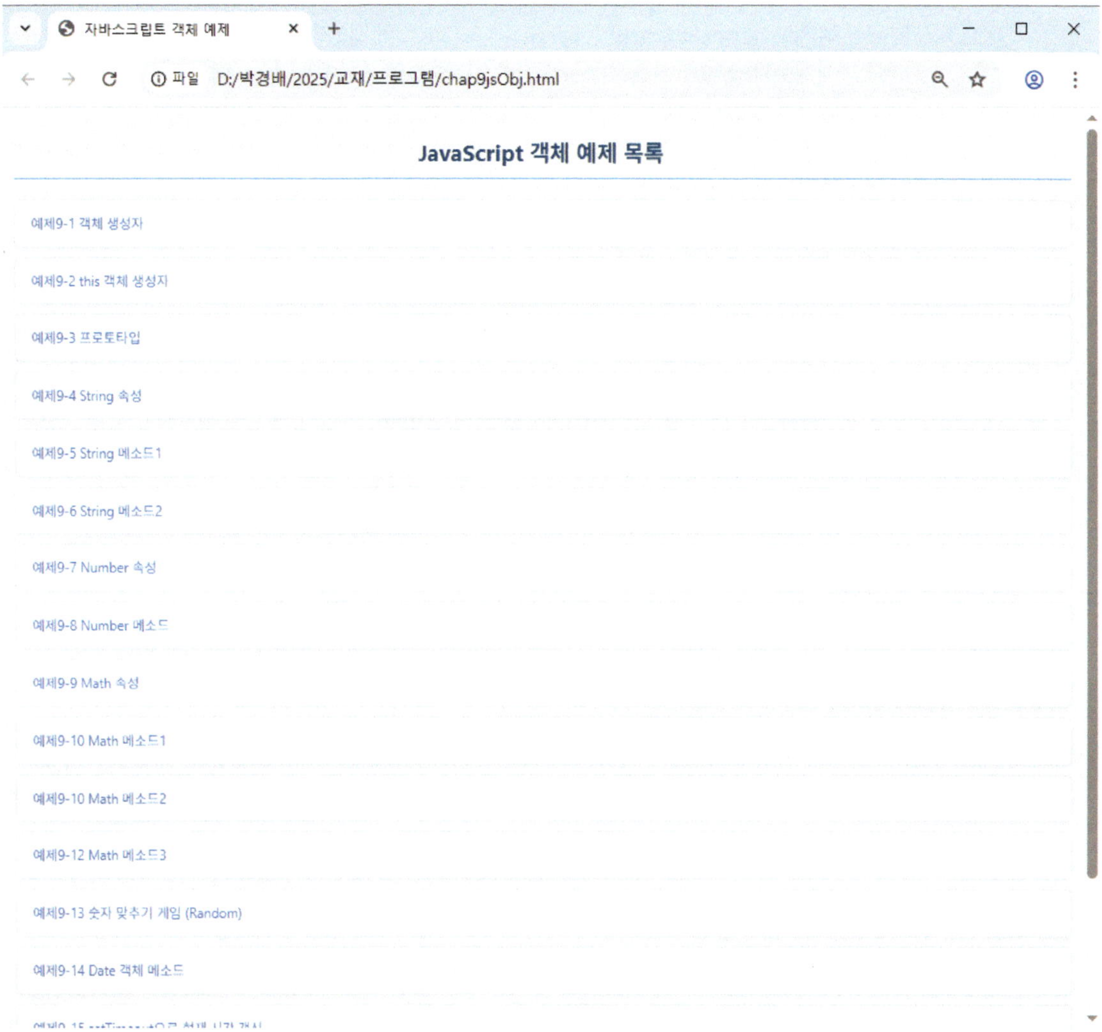

그림 9-21 chap9jsObj.html

과제

1. chatgpt을 이용하여 객체에 대해 설명하시오.

2. chatgpt을 이용하여 객체의 생성 방법에 대해 설명하시오.

3. jchatgpt을 이용하여 avascript 프로토타입(prototype)에 대해 설명하시오.

4. chatgpt을 이용하여 String 객체의 메소드 예를 구현하시오.

5. chatgpt을 이용하여 다음 변수에 대해 Number 객체의 메소드 값을 구하시오.

   var num = 32.4 ;

6. chatgpt을 이용하여 Math.random() 함수를 사용하여 0~99를 출력하는 프로그램을 구현하시오.

7. chatgpt을 이용하고 Date() 객체를 사용하여 다음 그림을 구현하시오.

8. chatgpt을 사용하여 setTimeout()을 이용하여 현재 시간을 표시하는 프로그램을 구현하시오.

참고 문헌

▶ "HTML5 중심의 CSS3와 자바스크립트", 박경배, 21세기출판사, 2021

참고 사이트

1. https://www.w3schools.com/js/js_arithmetic.asp

2. https://www.w3schools.com/js/js_objects.asp

3. https://www.w3schools.com/js/js_strings.asp

4. https://www.w3schools.com/js/js_arrays.asp

5. https://www.w3schools.com/js/js_numbers.asp

6. https://www.w3schools.com/js/js_dates.asp

7. https://www.w3schools.com/js/js_math.asp

8. https://developer.mozilla.org/ko/docs/Web/JavaScript/Reference/Global_Objects

9. https://developer.mozilla.org/ko/docs/Learn/JavaScript/Objects/Basics

10장 HTML5 DOM과 이벤트

10.1 HTML5 DOM(Document Object Model)

▶ chatgpt : Html5 DOM에 대해 설명해줘

HTML5 DOM(Document Object Model)은 웹 문서의 구조화된 표현으로, HTML 문서를 객체(Object)로 표현하여 JavaScript 같은 프로그래밍 언어가 웹 페이지의 구조, 스타일, 내용을 동적으로 조작할 수 있도록 한다.
아래는 HTML5 DOM에 대한 핵심 설명이다:
1. DOM이란?
DOM은 HTML이나 XML 문서의 트리 구조(Tree Structure) 표현이다.
문서의 각 요소(element), 속성(attribute), 텍스트(text)는 노드(Node)로 표현된다.
JavaScript를 통해 DOM을 조작하면 웹 페이지를 동적으로 변경할 수 있다.
HTML5 DOM은 웹 페이지를 객체 모델로 표현하며, JavaScript를 통해 실시간으로 문서 구조, 콘텐츠, 스타일을 조작할 수 있게 해준다. HTML5는 기존 DOM 기능을 확장하고 더 풍부한 API를 제공하여 웹 애플리케이션 개발을 더욱 강력하게 만들었다.

브라우저는 웹 문서를 로드(load) 하면, 문서의 내용을 문서 객체 모델(DOM, Document Object Model) 로 표현한다. HTML DOM이란, HTML 요소들을 트리 구조(Tree Structure)로 정의한 것으로, 그림 10-1처럼 각 요소를 객체(object)로 구성한다. DOM은 W3C(World Wide Web Consortium)에서 제안한 웹 표준으로, 웹 문서에 대한 일관된 접근 방식을 정의한다. 이를 통해 JavaScript와 같은 외부 프로그램이 HTML 요소를 쉽게 추가, 삭제, 변경, 조회할 수 있도록 한다.

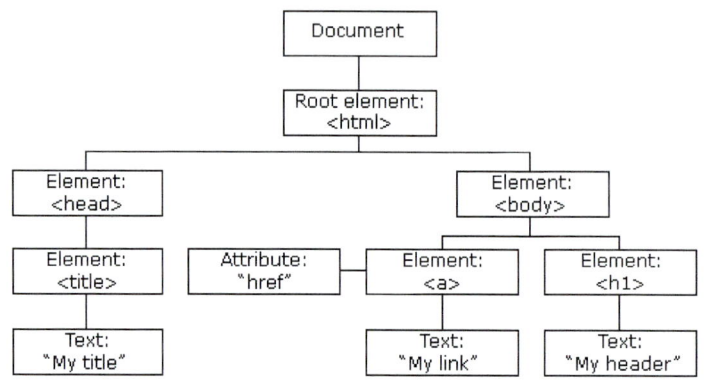

그림 10-1 HTML DOM 트리 구조(출처:w3school.com)

- HTML DOM의 특징

HTML DOM은 다음과 같은 방식으로 문서의 구조를 정의한다.
① HTML 태그 요소들을 객체로 정의
　예: 〈html〉, 〈body〉, 〈p〉, 〈x3d〉 등 모든 HTML 요소는 각각 하나의 객체.
② 모든 요소의 속성을 정의
　예: id, value, class, href 등 각 요소에 부여할 수 있는 속성들이 객체의 속성(property)으로 정의.
③ 모든 요소에 접근할 수 있는 메서드(method)를 제공
　예: getElementById(), getElementsByTagName(), 등을 사용하여 HTML 요소에 접근.
④ 모든 요소에 이벤트를 정의
　예: onclick, onmouseover, onkeydown 등 다양한 사용자 동작(이벤트)에 반응하도록 설정.

HTML 태그 요소들을 객체화한다는 것은, 각 요소를 속성(properties)과 메소드(methods)로 구성된 객체(object)로 표현한다는 뜻이다. 여기서 속성은 해당 요소의 값을 나타내거나 변경하기 위한 데이터이고, 메소드는 이벤트와 같이 동작을 수행하는 행위를 의미한다. DOM에서는 HTML의 모든 요소가 객체로 정의되어 있기 때문에, 각 객체에 접근하거나 조작하기 위해 보통 JavaScript를 사용한다.

JavaScript는 웹 페이지를 동적으로 만들 수 있는 도구로서, 다음과 같은 작업을 수행할 수 있다.

- JavaScript로 가능한 주요 작업
① 웹 문서에 있는 모든 HTML 요소나 속성의 값을 변경할 수 있다.
② 웹 문서에 적용된 모든 CSS 스타일을 동적으로 바꿀 수 있다.
③ HTML 요소나 속성을 새로 추가하거나 삭제할 수 있다.
④ 클릭, 키 입력, 마우스 이동 등 다양한 이벤트를 만들거나 적용할 수 있다.

10.2 DOM 요소 접근 프로그래밍

DOM은 HTML의 모든 요소를 객체(object)로 정의하기 때문에, 이 객체에 속성(property)과 메소드(method)를 적용하여 JavaScript로 조작할 수 있다.

- **DOM 요소 접근 방법**

HTML 요소에 접근하기 위해 보통 다음과 같은 세 가지 방식을 사용한다.
document.getElementById(name) → id 속성을 기준으로 특정 요소를 선택한다.
document.getElementsByTagName(name) → 태그 이름으로 여러 요소를 선택할 수 있다.
document.getElementsByClassName(name) → class 이름으로 그룹화된 요소들을 선택한다.

- **DOM 요소 값 변경 방법**

HTML 요소의 내용을 바꾸고 싶을 때는 속성이나 메소드를 사용한다.

① 속성을 이용한 변경
　element.innerHTML = newValue → 요소 내부의 HTML 콘텐츠를 변경한다.
　element.attribute = newValue → 예를 들어 element.src, element.href 같은 속성 값을 바꾼다.
　element.style.property = newStyle
　　→ CSS 스타일을 동적으로 바꾼다. 예: element.style.color = "red"

② 메소드를 이용한 변경
　element.setAttribute(attribute, value)
　　→ 요소의 속성을 설정하거나 변경한다. 예: element.setAttribute("class", "highlight")
　　→ Web3D와 같은 특수 환경에서도 자주 사용된다.

③ DOM 요소 추가 및 삭제
　HTML 문서에 요소를 새로 만들거나 제거할 때는 다음과 같은 메소드를 사용한다.
　document.createElement(tagName) → 새로운 HTML 요소를 생성한다.
　parentElement.removeChild(element) → 특정 요소를 문서에서 제거한다.
　parentElement.appendChild(element) → 부모 요소에 자식 요소를 추가한다.
　parentElement.replaceChild(newElement, oldElement) → 기존 요소를 새 요소로 교체한다.
　document.write(text)
　　→ HTML 문서에 직접 텍스트나 코드를 출력한다. (단, 문서 로딩 이후에 사용하면 기존 내용이 덮어씌워질 수 있으므로 주의) 이처럼 DOM을 활용하면 웹 페이지의 구조와 내용을 실시간으로 조작할 수 있으며, 이는 동적인 사용자 경험을 만드는 데 핵심적인 역할을 한다.

- **요소 찾기**

예제 10-1은 두 개의 버튼을 통하여 이벤트를 발생시키고 getElementById(name)와 getElements

TagName(name)으로 html 텍스트 요소에 접근하고 변경하는 방법을 나타낸 것으로 그림 10-2에 결과를 나타내었다.

프로그램 동작을 위해서 두 개의 h1 요소와 id='txt'를 선언하였다
첫 번째 버튼 'change_title'을 클릭하면 changeTag() 함수가 실행되고 두 번째 버튼 'change_id'을 클릭하면 changeId() 함수가 실행된다.

〈script〉 //javascript 코드는 〈script〉 시작하고 〈/script〉로 끝난다.
changeTag() 함수는 html 문서내의 〈h1〉 요소 중 첫 번째 〈h1〉 요소를 찾아 현재의 h1 값을 .innerHTML에 의해 '첫번째 h1 : getElementsByTagName'으로 변경된다. 두 번째 h1 요소인 h1[1]에는 영향이 없다. 두 번째 버튼 changeId()를 클릭하면 id='txt'를 찾아 'getElementById'로 변경된다. class에 의한 요소 찾기는 태그 이름 찾기와 마찬가지로 다음과 같이 배열을 사용한다.

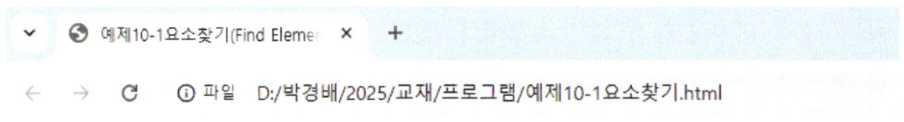

그림 10-2 요소 찾기

예제 10-1 요소 찾기

```
<!DOCTYPE html>
<html>
<head>
  <meta charset="utf-8">
  <title>예제10-1요소찾기(Find Element)</title>
  <script>
    function changeTag() {
      document.getElementsByTagName("h1")[0].innerHTML =
                                    '첫번째 h1: getElementsByTagName';
```

```
      }
      function changeId() {
        document.getElementById('txt').innerHTML = 'getElementById';
      }
      function changeCls() {
        document.getElementsByClassName('cls')[0].innerHTML = 'getElementsByClassName';
      }
    </script>
  </head>
  <body id="main">
    <h1 style="text-align:center;">요소찾기(Find Element)</h1>
    <p id="txt">이 문장은 p 태그의 내용입니다.</p>
    <h1 class="cls" style="color:blue;">두 번째 h1 요소</h1>
    <input type="button" id="bt1" value="change_title" onclick="changeTag();">
    <input type="button" id="bt2" value="change_id" onclick="changeId();">
    <input type="button" class="bt3" value="change_class" onclick="changeCls();">
  </body>
</html>
```

● 속성 변경

element.innerHTML은 요소의 값을 입력하거나 변경한다. html 요소의 속성을 변경하는 방법으로 예제 10-2에서는 첫 번째 버튼을 누르면 이미지가 변경되고 두 번째 버튼은 html의 css 스타일을 변경하는 내용이다. 세 번째 버튼은 setAttribute() 메소드를 사용하여 html 요소의 내부 속성 값을 변경한 것으로 그림 10-3에 변경된 결과를 나타내었다.

초기 이미지 "ai.png"의 이미지는 changeImg() 함수에서 img의 속성 src을 적용하여 "aisoftware.png"로 변경된다. CSS 스타일의 속성을 변경하기 위해서는 .style에 속성 color를 적용한다. style.color를 적용하면 문자의 색상을 변경할 수 있다. setAttribute("attribute", "value") 메소드는 요소에 속성을 추가하거나 속성 값을 변경하기 위해 사용한다. id='set'의 style에 배경색(background-color)을 청록색으로 변경한다.

예제 10-2 속성 변경하기

```
<!DOCTYPE html>
<html>
<head>
<meta charset="utf-8">
<title>예제10-2속성변경(attribute change)</title>
```

```
<script>
  function changeImg(){
    document.getElementById("img").src = 'images/aisoftware.png';    }
  function changeCss(){
    document.getElementById("cls").style.color = "red";    }
  function changeSeta(){
    document.getElementById('set').setAttribute("style", "background-color:cyan");    }
</script>
</head>
<body id="main">
  <h1 style="text-align:center;">속성 변경(Find Element)</h1>
  <p>이미지 변경:
    <img id="img" src="images/ai.png" width="100px" height="100px">
  </p>
  <h2 id="cls" style="color:blue">CSS 속성(색상) 변경</h2>
  <h2 id="set" style="color:green">CSS setAttribute(attribute,value)</h2>
  <input type="button" id="bt1" value="change_img" onclick="changeImg();">
  <input type="button" id="bt2" value="change_style" onclick="changeCss();">
  <input type="button" class="bt3" value="change_setAttribute" onclick="changeSeta();">
</body>
</html>
```

그림 10-3 속성 변경하기

10.3 DOM 노드의 관계

HTML 문서에서 DOM(Document Object Model)은 문서 구조를 트리(Tree) 형태로 표현한다. 각 태그는 노드(node)로 구성되며, 이들 노드 간의 부모, 자식, 형제 관계를 통해 요소 간의 구조를 이해할 수 있다.

〈html〉 요소는 문서의 최상위(Root) 요소로, 〈head〉와 〈body〉를 자식 노드로 포함한다. 이때 〈head〉는 첫 번째(firstChild) 자식 노드이고, 〈body〉는 마지막(lastChild) 자식 노드이다. 또한 〈head〉의 다음 형제(nextSibling) 노드는 〈body〉이고, 반대로 〈body〉의 이전 형제(previousSibling) 노드는 〈head〉가 된다. 〈html〉 요소는 이들 〈head〉와 〈body〉의 부모 노드(parentNode) 역할을 한다. 그림 10-4는 이러한 DOM 노드 관계를 시각적으로 나타낸 것이다.

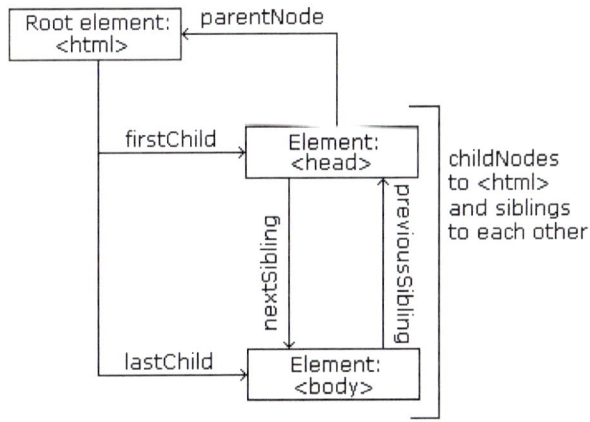

그림 10-4 **DOM 노드** (출처:w3school.com)

DOM 요소를 조작하기 위해서는 노드를 동적으로 생성하거나 제거할 수 있어야 한다. 이를 위해 다음과 같은 메소드들이 사용된다.

- 요소 생성
① document.createElement(element)　　//html 요소 생성
- 요소 삭제
② document.removeChild(element)　　//html 요소 제거
③ document.appendChild(element)　　//html 요소 추가
④ document.replaceChild(new, old)　　// 새로운 요소로 변경
⑤ document.write(text)　　　　　　　// html 문서에 출력

예제 10-3은 appendChild()를 이용하여 노드를 추가하고 remove()를 이용하여 노드를 삭제하는 프로그램으로 결과를 그림 10-5에 나타내었다.

추가 버튼을 누르면 Add() 함수가 실행되고 노드를 추가하기 위해서 "li" 요소를 먼저 생성한다. var add = document.createElement("li");

"오렌지" 항목을 생성하기 위해 createTextNode("오렌지")를 적용한다. 생성된 요소("li")에 항목("오렌지")을 append.Child(cnode)'를 적용하여 항목을 추가한다. 웹문서의 "myList"에 "오렌지"를 추가하기 위해 getElementById("myList")를 적용한다.

사용자가 버튼을 클릭할 때 마다 그림 10-5와 같이 "오렌지" 항목이 추가된다. 노드의 삭제는 마지막 자식 노드부터 remove()를 이용하여 삭제한다. 삭제 버튼을 클릭하면 "myList"의 마지막 자식 노드부터 제거되고 표현된다.

예제 10-3 DOM 요소 추가/삭제하기

```html
<!DOCTYPE html>
<html>
<head>
<meta charset="utf-8">
<title>예제 10-3 노드 추가/삭제(addChild/removeChild)</title>
<script>
        function Add() {
                var add = document.createElement("li");
                var cnode = document.createTextNode("오렌지");
                add.appendChild(cnode);
                document.getElementById("myList").appendChild(add);
        }

        function remove() {
                var list = document.getElementById("myList");
                var rnode = list.lastElementChild;
                if (rnode) list.removeChild(rnode);
        }
</script>
</head>
<body id='main'>
        <h3 style="text-align:center;">노드 추가/삭제(addChild/removeChild)</h3>
        <h4>클릭버튼 추가/삭제</h4>
        <ul id="myList">
                <li>사과</li>
                <li>바나나</li>
        </ul>
        <input type="button" id="bt1" value="추가" onclick="Add();">
        <input type="button" id="bt2" value="삭제" onclick="remove();">
</body>
</html>
```

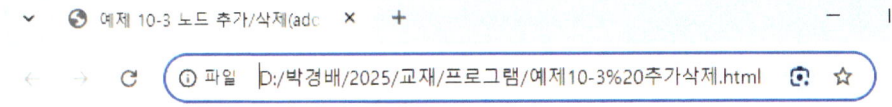

그림 10-5 노드 추가/삭제

예제 10-4는 그림 10-4의 DOM 노드의 관계를 프로그램으로 구현한 것으로 그림 10-6과 같이 다음 노드(nextSibling), 이전 노드(previousSibling)의 관계를 알 수 있다.

각 요소의 관계를 위하여 "myList" ⟨ul⟩에 사과와 바나나를 리스트로 설정하였다. nextSibling 버튼을 클릭하면 next()함수가 실행되며 id="one"인 사과의 nextSibling을 id="next"에 표시하도록 하던 사과의 다음 노드는 바나나가 표시된다.

previoustSibling 버튼을 클릭하면 prev()함수가 실행되며 id="two"인 바나나의 previousSibling을 id="prev"에 표시하도록 하면 바나나의 이전 노드는 사과가 표시된다. "myList"의 첫 번째 자식 노드는 사과이며 마지막 노드는 바나나가 표시된다.

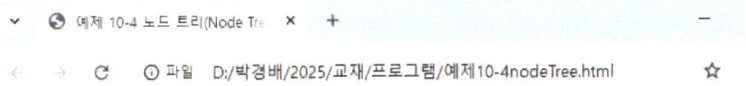

그림 10-6 노드 관계

예제 10-4 DOM 요소 트리 구조(Node Tree)

```html
<!DOCTYPE html>
<html>
<head>
<meta charset="utf-8">
<title>예제 10-4 노드 트리(Node Tree)</title>
<script>
	function next() {
		let elem = document.getElementById("one").nextElementSibling;
		document.getElementById("next").innerHTML = elem ? elem.innerHTML : "없음";
	}

	function previous() {
		let elem = document.getElementById("two").previousElementSibling;
		document.getElementById("prev").innerHTML = elem ? elem.innerHTML : "없음";
	}

	function child() {
		let list = document.getElementById("myList");
		document.getElementById("firstC").innerHTML = list.firstElementChild.innerHTML;
		document.getElementById("lastC").innerHTML = list.lastElementChild.innerHTML;
	}
</script>
</head>
<body id="main">
	<h3 style="text-align:center;">노드의 구조(Tree)</h3>
	<h4>Node Tree</h4>
	<ul id="myList">
		<li id="one">사과</li>
		<li id="two">바나나</li>
	</ul>

	<p>사과의 nextSibling은 <b id="next"></b>입니다.</p>
	<p>바나나의 previousSibling은 <b id="prev"></b>입니다.</p>
	<p>리스트의 First Child는 <b id="firstC"></b>입니다.</p>
	<p>리스트의 Last Child는 <b id="lastC"></b>입니다.</p>

	<input type="button" id="bt1" value="nextSibling" onclick="next();">
	<input type="button" id="bt2" value="previousSibling" onclick="previous();">
	<input type="button" id="bt3" value="Tree" onclick="child();">
</body>
</html>
```

10.4 javascript DOM 이벤트

▶ chatgpt : DOM 이벤트에 대해 설명해줘
DOM 이벤트(DOM Events)는 HTML 문서에서 사용자의 **행동(이벤트)**에 대해 자바스크립트로 **반응(처리)**할 수 있게 해주는 기능입니다. 쉽게 말해, "사용자가 어떤 행동을 했을 때, 브라우저가 그것을 감지하고 자바스크립트 코드가 실행되도록 하는 메커니즘"입니다.

- 대표적인 DOM 이벤트 종류

이벤트	설명
click	요소를 클릭했을 때
dblclick	더블 클릭했을 때
mouseover / mouseout	마우스를 올리거나 벗어났을 때
keydown / keyup	키보드를 눌렀을 때 / 뗐을 때
change	입력값이 바뀌었을 때 (input, select 등)
submit	폼이 제출될 때
load / DOMContentLoaded	문서나 요소가 로드되었을 때
resize	창 크기가 변경되었을 때
scroll	스크롤이 발생했을 때

- 이벤트 등록 방식
HTML 속성에 직접 지정
`<button onclick="alert('클릭!')">눌러보세요</button>`
자바스크립트로 등록 (인라인 함수)
```
document.getElementById("btn").onclick = function() {
    alert("클릭됨");
};
```
addEventListener() 방식 (가장 권장)
```
document.getElementById("btn").addEventListener("click", function() {
    alert("이벤트 리스너 실행됨");
});
```

- 이벤트 객체 (Event Object)
이벤트가 발생하면 브라우저는 자동으로 **이벤트 객체(event)**를 생성해서 콜백 함수에 전달함.
```
document.getElementById("btn").addEventListener("click", function(e) {
    console.log(e.target);   // 클릭된 요소
```

```
        console.log(e.type);      // 이벤트 타입 (예: "click")
});
```

- 이벤트 전파 (Event Propagation)
  이벤트는 DOM 트리 상에서 두 가지 방향으로 **전파(bubbling, capturing)**됩니다.
  Capturing Phase: 부모 → 자식 방향
  Bubbling Phase: 자식 → 부모 방향 (기본 동작)
  element.addEventListener("click", handler, true);   // capturing
  element.addEventListener("click", handler, false); // bubbling (기본값)

- 이벤트 취소 / 차단
  event.preventDefault() → 기본 동작 방지 (ex: <a> 링크 이동 막기)
  event.stopPropagation() → 상위 요소로의 이벤트 전파 차단

10.4.1 onClick()

마우스 onClick()은 문자, 이미지 그리고 버튼 등을 클릭할 경우 발생되는 이벤트이다. 예제 10-5에서는 문자와 버튼을 클릭할 경우 문서의 문자 내용을 바로 변경하거나 chageText()함수를 호출하여 문자를 변경하는 프로그램이다.
"Click me!!" 문자를 클릭하면 this.innerHTML에 의해 문자의 내용이 변경된다.
id="bt"을 클릭하면 changeText()함수가 호출되고 id="one"의 문자 내용이 변경된다.
<button>을 클릭하면 changeButton() 함수가 호출되고 id="bttn"의 내용이 변경된다.

예제 10-5 onClick() 이벤트

```
<!DOCTYPE html>
<html>
<head>
<meta charset="utf-8">
<title>예제 10-5 onClick()</title>
<script>
        function changeText(){
           document.getElementById("one").innerHTML = "입력타입을 눌렀군요!"
        }
        function changeButton(){
           document.getElementById("bttn").innerHTML = "버튼을 눌렀군요!"
        }
</script>
```

```
</head>
<body id="main">
        <h3 id="one" style="text-align:center;">onClick()</h3>
        <h4 onclick="this.innerHTML='나를 눌렀군요!!'">Click me!!</h4>
        <h3 id="bttn">Button</h3>
        <input type="button" id="bt1" value="onClick" onclick="changeText();">
        <button onclick="changeButton()">눌러봐!!</button>
</body>
</html>>
```

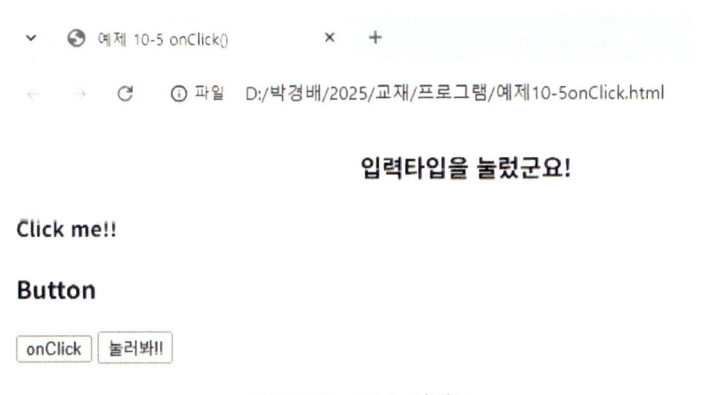

그림 10-7 onClick 이벤트

10.4.2 onLoad()

onLoad()와 onUnload() 이벤트는 사용자가 웹 문서를 열거나 닫을 때 발생하는 이벤트이다. onLoad 이벤트는 웹 문서가 모두 로드되었을 때 자동으로 실행되며, 브라우저 종류나 버전을 확인할 때도 사용된다. onUnload 이벤트는 사용자가 웹 문서를 떠나거나 브라우저를 닫을 때 발생하지만, 브라우저 설정에 따라 실행되지 않을 수 있다.

예제 10-6에서는 onLoad 이벤트를 이용해 웹 문서가 열릴 때 checkCookies() 함수가 자동으로 실행된다. 이 함수는 브라우저의 쿠키 기능이 활성화되어 있는지 navigator.cookieEnabled를 사용해 확인하고, 그림 10-8과 같이 그 결과에 따라 메시지를 출력한다.

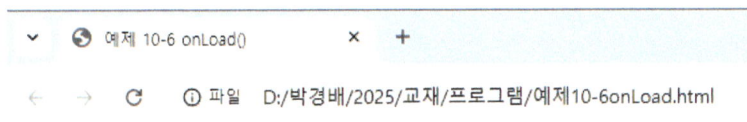

그림 10-8 onLoad() 이벤트

예제 10-6 onLoad() 이벤트

```
<!DOCTYPE html>
<html>
<head>
  <meta charset="utf-8">
  <title>예제 10-6 onLoad()</title>
</head>
<body onload="checkCookies()">
  <p id="cook"></p>
    <script>
    function checkCookies() {
      var text = "";
        if (navigator.cookieEnabled) {
        text = "브라우저의 쿠키 기능이 설정되어 있습니다.";
      } else {
        text = "브라우저의 쿠키 기능이 꺼져 있습니다.";
      }
        document.getElementById("cook").innerHTML = text;
    }
    </script>
</body>
</html>
```

10.4.3 onChange()

onChange 이벤트는 〈input〉의 입력 필드에서 사용자의 입력한 내용에 대한 변화가 있을 경우 발생한다. 예제 10-7은 〈input〉입력 필드에 소문자를 입력하고 난 후 입력창에서 벗어날 경우 대문자로 변경하고 사용자의 입력 문자가 10개 이상이 되지 않을 경우 alert()를 이용하여 10개 이상의 문자를 입력하라는 경고창을 띄운다. 그림 10-9에 실행 결과를 나타내었다.

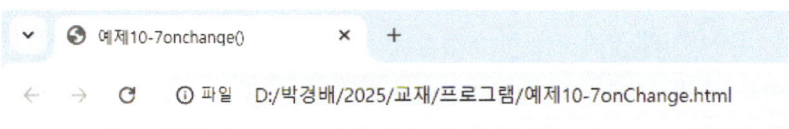

그림 10-9 onChange 이벤트

예제 10-7 onChange() 이벤트

```html
<!DOCTYPE html>
<html>
<head>
  <meta charset="utf-8">
  <title>예제 10-7 onchange()</title>
  <script>
    function changeText() {
      var x = document.getElementById("txt").value;
      document.getElementById("txt").value = x.toUpperCase();  // 대문자로 변환
      var y = x.length;   // 입력된 문자의 길이 계산

      if (y < 10) {
        alert(y + "자 입력됨. 10자 이상 입력하세요!");
      } else {
        alert("올바른 입력입니다.");
      }
    }
  </script>
</head>
<body id="main">
  <h3 style="text-align:center;">onchange() 이벤트 예제</h3>
  <h3 id="bttn">소문자로 입력한 후, 엔터를 누르거나 포커스를 이동해 보세요.</h3>
  <input type="text" id="txt" size="20" onchange="changeText();">
</body>
</html>
```

10.4.4 onMouseOver()/onMouseOut()

예제 10-8은 마우스를 특정 문자 위에 올렸을 때 onmouseover 이벤트가 발생하고, 마우스가 문자를 벗어날 때 onmouseout 이벤트가 발생하여 해당 요소의 스타일과 내용을 변경하는 예제이다. 화면에 출력된 텍스트는 id="mouse"로 지정되어 있으며, 초기 상태에서는 border: 2px solid red로 경계선이 설정되어 있다. 사용자가 "onMouseOver()"라는 문구 위에 마우스를 올리면 mouseOver() 함수가 호출되어 글자 색상과 내용이 변경되고, 마우스가 영역을 벗어나면 mouseOut() 함수가 실행되어 원래 상태로 복구된다. 이 예제는 마우스 이벤트를 통해 HTML 요소의 동적인 스타일 및 내용 변경을 학습할 수 있도록 구성된 프로그램이다. 이러한 이벤트는 사용자와의 인터랙션을 구현할 때 유용하게 사용된다.

예제 10-8   onMouseOver()/onMouseOut() 이벤트

```
<!DOCTYPE html>
<html>
<head>
  <meta charset="utf-8">
  <title>예제 10-8 onmouseover()/onmouseout()</title>
  <script>
    function mouseOver() {
      var target = document.getElementById("mouse");
      target.innerHTML = "onMouseOut()";
      target.style.border = "2px solid blue";
    }
    function mouseOut() {
      var target = document.getElementById("mouse");
      target.innerHTML = "onMouseOver()";
      target.style.border = "2px solid red";
    }
  </script>
</head>
<body id="main">
  <h3 id="bttn">마우스를 올려놓으세요</h3>
  <h3 id="mouse" style="text-align:center; border:2px solid red;"
      onmouseover="mouseOver()" onmouseout="mouseOut()">
    onMouseOver()
  </h3>
</body>
</html>
```

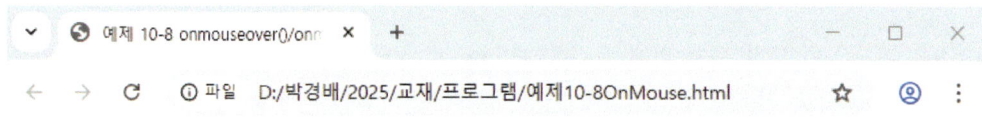

그림 10-10 onMouseOver()/onMouseOut()

10.4.5 onMouseDown()/onMousetUp()

예제 10-9는 onmousedown과 onmouseup 이벤트를 이용하여 마우스 클릭 동작을 두 단계로 구분하여 처리하는 예제이다. onmousedown 이벤트는 마우스 버튼을 누른 순간 발생하며, onmouseup 이벤트는 버튼을 눌렀다 놓는 순간 발생한다. 이 두 이벤트는 일반적으로 사용하는 onclick 이벤트를 보다 세분화하여 처리할 수 있도록 해준다.

이 예제에서는 화면에 표시된 텍스트에 마우스를 클릭하면 mouseDown() 함수가 실행되어 문자의 내용이 변경되고 테두리 색상도 파란색으로 바뀐다. 이후 버튼에서 손을 떼면 mouseUp() 함수가 실행되어 다시 원래 문구로 돌아가고, 테두리 색상도 빨간색으로 변경된다. 이와 같이 onmousedown과 onmouseup 이벤트를 활용하면 마우스의 클릭 동작을 세밀하게 제어할 수 있어, 사용자 인터페이스를 보다 정교하게 구성하는 데 도움이 된다.

예제 10-9 onMouseDown()/onMouseUp() 이벤트

```html
<!DOCTYPE html>
<html>
<head>
  <meta charset="utf-8">
  <title>예제 10-9 onMouseDown()/onMouseUp()</title>
  <script>
    function mouseDown() {
      var target = document.getElementById("mouse");
      target.innerHTML = "onMouseDown()";
      target.style.border = "2px solid blue";
    }
    function mouseUp() {
      var target = document.getElementById("mouse");
      target.innerHTML = "onMouseUp()";
      target.style.border = "2px solid red";
    }
  </script>
</head>
<body id="main">
  <h3 id="bttn">마우스를 누르고 놓아보세요</h3>
  <h3 id="mouse"
      style="text-align:center; border:2px solid red;"
      onmousedown="mouseDown()" onmouseup="mouseUp()">
    onMouseUp()
  </h3>
</body>
</html>
```

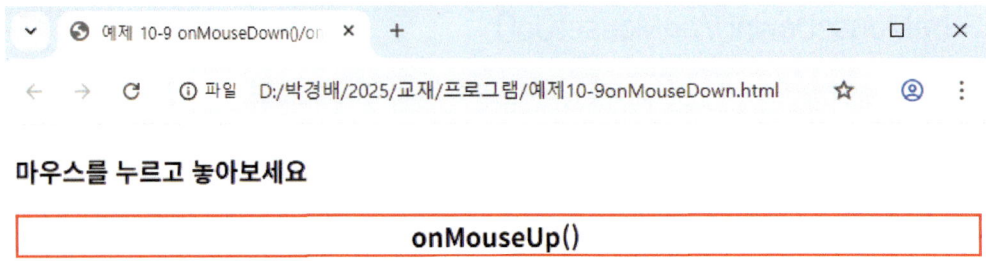

그림 8-11 onMouseDown()/Up()

10.4.6 onFocus()

예제 10-10은 사용자가 입력 상자를 클릭하거나 커서를 올려놓을 때 발생하는 onFocus 이벤트를 다루고 있다. HTML 문서 내에는 텍스트 입력 상자(〈input〉)가 있으며, 해당 입력 상자에 onFocus="mfocus()" 속성이 지정되어 있다. 이는 사용자가 입력 상자를 선택하면 mfocus() 함수가 자동으로 호출된다는 의미이다.

mfocus() 함수는 getElementById() 메서드를 이용하여 id="txt"로 지정된 입력 상자를 선택한 후, 그림 10-12와 같이 해당 상자의 value 속성을 "이미입력했습니다."로 변경한다. 즉, 사용자가 입력 상자에 포커스를 주는 순간 자동으로 해당 문구가 입력되도록 설정된 것이다. 이처럼 onFocus 이벤트는 입력 필드에 커서가 위치했을 때 특정 동작을 자동으로 수행하고자 할 때 유용하게 활용된다. 사용자 입력을 안내하거나 유효성 확인을 위한 초기 작업에도 응용할 수 있다.

예제 10-10 onFocus() 이벤트

```
<!DOCTYPE html>
<html>
<head>
<meta charset='utf-8'></meta>
<title>예제 10-10 onFocus()</title>
<script>
        function mfocus() {
         document.getElementById("txt").value = "이미입력했습니다.";
        }
</script>
</head>
<body>
<h3>문자를 입력하세요</h3>
<input id="txt" type="text" onFocus="mfocus()">
</body>
</html>
```

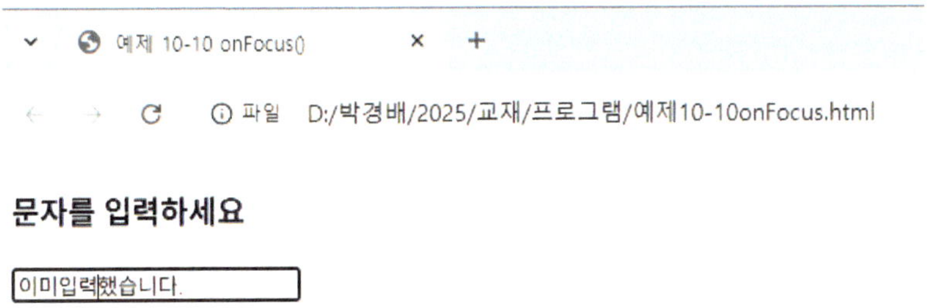

그림 10-12 onFocus 이벤트

10.5 BOM(Browser Object Model)

▶ chatgpt : BOM에 대해 설명해줘

BOM(Browser Object Model)은 웹브라우저 자체를 제어하고 접근하기 위한 객체 모델을 의미합니다. 즉, HTML 문서의 구조를 다루는 DOM(Document Object Model)과 달리, BOM은 브라우저 창, 탭, 주소창, 기록, 화면 정보 등 브라우저 환경 전반에 대한 조작을 가능하게 해줍니다.

- BOM의 주요 목적
  브라우저 창을 열거나 닫기
  현재 URL 또는 방문 기록 확인/조작
  화면 해상도 정보 가져오기
  타이머 설정 (예: setTimeout, setInterval)
  사용자 위치나 환경 정보 접근

- 주요 BOM 객체

객체	설명
window	최상위 객체. BOM의 핵심이며 모든 다른 객체들의 부모 역할
navigator	브라우저 및 운영체제에 대한 정보 (예: 브라우저 버전, 플랫폼 등)
screen	사용자의 화면 해상도, 색상 깊이 등의 정보
location	현재 문서의 URL 정보. 주소 변경, 새로고침 등을 처리
history	방문한 웹 페이지의 기록을 관리 (앞/뒤로 가기 등)
alert(), confirm(), prompt()	사용자와의 기본적인 대화창 처리 (모두 window의 메서드)

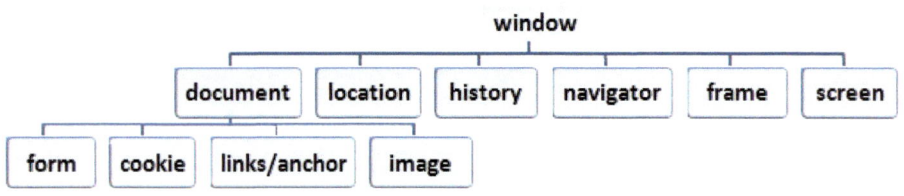

그림 10-13 BOM 객체모델(출처:W3c)

10.5.1 Window 객체

Window 객체는 브라우저 창(window) 자체를 의미하며, 웹브라우저 환경에서 JavaScript가 기본적으로 제공하는 가장 최상위 객체이다. 웹브라우저에서 실행되는 JavaScript의 모든 전역변수, 함수, 객체들은 사실상 Window 객체의 속성(Property)이나 메서드(Method)로 포함되어 있다.

즉, 다음 두 문장은 같은 의미이다:

alert("Hello");   // 일반적인 사용
window.alert("Hello");   // Window 객체를 명시한 사용

- 브라우저 크기 확인

사용 중인 브라우저 창의 너비와 높이는 아래와 같은 Window 객체의 속성을 통해 확인할 수 있다:

속성	설명
window.innerWidth	브라우저 창의 내부 너비 (스크롤바 포함)
window.innerHeight	브라우저 창의 내부 높이

console.log("너비: " + window.innerWidth);
console.log("높이: " + window.innerHeight);

표 10-1은 Window 객체의 주요 메소드를 나타낸 것이다.

표 10-1 Window 객체

속성	내용
innerWidth	브라우저 화면 너비
innderHeight	브라우저 화면 높이
open()	새로운 브라우저 창 열기("url","name","spec",replace)
close()	브라우저 창 닫기
moveTo(x,y)	브라우저 창의 x,y 위치로 이동
resizeTo(x,y)	브라우저 창의 x,y 크기로 변화

예제 10-11은 브라우저 창의 너비와 높이를 확인하고, Window 객체의 속성(멤버)을 출력하는 프로그램이다. Window 객체의 속성을 알아보기 위한 예제로 실행 결과를 그림 10-14에 나타내었다. 브라우저 Window 객체의 넓이와 높이를 얻기 위하여 innerWidth와 innerHeigt를 사용한다. Window 객체의 자식 객체를 알아보기 위하여 for/in 반복문을 사용하여 윈도우 객체를 표시하였다. Window 객체는 현재 브라우저의 모든 객체, 변수, 이벤트 등을 포함하고 있다. 심지어 넓이와 높이 값을 얻기 위해 선언한 변수 w, h, x 그리고 i까지 window 객체에 포함된다.

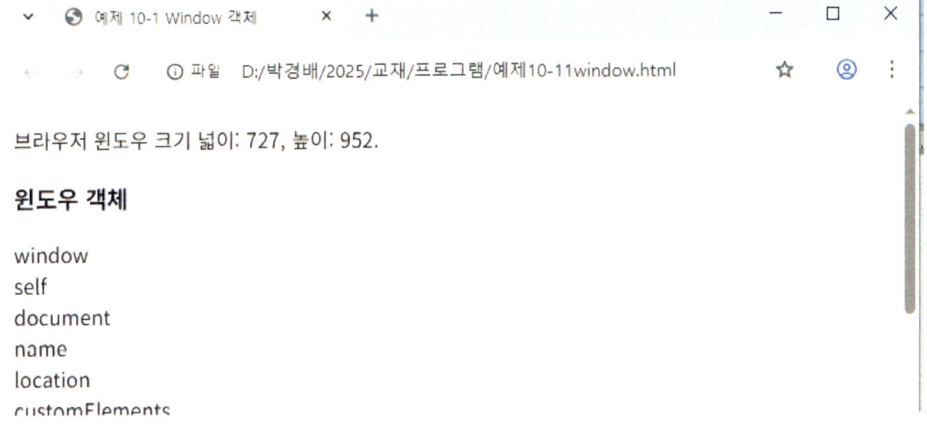

그림 10-14 Window 객체

예제 10-11 Window 객체

```
<!DOCTYPE html>
<html>
<head> <meta charset='utf-8'></meta>
<title>예제 10-1 Window 객체</title> </head>
<body>
<p id="target"></p>
<h3>윈도우 객체</h3>
<p id="win"></p>
<script>
        var w = window.innerWidth
        var h = window.innerHeight
        var x = document.getElementById("target");
        x.innerHTML = "브라우저 윈도우 크기 넓이: " + w + ", 높이: " + h + ".";
        for (var i in window ){
                document.write(i+"</br>");
        }
</script>
</body>
</html>
```

예제 10-12는 Window 객체의 open(), moveTo(), resizeTo(), close() 메소드를 사용하여 새 창을 열기, 이동, 크기변동, 닫기 한 결과를 그림 10-15에 나타내었다.

- myWindow = window.open("", "myWindow", "width=250,height=100");
  빈 페이지를 너비 250px, 높이 100px 크기로 연다.
  반환된 창 객체를 변수 myWindow에 저장한다.
- myWindow.document.write("공지사항");
  새 창 문서에 "공지사항" 텍스트를 출력한다.
- myWindow.moveTo(600, 600);
  새 창을 화면 좌표 (600, 600) 위치로 이동시킨다.
- myWindow.resizeTo(600, 600);
  새 창의 크기를 600x600 픽셀로 변경한다.
- myWindow.close();   // 새창을 닫는다.

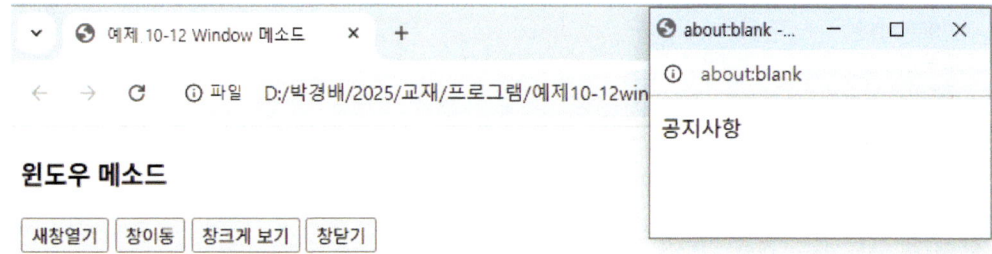

그림 10-15 Window 메소드

예제 10-12 Window 메소드

```
<!DOCTYPE html>
<html>
<head>
<meta charset='utf-8'></meta>
<title>예제 10-12 Window 메소드</title>
</head>
<body>
<p id="target"></p>
<h3>윈도우 메소드</h3>
<button  value="창열기" onclick="openWin()">새창열기</button>
<button  value="창이동" onclick="moveWin()">창이동</button>
<button  value="창크기" onclick="resizeWin()">창크게 보기</button>
<button  value="창닫기" onclick="closeWin()">창닫기</button>
```

```
<script>
      var myWindow;
      function openWin() {
        myWindow = window.open("", "myWindow", "width=250,height=100");
        myWindow.document.write("공지사항");
      }
      function moveWin()   {  myWindow.moveTo(600,600);  }
      function resizeWin() {  myWindow.resizeTo(600,600);  }
      function closeWin()  {  myWindow.close();   }
</script>
</body>
</html>
```

10.5.2 Screen 객체

window.screen 객체는 사용자의 화면 정보를 제공한다.
- width, height: 사용자의 모니터 전체 해상도(픽셀 단위)를 나타낸다.
- availWidth, availHeight: 브라우저 인터페이스(툴바, 작업 표시줄 등)를 제외한 사용 가능한 화면 영역 크기이다.
- colorDepth: 한 픽셀이 표현할 수 있는 색상 비트 수를 나타낸다.
- pixelDepth: 장치가 표현할 수 있는 색상의 비트 깊이이다.

즉, width/height는 모니터 전체 크기, availWidth/availHeight는 실제로 웹 페이지를 표시할 수 있는 영역 크기 차이를 보여준다.

표 10-2 Screen 객체의 속성

속성	내용
width	화면 너비
height	화면 높이
availWidth	사용자 인터페이스 부분을 제외한 너비
availHeight	사용자 인터페이스 부분을 제외한 높이
colorDepth	색상 표현에 사용된 비트의 수
pixelDepth	장치의 해상도

screen 객체는 반응형 웹페이지 제작에 꼭 필요한 기능이다. 일반적으로 모니터는 가로가 세로보다 크지만, 스마트폰은 세로가 가로보다 크다. 따라서 모니터 기준으로 만든 웹 페이지는 스마트폰에서 제대로 보이지 않을 수 있다. 과거에는 모니터용과 스마트폰용 웹 페이지를 따로 만들었지만, screen 객체의 width와 height 값을 이용하면 사용자의 기기 크기를 알 수 있다. 이를 바탕으로 각 기기에 맞춰

웹 페이지가 자동으로 반응하게 하면, 따로 웹 페이지를 만들 필요가 없다.
반응형 웹 페이지를 만들려면 〈head〉 태그 안에 다음과 같은 〈meta〉 태그를 넣어 장치의 화면 크기를 인식해야 한다.

```
<meta name="viewport"
      content="width=device-width,height=device-height, initial-scale=1">
```

또한 CSS에서 화면 크기에 따라 다른 스타일을 적용할 수 있다. 예를 들어, 화면 최대 폭이 380px인 스마트폰용 CSS는 다음과 같다. 예제 10-13은 screen 객체의 속성을 보여주는 프로그램이며, 그림 10-16은 그 결과를 나타낸 것이다.

```
@media only screen and (max-width:380px){
  a:link {
    padding-left:1px;      padding-right:1px;
    font-size:18px;        margin-left:10px;
  } }
```

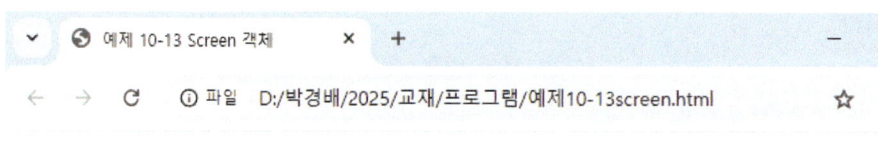

그림 10-16 Screen 객체

예제 10-13 screen 객체의 속성

```html
<!DOCTYPE html>
<html>
<head>
<meta charset="utf-8">
<title>예제 10-13 Screen 객체</title>
</head>
<body>
<p>Screen 크기는 <b id="wh"></b>입니다.</p>
<p>Screen 가능한 크기는 <b id="awh"></b>입니다.</p>
<p>Screen 색상은 <b id="cd"></b> 비트입니다.</p>
<p>Screen 픽셀은 <b id="pd"></b> 비트입니다.</p>
<h3>Screen 객체</h3>
<button type="button" onclick="wH()">화면 크기</button>
<button type="button" onclick="aWh()">가용 크기</button>
<button type="button" onclick="cD()">칼라 깊이</button>
<button type="button" onclick="pD()">픽셀 깊이</button>
<script>
	function wH() {
		var w = screen.width, h = screen.height;
		document.getElementById("wh").textContent = "w:" + w + " h:" + h;
	}
	function aWh() {
		var w = screen.availWidth, h = screen.availHeight;
		document.getElementById("awh").textContent = "w:" + w + " h:" + h;
	}
	function cD() {
		var c = screen.colorDepth;
		document.getElementById("cd").textContent = "color:" + c;
	}
	function pD() {
		var p = screen.pixelDepth;
		document.getElementById("pd").textContent = "pixel:" + p;
	}
</script>
</body>
</html>
```

10.5.3 Location 객체

location 객체는 현재 웹 페이지의 현재 주소(URL)를 얻거나 브라우저가 새로운 페이지로 재설정하기 위해 필요한 객체이다. location 객체의 속성 중 일부는 표 10-3과 같다.

표 10-3 location 객체의 속성

속성	내용
hash	앵커 부분 반환
host	hostname 과 port를 반환
hostname	hostname 반환
href	전체 url을 반환
pathname	경로(pathname)를 반환
port	port 반환
protocol	protocol 반환
search	쿼리(query) 반환
assign()	새로운 웹문서 할당

예제 10-14는 현재 페이지의 location 객체의 속성을 얻기 위한 구현한 프로그램으로서 그림 10-17에 실행 결과를 나타내었다. 클라이언트에서 실행한 결과라 hostname과 port의 값은 출력되지 않고 나머지 속성값들을 확인할 수 있다.

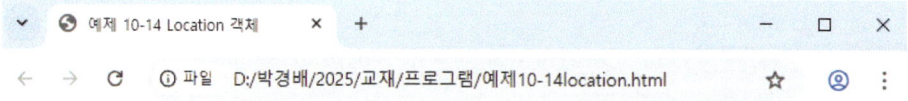

그림 10-17 location 객체

예제 10-14 location 객체의 속성

```html
<!DOCTYPE html>
<html>
<head>
<meta charset="utf-8">
<title>예제 10-14 Location 객체</title>
</head>
<body>
<p>Location href: <b id="wh"></b>입니다.</p>
<p>Location hostname: <b id="awh"></b>입니다.</p>
<p>Location pathname: <b id="cd"></b>입니다.</p>
<p>Location protocol: <b id="pd"></b>입니다.</p>
<p>Location port: <b id="prt"></b>입니다.</p>
<h3>Location 객체</h3>
<button type="button" onclick="lct()">Location 정보 보기</button>
<button type="button" onclick="assgn()">새 문서 열기</button>
<script>
        function lct() {
                var hf = location.href;
                var hn = location.hostname;
                var pn = location.pathname;
                var pt = location.protocol;
                var prt = location.port;

                document.getElementById("wh").textContent = hf;
                document.getElementById("awh").textContent = hn;
                document.getElementById("cd").textContent = pn;
                document.getElementById("pd").textContent = pt;
                document.getElementById("prt").textContent = prt;
        }
        function assgn(){
                location.assign("https://w3schools.com/js/");
        }
</script>
</body>
</html>
```

10.5.4 navigator 객체

navigator 객체는 사용자 브라우저에 대한 정보를 포함하고 있으며 표 10-4에 navigator 객체의 속성을 표현하였다.

표 10-4 navigator 객체의 속성

속성	내용
appCodeName	브라우저 코드 이름
appName	브라우저 이름
appVersion	브라우저 버전
cookieEnabled	쿠키 활성화 여부
onLine	브라우저의 인터넷 연결 여부
platform	브라우저가 컴파일된 플랫폼
userAgent	브라우저에서 서버로 가는 user-agent 헤더

예제 10-15는 navigator 객체의 속성을 얻기 위해 구현된 프로그램으로 현재 브라우저에 대한 정보를 그림 10-18에 나타내었다.

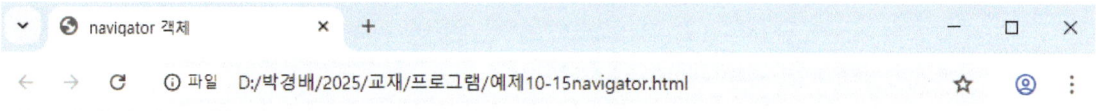

그림 10-18 navigator 객체

예제 10-15 location 객체의 속성

```
<!DOCTYPE html>
<html>
<head>
<meta charset="utf-8">
<title>navigator 객체</title>
</head>
<body>
<h3>navigator 객체</h3>
<p>navigator appCodeName: <b id="wh"></b>입니다.</p>
<p>navigator appName: <b id="awh"></b>입니다.</p>
<p>navigator appVersion: <b id="cd"></b>입니다.</p>
<p>navigator cookieEnabled: <b id="pd"></b>입니다.</p>
<p>navigator onLine: <b id="prt"></b>입니다.</p>
<p>navigator platform: <b id="pltf"></b>입니다.</p>
<p>navigator userAgent: <b id="userA"></b>입니다.</p>
<button type="button" onclick="lct()">navigator 정보 보기</button>
<script>
        function lct() {
                var appCodeName = navigator.appCodeName;
                var appVersion = navigator.appVersion;
                var appName = navigator.appName;
                var cookieEnabled = navigator.cookieEnabled;
                var onLine = navigator.onLine;
                var platform = navigator.platform;
                var userAgent = navigator.userAgent;

                document.getElementById("wh").textContent = appCodeName;
                document.getElementById("awh").textContent = appName;
                document.getElementById("cd").textContent = appVersion;
                document.getElementById("pd").textContent = cookieEnabled;
                document.getElementById("prt").textContent = onLine;
                document.getElementById("pltf").textContent = platform;
                document.getElementById("userA").textContent = userAgent;
        }
</script>
</body>
</html>
```

10.5.5 addEventListener()

이벤트 리스너(listener) 또는 이벤트 핸들러(handler)는 이벤트가 발생했을 때 실행되는 함수이다. HTML DOM 요소에 이벤트 리스너를 추가하려면 addEventListener() 메소드를 사용한다. addEventListener()는 특정 요소에 이벤트 핸들러를 여러 개 중복 없이 붙일 수 있다. 사용법은 다음과 같다:

element.addEventListener("eventType", function, useCapture);
- element : 이벤트를 적용할 DOM 요소 (예: document.getElementById("idName"))
- eventType : 이벤트 종류 (예: "click", "mousedown") ― on 없이 작성
- function : 이벤트 발생 시 실행할 함수
- useCapture : 선택적 boolean 값, 이벤트 전파 방식 결정 (기본값은 false)

예제 10-16 addEventListener()

```
<!DOCTYPE html>
<html>
<head>   <meta charset="utf-8">
  <title>예제 10-6 addEventListener()</title>
  <script>
    function addE() {
      var x = document.getElementById("txt"); // 같은 요소에 클릭 이벤트를 두 개 등록한다
      x.addEventListener("click", add2);
      x.addEventListener("click", add3);      }
    function add2() {      alert("두번째 이벤트 호출");      }
    function add3() {      alert("세번째 이벤트 호출!");      }
  </script>
</head>
<body>
  <h3>버튼을 클릭하세요</h3>
  <input id="txt" type="button" value="클릭" onclick="addE()">
</body>
</html>
```

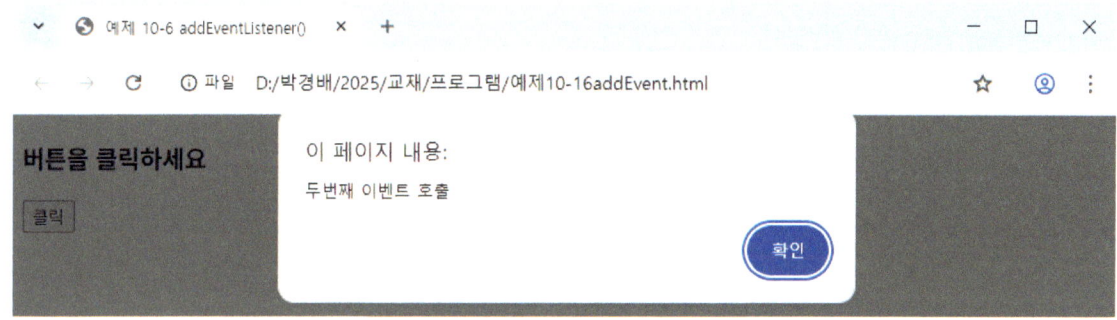

그림 10-19 eventListener 함수

10.6 index.html 만들고 호스팅 하기

10.6.1 디자인이 적용된 chap10event.html 만들기

▶ chatgpt : 모바일 전용으로 다음의 파일들을 하이퍼링크된 chap10event.html 파일 만들기

예제 10-17 chap10event.html

```
<!DOCTYPE html>
<html lang="ko">
<head>
    <meta charset="utf-8">
    <meta name="viewport" content="width=device-width, initial-scale=1.0">
    <title>자바스크립트 이벤트 예제</title>
    <style>
        body {
            font-family: 'Segoe UI', Tahoma, Geneva, Verdana, sans-serif;
            margin: 0;
            padding: 15px;
            background-color: #eef2f7;
            color: #333;
            line-height: 1.6;
        }
        h1 {
            color: #2c3e50;
            text-align: center;
            margin-bottom: 25px;
```

```css
            font-size: 1.8em;
            padding-bottom: 10px;
            border-bottom: 2px solid #3498db;
        }
        ul {
            list-style: none;
            padding: 0;
            margin: 0;
        }
        li {
            background-color: #ffffff;
            border: 1px solid #ddd;
            border-radius: 8px;
            margin-bottom: 12px;
            box-shadow: 0 2px 5px rgba(0, 0, 0, 0.08);
            overflow: hidden; /* Ensure no overflow on smaller screens */
        }
    li a {   display: block;       padding: 15px 20px;      text-decoration: none;
            color: #007bff;      font-size: 1.1em;
            transition: background-color 0.3s ease, color 0.3s ease;        }
        li a:hover,
        li a:focus {      background-color: #eaf4fd;      color: #0056b3;    }
        @media (max-width: 480px) {
            h1 {    font-size: 1.5em;      }
            li a {    font-size: 1em;     padding: 12px 15px;      }
        }
    </style>
</head>
<body>
    <h1>JavaScript DOM 및 이벤트 예제 목록 (챕터 10)</h1>
    <ul>
        <li><a href="예제10-1요소찾기.html" target="_blank">예제10-1 DOM 요소 찾기</a></li>
        <li><a href="예제10-2속성변경.html" target="_blank">예제10-2 DOM 속성 변경</a></li>
        <li><a href="예제10-3 추가삭제.html" target="_blank">예제10-3 DOM 노드 추가/삭제</a></li>
        <li><a href="예제10-4nodeTree.html" target="_blank">예제10-4 DOM 노드 트리</a></li>
        <li><a href="예제10-5onClick.html" target="_blank">예제10-5 onClick() 이벤트</a></li>
        <li><a href="예제10-6onLoad.html" target="_blank">예제10-6 onLoad() 이벤트</a></li>
        <li><a href="예제10-7onChange.html" target="_blank">예제10-7 onChange() 이벤트</a></li>
```

```
        <li><a        href="예제10-8onMouse.html"        target="_blank">예제10-8 onmouseover()/onmouseout() 이벤트</a></li>
        <li><a        href="예제10-9onMouseDown.html"        target="_blank">예제10-9 onMouseDown()/onMouseUp() 이벤트</a></li>
            <li><a href="예제10-10onFocus.html">예제 10-10 onFocus()</a></li>
        <li><a href="예제10-11window.html">예제 10-11 Window 객체</a></li>
        <li><a href="예제10-12windowMth.html">예제 10-12 Window 메소드</a></li>
        <li><a href="예제10-13screen.html">예제 10-13 Screen 객체</a></li>
        <li><a href="예제10-14location.html">예제 10-14 Location 객체</a></li>
        <li><a href="예제10-15navigator.html">예제 10-15 navigator 객체</a></li>
        <li><a href="예제10-16addEvent.html">예제 10-6 addEventListener()</a></li>
        </ul>
</body>
</html>
```

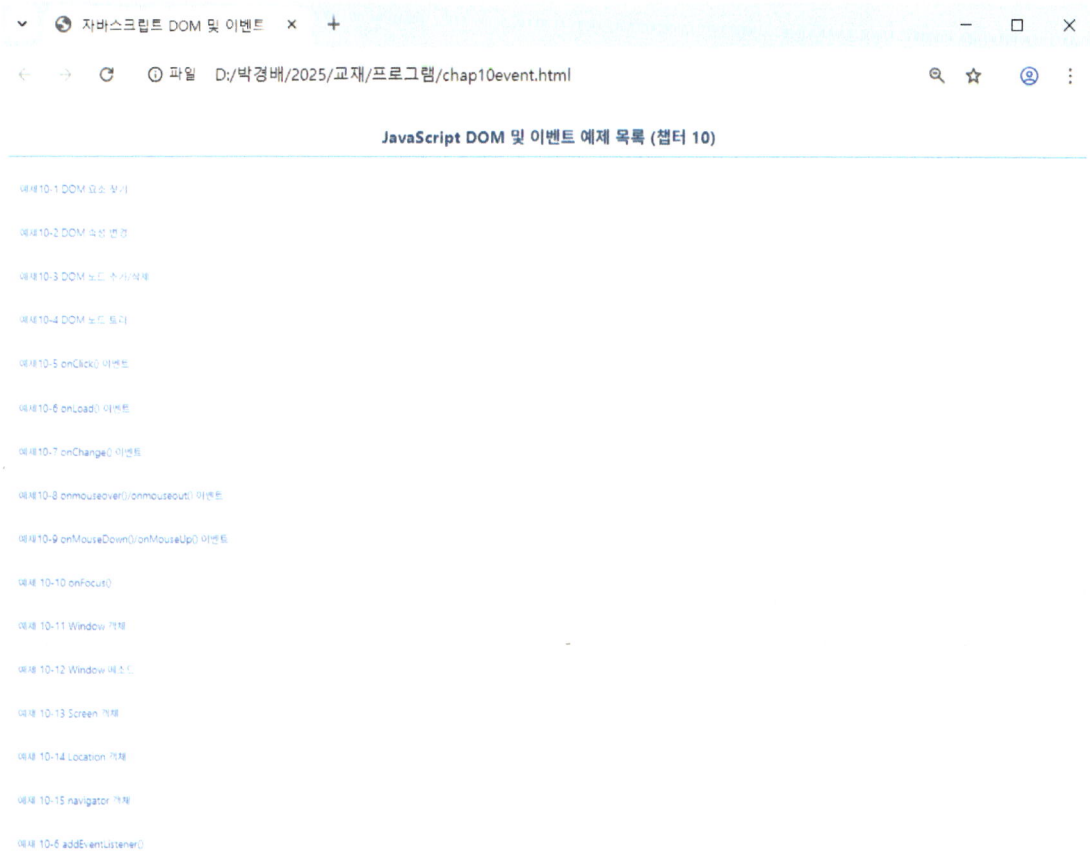

그림 10-20 chap10event.html

10.6.2 index.html 파일 만들기

지금까지 만든 콘텐츠들을 웹을 통해 호스팅하기 위해 index.html 만들기 위해 chatgpt에게 다음과 같은 요구를 전달하고 결과를 보면서 세부적인 내용은 수정하도록 한다.

▶ chatgpt :
1. 모바일 중심의 index.html 만들기
2. 제목 AI 비서와 함께하는 웹호스팅
3. 각 섹션 Html 기본 문법, 멀티미디어 처리, CSS 문법, CSS 디자인, javascript 기본문법, javascript 객체, 애니메이션, 이벤트로 설정
4. 각 섹션에 간단한 설명과 함께 자세히 보기 링크 설정
5. header는 상단에 고정, footer는 저작권 표기

예제 10-18은 AI가 만든 index.html 이며 결과를 10-21에서 확인할 수 있다. 잘 작동한다면 https://사용자이름.github.io/사용자이름.github.io에 index.html 파일과 관련된 자료를 모두 업로드한다. 이제 언제 어디서나 자신만의 웹호스팅을 할 수 있다.

예제 10-18 index.html

```html
<!DOCTYPE html>
<html lang="ko">
<head>
    <meta charset="UTF-8">
    <meta name="viewport" content="width=device-width, initial-scale=1.0">
    <title>AI 비서와 함께하는 웹호스팅</title>
    <style>
        /* 기본 스타일 */
        body {
            font-family: 'Segoe UI', Tahoma, Geneva, Verdana, sans-serif;
            margin: 0;
            padding: 15px;
            background-color: #eef2f7;
            color: #333;
            line-height: 1.6;
            box-sizing: border-box;
        }

        /* 헤더 스타일 */
        header {
```

```css
            background-color: #333;
            color: white;
            padding: 8px 0; /* 헤더 높이를 절반으로 줄임 */
            text-align: center;
            position: fixed; /* 상단 고정 */
            width: 100%;
            top: 0;
            left: 0;
            z-index: 1000;
            box-shadow: 0 2px 5px rgba(0,0,0,0.2);
        }

        header h1 {
            margin: 0;
            font-size: 1.5em;
            color: white; /* 헤더 글씨 색상을 흰색으로 변경하여 잘 보이도록 함 */
        }
/* 메인 콘텐츠 영역 */
        main {
            padding-top: 40px; /* 고정 헤더 높이에 맞춰 여백 조정 */
            /* padding-bottom 제거: 푸터가 고정되지 않으므로 필요 없음 */
            max-width: 800px;
            margin: 20px auto;
            background-color: #fff;
            padding: 20px;
            border-radius: 8px;
            box-shadow: 0 0 10px rgba(0,0,0,0.1);
        }
        section {
            margin-bottom: 40px;
            padding: 20px;
            border: 1px solid #ddd;
            border-radius: 5px;
            background-color: #f9f9f9;
        }

        section h2 {
            color: #007bff;
            font-size: 1.8em;
            margin-top: 0;
        }
```

```css
        section p {
            line-height: 1.6;
        }

        /* '자세히 보기' 링크 스타일 */
        section a {
            display: inline-block;
            margin-top: 10px;
            padding: 8px 15px;
            background-color: #007bff;
            color: white;
            text-decoration: none;
            border-radius: 5px;
            transition: background-color 0.3s ease;
        }
section a:hover {
            background-color: #0056b3;
        }
        /* 푸터 스타일 */
        footer {
            background-color: #333;
            color: white;
            text-align: center;
            padding: 8px 0; /* 푸터 높이를 절반으로 줄임 */
            /* position: fixed; 제거 */
            /* bottom: 0; 제거 */
            /* left: 0; 제거 */
            /* width: 100%; 제거 (auto로 자동 조절) */
            margin-top: 40px; /* 메인 콘텐츠와 푸터 사이에 여백 추가 */
            box-shadow: 0 -2px 5px rgba(0,0,0,0.2);
        }
        /* 모바일 반응형 */
        @media (max-width: 600px) {
            header h1 {
                font-size: 1.2em;
            }
            main {
                margin: 10px;
                padding: 15px;
                padding-top: 40px; /* 모바일에서도 헤더 높이 반영 */
```

```
                /* padding-bottom 제거 */
            }
            section {
                padding: 15px;
            }
            section h2 {
                font-size: 1.5em;
            }
        }
        @media (max-width: 480px) {
            h1 {
                font-size: 1.5em;
            }
        }
    </style>
<body>
    <header>        <h1>AI 비서와 함께하는 웹호스팅</h1>      </header>
    <main>
        <section id="html-basic">
            <h2>HTML 기본 문법</h2>
            <p>웹 페이지의 뼈대를 이루는 HTML의 기본 구조와 필수 태그들을 학습합니다. 웹 페이지의 모든 내용은 HTML 문서 위에 작성됩니다.</p>
            <a href="chap3html.html">자세히 보기</a>
        </section>
        <section id="multimedia">
            <h2>멀티미디어 처리</h2>
            <p>이미지, 오디오, 비디오 등 다양한 멀티미디어 콘텐츠를 웹 페이지에 효과적으로 삽입하고 관리하는 방법을 알아봅니다.</p>
            <a href="chap4multi.html">자세히 보기</a>
        </section>
        <section id="css-basic">
            <h2>CSS 기본 문법</h2>
            <p>웹 페이지의 스타일과 디자인을 담당하는 CSS의 핵심 문법을 익힙니다. 폰트, 색상, 레이아웃 등 시각적인 요소를 제어할 수 있습니다.</p>
            <a href="chap5CSS.html">자세히 보기</a>
        </section>
        <section id="css-design">
            <h2>CSS 디자인</h2>
            <p>CSS를 활용하여 반응형 웹 디자인, 플렉스박스, 그리드 등 복잡한 레이아웃을 구현하고 시각적으로 매력적인 웹 페이지를 만드는 방법을 심층적으로 다룹니다.</p>
            <a href="chap6Dsgn.html">자세히 보기</a>
```

```html
            </section>
            <section id="javascript-basic">
                <h2>JavaScript 기본 문법</h2>
                <p>웹 페이지에 동적인 기능을 부여하는 JavaScript의 기본 문법과 데이터 타입을 학습합니다. 사용자 인터랙션을 가능하게 하는 핵심 언어입니다.</p>
                <a href="chap8javascript.html">자세히 보기</a>
            </section>
            <section id="javascript-object">
                <h2>JavaScript 객체</h2>
                <p>JavaScript의 객체 지향 프로그래밍 개념을 이해하고, 내장 객체(String, Number, Math, Date, Array 등) 및 사용자 정의 객체를 활용하는 방법을 배웁니다.</p>
                <a href="chap9jsObj.html">자세히 보기</a>
            </section>

<section id="animation">
                <h2>애니메이션</h2>
                <p>CSS와 JavaScript를 활용하여 웹 페이지에 부드럽고 생동감 넘치는 애니메이션 효과를 적용하는 방법을 배웁니다. 사용자 경험을 향상시킬 수 있습니다.</p>
                <a href="chap7Animation.html">자세히 보기</a>
            </section>

            <section id="event">
                <h2>이벤트</h2>
                <p>사용자의 행동(클릭, 마우스 오버 등)에 반응하여 특정 동작을 수행하는 JavaScript 이벤트를 처리하는 방법을 이해합니다.</p>
                <a href="chap10event.html">자세히 보기</a>
            </section>
    </main>

    <footer>
        <p>&copy; 2025 AI 비서와 함께하는 웹호스팅. All rights reserved.</p>
    </footer>
</body>
</html>
```

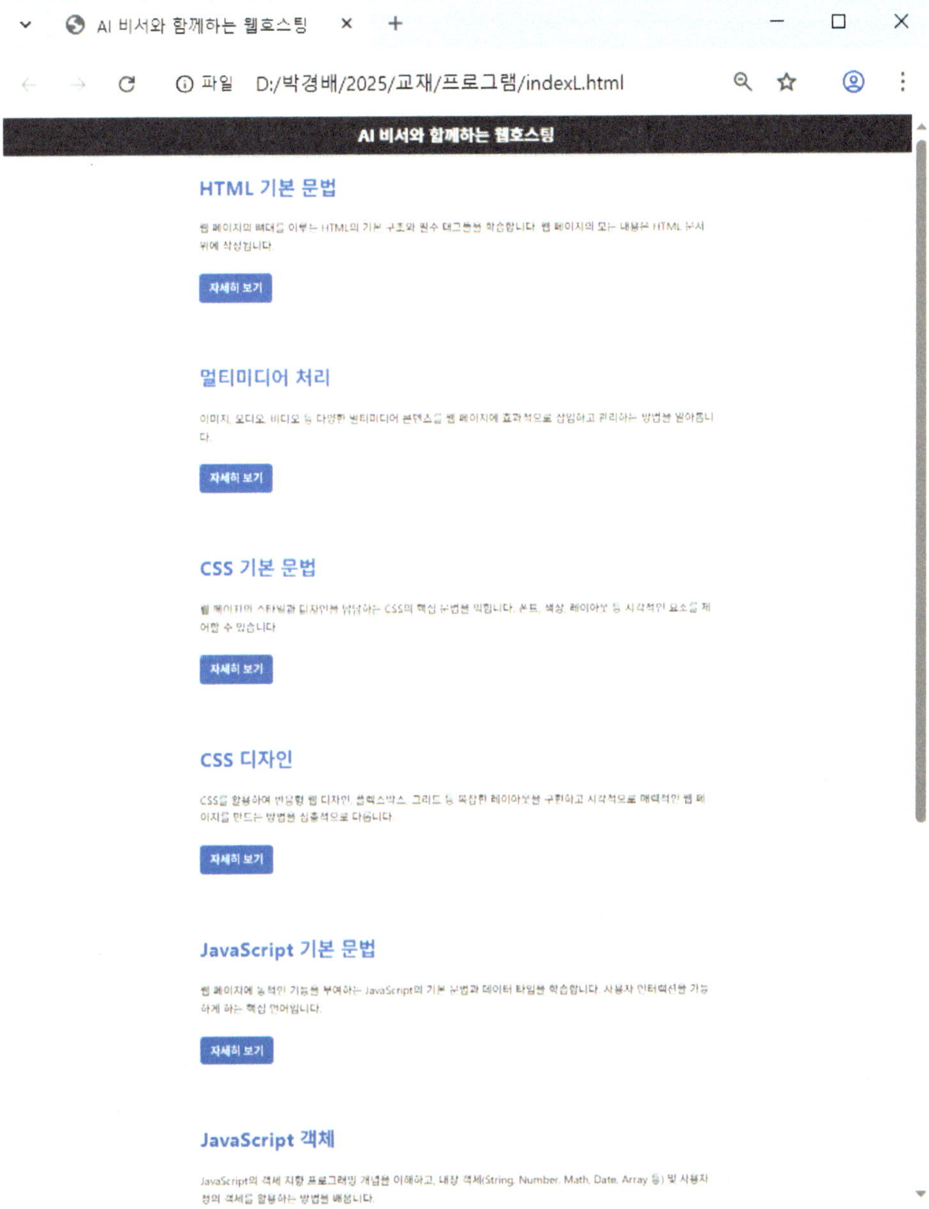

그림 10-21 index.html

과 제

1. chatgpt을 사용하여 HTML DOM과 BOM에 대해 설명하시오.

2. chatgpt과 getElementById와 getElementsById를 사용하여 요소를 찾는 프로그램을 코딩하시오.

3. chatgpt을 이용하여 onMouseOver()와 onMouseDown()을 구현하시오.

4. chatgpt을 사용하여 요소의 속성을 변경하는 코드를 작성하시오.

5. 리스트 〈li〉을 이용하여 요소를 추가하고 삭제하시오.

6. chatgpt을 사용하여 onClick() 이벤트를 구현하시오.

7. window 객체의 자식 객체들을 출력하시오.

8. 스크린 객체를 이용하여 속성을 알아내시오.

참고 문헌

1. https://www.w3schools.com/js/js_htmldom.asp

2. https://www.w3schools.com/js/js_window.asp

3. https://www.w3schools.com/js/js_object_definition.asp

4. https://www.w3schools.com/js/js_scope.asp

5. https://www.w3schools.com/js/js_events.asp

6. https://www.w3.org/TR/2008/WD-html5-20080610/dom.html

7. https://developer.mozilla.org/en-US/docs/Web/API/Document_Object_Model

AI 비서와 함께하는 웹 호스팅

1판 1쇄 인쇄　2025년 08월 22일
1판 1쇄 발행　2025년 08월 28일
저　　자　박경배
발 행 인　이범만
발 행 처　**21세기사** (제406-2004-00015호)
　　　　　경기도 파주시 산남로 72-16 (10882)
　　　　　Tel. 031-942-7861　　Fax. 031-942-7864
　　　　　E-mail : 21cbook@naver.com
　　　　　Home-page : www.21cbook.co.kr
　　　　　ISBN 979-11-6833-183-9

정가 30,000원

이 책의 일부 혹은 전체 내용을 무단 복사, 복제, 전재하는 것은 저작권법에 저촉됩니다.
저작권법 제136조(권리의침해죄)1항에 따라 침해한 자는 5년 이하의 징역 또는 5천만 원 이하의
벌금에 처하거나 이를 병과(倂科)할 수 있습니다. 파본이나 잘못된 책은 교환해 드립니다.